SPATIAL AGGLOMERATION THEORY

空间集聚论

刘乃全　刘学华　赵丽岗
任光辉　叶菁文　◎著

上海财经大学出版社
SHANGHAI UNIVERSITY OF FINANCE & ECONOMICS PRESS

上海学术·经济学出版中心

图书在版编目(CIP)数据

空间集聚论 / 刘乃全等著. -- 上海：上海财经大学出版社, 2025.6. -- ISBN 978-7-5642-4707-2

Ⅰ.F061.5

中国国家版本馆 CIP 数据核字第 202562AR25 号

本书获国家社科基金重大项目"城市群协同创新带动大中小城市协调发展研究"(23&ZD067)、上海市教委科研创新重大项目"我国都市圈及城市群人口集聚与空间格局优化研究"(2023SKZD12)资助。

□ 责任编辑　袁　敏
□ 封面设计　贺加贝

空间集聚论

刘乃全　刘学华　赵丽岗
任光辉　叶菁文　　　　著

上海财经大学出版社出版发行
(上海市中山北一路 369 号　邮编 200083)
网　址:http://www.sufep.com
电子邮箱:webmaster@sufep.com
全国新华书店经销
上海叶大印务发展有限公司印刷装订
2025 年 6 月第 1 版　2025 年 6 月第 1 次印刷

787mm×1092mm　1/16　13.25 印张　245 千字
定价:66.00 元

前 言
Foreword

空间集聚作为一种经济学现象,是企业、人口、产业、经济与社会活动等在特定空间的集中,其已经成为区域经济、产业经济、城市经济、经济地理等领域学者重点研究的对象,中心城市、都市圈与城市群作为空间集聚的重要载体,也是政府区域发展及政策制定的核心空间。而由克鲁格曼等人开创的空间经济学将空间范畴纳入现代主流经济学的分析框架,旨在通过主流经济学的研究方法和工具来解释空间中经济活动的聚集现象、效应和机制,其重构了空间经济学的理论基础,作为新经济地理学研究领域的核心问题,空间集聚理论目前已在国际贸易、城市与城市群发展、企业与产业集聚等经济问题研究中得到了不同程度的应用,为解释经济活动的集聚与扩散提供了新的视角与理论基础。随着克鲁格曼获得2008年诺贝尔经济学奖,空间经济学相关命题的研究更是成为当代经济研究的一个热点,尽管其过于强化理论模型,在实际应用方面受到一定的质疑,但经济学者也在不断将其理论化的模型具象化,以期能够解释相关现实问题。

空间集聚可以从三个层面来明确其内在含义:从微观层面看,主要是指劳动力、资本、技术等生产要素及企业在特定地区上的集中;从中观层面看,空间集聚可以看作是企业在特定地区形成的产业集聚,包括从单一产业的集聚到多元产业的共聚、从专业化的产业集聚到多元化的产业集聚等,可以看成是要素集聚的产业表现;从宏观层面看,可以理解为生产要素、企业、产业、社会活动及城市基础设施等在更大地域范围的空间集中,如都市圈、城市带、城市群等空间表现。因此,空间集聚就是要素集聚、产业集聚、城市和城市群空间等各类集聚的综合体,而要素集聚、产业集聚、城市和城市群集聚的形成则是一个逐渐演化与相互促进的过程。

从空间角度看,城市、都市圈及相应的城市群是空间集聚理论研究的焦点,城市(尤其是大城市及中心城市)作为社会生活和生产力布局的中心与枢纽,具有高度的集聚性、开放性和枢纽性等特征,是空间集聚最主要的体现。产业集聚和扩散两种力量的共同作用将不同的城市和区域连接起来,呈现出都市圈、城市带或城市群的典型空间特征,促使城市空间形态的不断演化及城市功能的一体化发展趋势,其中,中心城市起到核心作用。中心城市由于其强大的经济规模、人口集聚、创新能力、市场潜力、服务能力及辐射带动作用,从而能够带动周边城市及区域发展,进而形成一体化的城市区域、大都市圈及城市群。从区域来看,中心城市处于一定空间范围内的社会经济中心地位,是自然经济区域中经济发达、功能完善、能够渗透和带动周边区域经济发展的行政社会组织和经济组织的统一体。从城市体系来看,中心城市作为居于核心地位及发挥主导作用的城市,其能级的大小决定了其辐射带动作用的空间范围及都市圈与城市群的边界,当然,城市规模与结构符合一定的发展规律。

作为空间集聚内涵的要素集聚、企业集中、产业集聚、城市与城市群之间存在着互动的关系,是相互促进的,要素集聚、企业集中与产业集聚是工业化发展到一定阶段的必然结果,工业和服务业区位的形成和集聚是城市化的基础与根本,同时,产业集聚在一定程度上能够优化城市的功能,它将城市的生产功能集中在城市空间的特定地区,从而达到城市生活功能和生产功能的良好分离,进而提升了区域资源的配置效率。城市与城市群的集聚功能和城市化的经济效应也是产业空间集聚的内在推动力。从城市到城市群的演变是社会大分工进一步分化的表现,也是经济活动集聚的结果。既然企业集中、产业集聚、城市与城市群是空间集聚的不同表现形式,那么产业集聚和城市、城市群的协调发展也就是产业集聚推动城市化进程,而城市和城市群的发展反过来进一步促进产业在城市空间集聚,两者在一定程度上保持同步。

空间集聚离不开各种生产要素的集中及其相互作用,并通过生产要素的合理配置达到资源优化的目的以及获得最大化产出效应。微观主体的区位选择必然影响整个区域的空间集聚。因此,从微观主体的选址行为演绎到空间集聚的关键在于将单个决策主体的区位利益同其他决策主体的选址行为联系起来,从而在多个主体区位决策相互关联的框架内考察空间集聚问题。通过各种生产要素在区域之间的流动,实现各种生产要素的空间集聚,进而达到规模及集聚效应,具体表现为区域内的劳动力、资本、技术及管理等要素集聚到特定空间,使这些空间成为区域经济体系的中心环节。因此,要素集聚实际上就是劳动力、资本、知识、技术、制度、政策等经济要素在特定区域空间内相互联系、相互作用的过程,是要素相互合作及产生效率的过程。但劳动力、资本、技术、管理及数据等要素的流动有着自身的发展规律,每种要素都有其追求利益最大化的内在需求,但各种要素流动之间也存在着相互依赖的关系。

从空间集聚的战略取向及政策角度讲,我国的城镇化战略已经踏上了空间集中的发展道路,已经围绕都市圈及城市群进行了战略性的部署,并形成了一系列都市圈及城市群的战略规划。但中心城市、都市圈及城市群的建设要与工业化发展与产业集聚相适应,并根据自身的功能定位进行前瞻性布局。我国城市化发展的未来方向仍旧是坚持空间集中取向的特色城市化空间布局战略,重点在经济发展基础较好地区打造高集聚度的区域性中心城市、枢纽型城市与国际化大都市,并以其为核心,稳步推进以都市圈与城市群为空间集聚形态的城市化道路,最终形成大中小城市及城镇协调发展的城市空间格局。

本书由刘乃全负责书稿的统筹工作,具体包括章节安排、内容设计、研究思路与具体内容的撰写及修改,刘学华主要负责第一章与第二章的撰写工作,赵丽岗主要负责第三章与第四章的撰写工作,叶菁文主要负责第五章的撰写工作,任光辉主要负责第六章的撰写工作。此外,本书的撰写得到了国家社科基金重大项目"城市群协同创新带动大中小城市协调发展研究"与上海市教委科研创新重大项目"我国都市圈及城市群人口集聚与空间格局优化研究"的支持,上海财经大学出版社的袁敏编辑为本书的出版倾注了较多的心血并付出了艰辛的劳动,在此表示衷心的感谢。同时,由于作者知识局限等各方面原因,书中难免存在错误与不妥之处,敬请各位读者见谅。

刘乃全

2025 年 4 月

目 录
Contents

第一章　空间集聚：基本概念与理论发展 / 001

　第一节　集聚、产业集聚与空间集聚 / 003

　第二节　城市与城市群：空间集聚的表征 / 008

　第三节　空间集聚的若干前沿命题 / 016

　　参考文献 / 025

　　进一步阅读的文献 / 029

　　思考题 / 029

第二章　空间集聚：城市、城市规模及其结构 / 030

　第一节　城市规模与城市体系的规模结构 / 030

　第二节　城市化进程中城市体系规模结构的演变 / 033

　第三节　首位分布与位序—规模法则：人口空间集聚的分布规律 / 041

　第四节　城市体系规模结构演变的基准理论 / 043

　第五节　城市体系规模结构演变的拓展：来自中国的实证 / 055

　第六节　政府主导下空间集聚的形成：城市数量趋于稳定 / 066

　第七节　市场驱动下空间集聚的演变：城市规模趋于均衡 / 071

　　参考文献 / 073

　　进一步阅读的文献 / 075

　　思考题 / 076

第三章　空间集聚：中心城市、城市群及空间一体化 / 077

第一节　城市集聚经济及其空间演化 / 077

第二节　中心城市、城市群及内部分工 / 082

第三节　集聚视角下的城市及城市群空间演化实证分析 / 088

参考文献 / 097

进一步阅读的文献 / 099

思考题 / 099

第四章　空间集聚：要素流动、要素集聚与城市土地利用效率 / 100

第一节　要素集聚的内涵、动因及途径方式 / 100

第二节　要素集聚的影响因素 / 103

第三节　要素流动、要素空间集聚及城市土地利用 / 106

第四节　中国要素集聚与城市土地利用效率的实证分析 / 113

参考文献 / 124

进一步阅读的文献 / 125

思考题 / 126

第五章　空间集聚：产业集聚与产业间协同集聚 / 127

第一节　产业集聚的内涵、成因及影响 / 127

第二节　中国制造业集聚水平及变动趋势 / 131

第三节　中国生产性服务业集聚水平及变动趋势 / 152

第四节　制造业与生产性服务业协同集聚水平及变动趋势 / 162

参考文献 / 173

进一步阅读的文献 / 174

思考题 / 174

第六章　空间集聚：中国的城市化发展与空间布局 / 175
　第一节　中国城市化的历史与现状 / 175
　第二节　城市化的空间集聚效应 / 182
　第三节　中国城市化的空间布局及其政策 / 185
　　参考文献 / 199
　　进一步阅读的文献 / 201
　　思考题 / 202

第一章

空间集聚：基本概念与理论发展

本章重点

- 空间集聚的基本概念
- 城市与城市群：空间集聚的表征
- 空间集聚的前沿命题

空间集聚(spatial agglomeration)通常指经济、社会或自然要素在特定地理区域内的集中分布现象。这种集中多数表现为经济活动(如企业、产业)、人口或特定的社会文化等在空间上的高度聚集，形成规模化的集群或节点，并带来规模经济、专业化分工和知识溢出等优势，进而提升区域的经济效率和竞争力。

空间集聚的形态是多种多样的，比如美国硅谷的科技产业、中国义乌的小商品市场，比如东京、上海等超大城市的形成，比如一些国家大城市中贫民窟的自发聚集。集聚形成的原因也不尽相同，有追求规模经济、降低交易成本等经济因素，有资源禀赋、交通区位等地理因素，有行政区划、产业政策等制度因素，还有文化认同、信息流动等社会网络因素。从区域经济视角出发探究空间集聚，主要是其通常被看作是区域发展的重要动力，同时也会带来发展空间结构的深刻变化，甚至带来区域发展不平衡等现实问题，因此常常成为制定区域政策关注的焦点。比如常见的产业园区规划或城市人口集聚、疏解等政策。对于我国区域经济发展而言，探究空间集聚还有十分重要的现实意义。我国幅员辽阔、人口众多，各地区自然资源禀赋差别之大在世界上是少有的，随着中心城市和城市群正在成为承载发展要素的主要空间形式，深入认识空间集聚的关键要素、典型特征、经济效应和形成机制等，可以更好地认识区域经济发展中遇到的新情况新问题，针对性地分析研判各类区域政策如何坚持发展、不断完善。

从理论发展历史来看，18世纪30年代，屠能(Thünen)最早将空间引入经济学领域加以研究。他假设空间是均质的，推导出在一个孤立国的模型中，由于运输成本因距离不同而变化所导致的农业分带现象，即农业生产围绕中心城市呈现出向心环带状分布的特点，这就是著名的"屠能圈"。由克鲁格曼、藤田昌久等人开创的空间经济学、新经济地理学开始尝试将空间范畴纳入现代主流经济学，旨在应用主流经济学的研究方法和分析工具来解释空间中经济活动的聚集现象、效应和机制，被称为经济学的"第四次以报酬递增和不完全竞争为特征的革命"，成为当代经济学中最激动人心的领域之一。进而引发经济学家涉足这一领域的研究，大多是基于报酬递增、不完全竞争和运输成本之间的权衡而尝试构建一个普适性的分析框架，对企业、人口、城市等不同形态集聚的机制和原因提供解释。其中，又以Krugman(1991)，Fujita、Krugman和Venables(1999)，Fujita和Thisse(2002)等为典型代表。空间经济学、新经济地理学在引起关注的同时，也在经济学和地理学领域引发了不少的争论，特别是受到了许多地理学家的批评——不少研究学者指出，空间经济学"非现实建设、数学模型与极为奉行的实证主义范式，并不能有效解释经济活动在空间上真实存在的现实机制"(Martin, 2001)，许多情况下建立的复杂数学模型只是"对区域科学和城市经济学模型的一种修订而已……其所得出的结论并无特别的新意，经验应用更是奇缺"，从而很容易对空间经济学理论体系的有效性产生疑问。事实上，空间经济学理论体系在许多重要领域的确难以给出更加有说服力的解释，如对城市——尽管空间经济学、新经济地理学反复强调集聚研究的焦点是城市(Fujita和Thisse, 2002)，但是很多情况下，空间经济学、新经济地理学沿着经典分析框架所揭示的空间经济中城市的形成及结构，认为"城市作为一个经济体的形成是由于生产中规模经济的存在""新城市的形成置于包含多个城市的经济系统模型中来讨论"等，并不能成为理解城市的关键所在。

刘易斯·芒福德(1989)指出："人类用了5 000多年的时间，才对城市的本质和演变过程获得了一个局部的认识，也许要用更长的时间才能完全弄清它那些尚未被认识的潜在特性。"的确，城市作为人类发展历史上最为重要的一类空间现象，其内涵和外延要远比从规模经济、多样化偏好、中间产品、运输成本等角度得出的均衡结论丰富得多。制度、文化、军事、政治以及习俗等概念可能在城市出现及其集聚过程中扮演着非常重要的角色——中国等发展中国家的城市发展便是生动的案例。因此，本书尝试在空间经济学基于报酬递增、不完全竞争和运输成本等研究的基础上，着重从城市、城市化发展的角度出发，进一步探讨空间集聚问题，分析其主要的关注领域及理论发展前沿，结合中国城市化发展等诸多生动案例，探讨从产业集聚到空间集聚的逻辑演绎,并尝试对整个现代空间经济学分析框架进行拓展。

第一节 集聚、产业集聚与空间集聚

一、基本概念

(一)集聚

集聚(agglomeration)是空间经济研究的核心。韦伯(Weber,1909)最早将集聚引入经济学领域。在《工业区位论》一书中,韦伯将区位因素分为区域因素和集聚因素,并指出小的企业不能影响由一个完全竞争的市场所决定的销售价格,企业家的目的是尽量减少产品运到市场的费用,当劳动力或集聚的节省抵消了较高的运费时,企业家将寻找劳动力费用最低(或较低)、集聚经济最大的区位。而集聚因素可分为两个阶段:第一阶段仅通过企业自身的扩大而产生集聚优势,这是初级阶段;第二阶段是各个企业通过相互联系的组织而实现地方工业化,这是最重要的高级阶段。胡佛(1936)拓展了韦伯的体系,考察了更复杂的运输费用结构、生产投入的替代物和规模经济,从区位选择等角度研究具有"集聚体"规模效益的企业产业集群。勒施(1940)将贸易流量与运输网络中的"中心地区"的服务区位问题也纳入其中进行研究,推导出在既定资源、人口分布情况下规模经济差异导致了集聚现象。集聚现象非常清晰地反映了真实世界的情形,体现在人口、区域、产业、城市等多个领域。关于集聚的理论研究强调关注资源的空间配置和经济活动的空间区位问题(梁琦,2009)。以空间经济学和新经济地理学为代表的理论研究多求助于微观经济学的概念和工具分析集聚背后的经济学原因。通常认为,地理位置和历史优势是集聚的起初条件,规模报酬递增和正反馈效应导致了集聚的自我强化,使得优势地区保持领先(金煜等,2006)。

(二)产业集聚

产业集聚(industrial agglomeration)是指产业在空间上集中分布的情形。集聚概念最初主要的分析对象便是产业的集聚(Weber,1909;Isard,1956)。通常情况下,在一个适当的区域范围内,同一产业的若干企业,以及为这些企业配套的上下游企业、相关服务业高度集中,产业资本要素在空间范围内不断汇聚,便形成了产业集聚。理论研究主要关注产业集聚的空间分布形态,特别注重上述产业从分散到集中的空间转变过程。19世纪90年代,马歇尔(Marshall)提出产业集聚的空间外部性概念,指出集聚形成相关的外部性包括以下方面:集聚能够促进专业化投

入和服务的发展；集聚能够为具有专业化技能的工人提供集中的市场；集聚使得企业能够从技术溢出中获益；共享现代化基础设施。

与产业集聚相似的概念有产业集群（industrial cluster）、产业集中（industrial concentration）。产业集群由迈尔克·波特提出，主要是由与某一产业领域相关的相互之间具有密切联系的企业及其他相应机构组成的有机整体（Porter，1990）。产业集中是指某一产业内规模最大的几个企业在整个产业内的份额，是产业组织研究的重点内容之一。其中，产业集聚与产业集群关系密切，但是两者又有区别。产业的空间集聚可以形成产业集群，但是，并不是所有的产业集聚都可以形成产业集群。虽然有的产业集聚在一起，但是相互之间没有联系，就不能形成产业集群。因此，产业集聚只是产业集群形成的一个必要条件，而非全部条件（贾若祥，2005）。

（三）空间集聚

正如开头所讲，我们尝试能够将注意力进一步吸引到空间范畴的主题上。通常情况下，我们都是在分析人口、产业在空间上的集聚，几乎很少直接给出空间集聚的概念。基于对空间概念的理解和整个理论发展脉络的梳理，我们尝试对空间集聚给出如下定义：空间集聚是指依托某一特定区位或尺度的空间载体（如城市、区域、产业区、园区等），人口、企业、产业、资本以及制度、文化等各类有形或无形的要素集中的情形。与产业集聚相比，空间集聚更加强调空间作为一种资源，有其客观的存在形式和价值，也更加关注集聚形成复杂系统或有机整体所依托的空间载体，包括区域、城市的概念。空间有地理、哲学、数学以及现实、虚拟等不同维度、层面的定义，进而空间集聚也要比产业集聚有着更加丰富的内涵和外延，从而从空间集聚出发对现实世界的描述也将更加生动，对其形成机制的考察和描述也将有助于我们不断对现有的理论分析框架进行充实和丰富。

二、从产业集聚到空间集聚的逻辑演绎

我们将上述几个再熟悉不过的概念进行描述并非想进行刻意的界定、区分，而是试图挖掘其中千丝万缕的关系。从本质上来看，产业集聚是以企业为载体的经济活动的一种空间集聚现象，也是产业资本要素在空间范围内不断汇聚的过程。产业集聚发展到一定阶段成为产业集群，产业在不同地区的集聚，影响着该地区的产业布局和经济发展。而产业的空间集聚本质上涉及经济和产业活动的区域或空间布局。由此来看，产业集聚是空间集聚的基础，空间集聚是产业集聚发展到一定阶段的必然形式。

对于产业集聚到空间集聚的演化，并不是历史的偶然，而是存在内在的机理和外在的动力。产业集聚具有稳定性和流动性，而其流动的基石就是微观主体对区

位的选择。这首先要从区位理论谈起,因为区位表现为经济社会活动发生在此点而非彼点的具体地理位置,而人类的经济活动最终必然发生在某个特定的地理空间上。产业集聚到空间集聚的演绎,可以从理论发展和实践过程两个层面加以分析。

(一)理论演化层面

理论层面上的分析,首先要从古典区位论谈起。古典区位论关注的是单个决策主体基于自身利益的区位选择原则。20世纪50年代以前的区位理论研究主要侧重于微观静态的方法,其主要代表人物为韦伯和勒施。韦伯认为,影响区位的因子主要是运输成本与劳动成本以及产业的集聚和分散。勒施则从空间经济关系出发,研究生产区位和市场范围的最佳结合,指出纯利润是决定区位的唯一因素。随着韦伯、勒施的观点影响的日益扩大,20世纪50年代以后以区域经济增长与发展为核心的动态区域发展理论开始受到重视。这一时期的研究有影响的是增长极理论、发展极理论、累积循环因果关系理论、中心—外围理论、依附理论、收入趋同假说等。

20世纪七八十年代,区位经济理论主要探讨生产的空间组织变化,对产业集聚现象的研究主要集中于灵活的"产业区"或新的"产业空间"。20世纪90年代以来,越来越多的经济学家开始有兴趣研究区位问题,并且取得了一些真正的进展。区位经济理论从新熊彼特主义观点出发,将创新、技术变化与经济增长和贸易的分析结合起来,研究产业集聚的创新体系。以克鲁格曼为主要代表的新经济地理学把地理区位因素引入报酬递增的研究框架中,分析了空间结构、经济增长和规模经济之间的相互关系。该学派的研究主要是围绕经济活动的空间集聚这一主题进行的,即解释产业活动的空间经济现象。认为应用不完全竞争经济学、递增收益、路径依赖和累积因果关系等来解释产业的空间集聚现象。[1] 新经济地理学的研究为经济活动的区位研究提供了新的视角,从而激发以"空间集聚"为核心的空间经济学的研究高潮。

(二)发展实践层面

由产业集聚到空间集聚的变化过程中,经济活动微观主体的区位选择是纽带,而其中的经济利益差别是决定因素。但是,传统的区位理论未能在不同微观决策主体的选址行为和宏观空间集聚之间建立联系,而是有意回避这一问题,视为"历史的偶然"。

---

[1] 藤田昌久,雅克-费朗科斯·蒂斯.集聚经济学——城市产业区位与区域经济增长[M].刘峰,张雁,陈海威译.成都:西南财经大学出版社,2004:5.

新经济地理学从规模收益递增和不完全竞争的假设出发，把规模经济和运输成本的相互作用当作区域产业集聚的关键，而经济活动在向心力和离心力的相互作用下形成了不同的空间分布和集聚状态。按照新经济地理学的观点，产业区位的形成机制是收益递增和不完全竞争、外部经济和规模经济、路径依赖与锁定效应。而在实践过程中，微观主体的区位选择必然受经济利益的驱使，并综合考察被选区域的周围环境和条件，包括基础设施、人口基数、市场容量、居民消费能力、政府的相关政策，以及相关的配套设施和物流等，此外，有交互关联性的企业、专业化供应商、服务供应商、金融机构、相关产业的厂商及其他相关机构等也属于考察范围之内。由此，生产趋向于集中在具有较大市场潜力的地方，以便可以接近消费者和中间供应品市场；而消费者趋向靠近最终消费市场以尽可能地降低生活成本。

微观主体的区位选择，必然影响整个区域的空间集聚。因此，从微观主体的选址行为演绎到空间集聚的关键在于将单个决策主体的区位利益同其他决策主体的选址行为联系起来，从而在多个主题区位决策相互关联的框架内考察空间集聚问题。唐茂华、陈柳钦（2007）认为，自然的抑或人为造成的空间互补利益可以改变企业主体的区位距离，加速或减缓空间集聚的形成，这种空间互补带来的额外利益可能源于企业间相互作用（如马歇尔所提出的知识的溢出、成熟劳动力市场、前后向关联等），也可以是源于某一特定区位所外生的区位利益（如税收减免、公共服务的供给、投资环境的改善等）。这就为自主发展某一地区提供了理论依据，即为经济主体提供一定的额外区位利益，可以使产业在某一特定区位集聚，并将在这一区位形成维持和锁定效应。

（三）制度变迁层面

许多现实情况表明，产业在特定空间的集聚不仅依赖于该地区的要素禀赋，而且空间集聚持续、健康发展需要市场自发因素和人为促成相结合（王辑慈，2001）。特别是在我国，政府具有超强的干预经济的能力，主要通过区域经济政策、产业调整发展策略或土地使用政策等来影响企业区位策略选择，进而影响产业的空间配置和结构。因此，在产业集聚向空间集聚的演绎过程中，政府的规章制度所起的作用在不同层面凸显。具体来说，为发展特定产业或地区，地方政府可以制定相关的产业优惠政策，这主要通过对产业集聚的资本流动方式的影响，人为地造就特定产业的地理集中，创造全新的空间集聚，并设法培育和维护本地产业集聚的网络，为该空间内的企业创造公平的竞争和创新环境，提供一种促使和调整集聚空间内企业之间以及与相关机构间的相互协作机制，以促使经济活动由产业到空间的集聚，并提高主体空间集聚的效率。

专栏 1—1

空间集聚的一个典型案例：义乌

研究我国区域经济发展，尤其是空间集聚研究，义乌无疑是一个值得关注的地方——一个没有地理区位优势却成为"世界小商品之都"的、充满现代气息的城市。

在浙江省中部，有一座城市以其独特的发展路径和全球影响力而闻名于世，它就是被誉为"世界小商品之都"的义乌。它不仅是中国最大的小商品批发市场，而且是全球重要的贸易枢纽之一。

早在 20 世纪 70 年代末期，随着我国改革开放政策的实施，义乌人便开始利用当地丰富的劳动力资源和灵活的市场机制开展各种形式的商品交易活动。

"鸡毛换糖"是当时流行的一种以物易物的方式，即用自制的红糖换取农民手中的鸡毛等废旧物品。这种看似不起眼的生意模式却培养了当地人敏锐的市场洞察力和勇于创新的精神。

1982 年 9 月，在政府的支持下，义乌正式开设了第一个小商品市场——湖清门小百货市场。义乌从此走上了快速发展的道路。目前，义乌已建成包括国际商贸城在内的多个大型专业市场集群，并配套建设了现代化的仓储设施及物流园区。此外，"义新欧"中欧班列的成功开通更是大大缩短了货物运往欧洲的时间成本。经过数十年的发展，义乌已经形成了涵盖服装鞋帽、家居用品、电子产品等多个领域的完整产业链条。据统计，这里汇集了全国 20 多个产业集群、210 万家中小微企业，这些企业在相互协作中不断提高效率、降低成本。同时，作为一个典型的移民城市，义乌吸引了大量外来人口前来创业就业，不同文化背景的人们在这里和谐共处，共同创造了一个充满活力且多元化的社区。

义乌的空间集聚过程经历了从萌芽到成熟，再到创新和可持续发展的多个阶段。这一过程不仅推动了义乌经济的快速发展，也为其他地区提供了宝贵的经验和借鉴。

——资料来源：根据网络公开资料整理，仅供参考及讨论使用。

第二节 城市与城市群:空间集聚的表征

一、城市与城市化

集聚经济学处理的焦点是城市(藤田昌久等,2002)。城市经济是工业化和城市化发展的集中表现,其空间集聚是工业化和城市化发展程度的重要标志。尤其在20世纪中期以后,城市经济尤其是以中心城市或大都市经济圈或城市群为主要载体,成为发达国家或地区城镇空间布局最为集约、产业竞争最为强劲、要素配置最为高效的经济空间组织形态,区域集聚现象多反映在城市化过程中。因此,我们从城市发展和城市化的角度探讨空间集聚问题。

(一)城市

关于城市的定义,国内外学者从经济、社会、地理区位、历史等角度给予不同的解释。马克思指出,城市是社会生产力发展到一定阶段的产物。恩格斯不仅科学地论述了城市的形成和发展过程,更揭示了城市的本质特征,"城市本身表明了人口、生产工具、资本、享乐和需求的集中","物质劳动和精神劳动的最大的一次分工,就是城市和乡村的分离"。综合各类定义,一般教科书将城市定义为:城市是指一定规模及密度的非农业人口集聚地和一定层级或地域的经济、政治、社会和文化中心(王放,2000;王雅莉,2008)。后来,经济学家、地理学家和历史学家之间达成了共识,即把"报酬递增"作为考虑城市出现的一个最为关键的因素(藤田昌久、雅克-弗朗科斯,2004)。

这里我们主要从地理学和经济学的角度对城市的含义加以界定。从地理学角度来看,城市是"一个相对永久性的高度组合起来的人口集中的地方,比城镇和村庄规模大,也更重要"[①]。从经济学角度定义,城市是商业、工业、金融、信息、文化和各种服务业等非农产业和非农业人口的集聚地,是某一国家和地区的生产、消费、经济中心和经济发展的龙头,在整个国民经济中占据主导地位。总体来看,"集中"可以概括城市的特点,城市是人口(非农业人口为主体)、经济、消费、文化等的集中之地,而人口的集聚规模和变动成为衡量城市的重要指标。

城市化(urbanization)一词来源于18世纪后半期欧洲的工业革命,与城市的概念一样,不同的学科给予其不同的含义。经济学通常从经济发展与城市的关系

---

① 城市及城市体系的定义综合参考了伊文思(1992)、巴顿(1984)以及王雅莉(2008)等城市经济学著作。

出发研究城市化问题,强调城市化是引起产业结构、就业结构以及消费方式重大变化的农村经济向城市经济转化的过程和机制。人口学注重城市人口数量的增加,提出城市化是农村人口向城市人口转化的过程。社会学则强调城市化过程中人们的行为和生活方式的变化。总之,城市化的含义主要有四个方面:(1)城市人口的增多和比例的提高。这是由于农村人口向城市的逐渐转移,导致城市人口的不断增加,并且城市人口占总人口的比例逐渐提高。(2)城市范围的扩大和数目的增多。随着城市周边地区的开发以及城镇化的进展,城市化的范围逐渐扩大,并且城市的数量增多。(3)经济结构的城市化。这主要指生产要素,特别是劳动力和资本从农业向非农产业的转移。(4)人们生活方式的城市化。随着农村人口流入城市,以及随之的城镇化建设,农村居民的生活方式逐渐转变为城市生活方式。

总体来说,城市化实质上是产业集聚与人口集聚协调发展的最终产物。它的内容不仅包括人口向城市的转移,同时也包括要素向城市的集聚,这两个阶段是不能够完全分割的。综合以上的特征,可将"城市化"进程抽象概括为外延的发展和内涵的深入。外延的发展主要是其聚集和扩散过程,而内涵的深入主要涉及城市内部的填充过程,如图1-1所示。

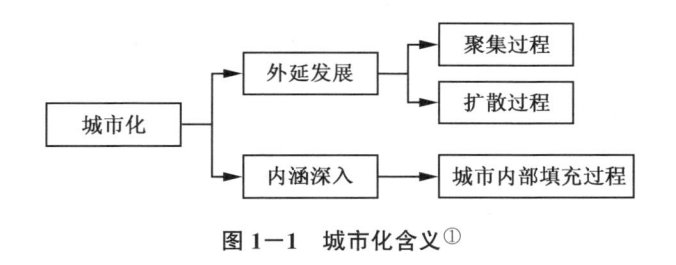

图1-1 城市化含义[①]

此外,城市化发展层次有高低和深浅之分,这也体现为空间集聚不同的内涵。在我国由于城乡分割和户籍制度的存在,在城市化发展过程中"浅度城市化"问题尤为明显。所谓"浅度城市化",可以理解为在我国新增城市人口中,越来越多的人(主要是农村向城市的迁移者)由于各种制度障碍不能成为"市民"(被看成是"外来常住人口"),他们在城市居住和工作,但在城市只保持最低度的消费,他们中很多人把配偶和(或)子女留在流出地,使他们成为非常态的和不稳定的城市人口,或可称为"准城市人口"[②]。"浅度城市化"主要反映了在城市人口中,未能真正"城市化"的人口或"准城市人口"比例过高的问题,这与我国城市中农民工的庞大群体联系在一起。

[①] 夏清. 刍议"城市化"名词的界定[J]. 现代城市研究,1995,(3):58—62.
[②] http://news.sina.com.cn/c/sd/2010-03-30/103019970860_2.shtml.

(二)城市化与空间集聚

非农产业的空间集聚主要表现为企业和居民在城市的集聚和城市发展的专业化,集聚过程即城市的形成和发展过程,也就是城市化过程。因此,没有集聚就没有城市化。

米尔斯和汉密尔顿的城市形成理论可以清楚地说明集聚与城市化之间的关系(如图1—2所示)。产业在空间上的集聚带来的规模经济效益促使了企业进行大批量生产以获得更多的收益。同时,周边地区的资本和技术也逐渐流入集聚中心以寻求价值增值的机会。在企业规模生产的过程中,企业的员工也会选择就近定居,以减少通勤成本,这就产生了集聚经济。由于集聚所产生的巨大拉力,吸引了与最初活动无关的人口和其他生产要素或经济活动的进一步集聚,在我国表现为加速了农村剩余劳动力向城市的转移。人口的集中和运输成本的变化所带来的经济活动的空间集聚,又加剧了相关产业和人口的集中,从而推动了城市化进程。

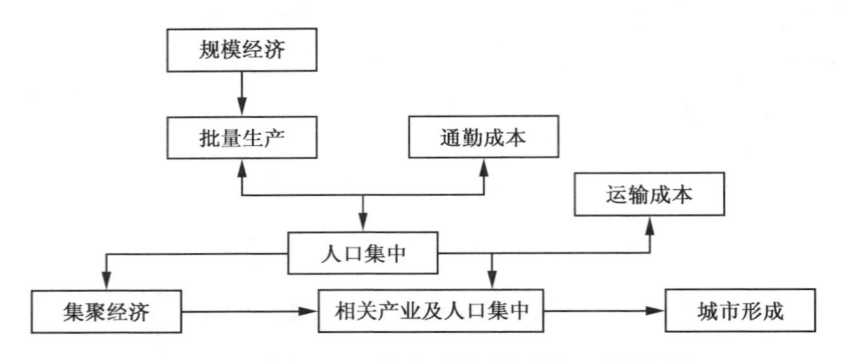

图1—2 米尔斯和汉密尔顿的城市集聚形成模型[①]

与产业集聚一样,城市化过程中经济活动的集聚也将带来集聚效应和扩散效应,这进一步影响了经济活动的空间集聚,并带动了空间结构的演化。

城市化过程中的集聚效应主要体现在其以优势的环境和条件对企业、个人和生产要素以及相关机构等的吸引上,城市成为各种要素的集聚中心:工业中心、商业中心、金融中心、交通中心、信息中心和科技中心。随着城市化进程的加快所形成的规模经济以及市场的开发和人才、信息、设备等方面的优势,进一步吸引了众多企业和人才的聚集。这就影响了空间集聚的整体布局和规划。

城市化过程中的扩散效应主要体现为城市中心区对边缘区以及周边城市的辐射功能上,以其技术、资金、管理、生产体系等优势提高和带动腹地经济的发展,以

---

① 李清娟. 产业发展与城市化[M]. 上海:复旦大学出版社,2003:12.

此拓展中心城市的空间。而城市化过程中由于集聚所带来的规模不经济,如资源短缺、环境恶化等问题所导致的生产和管理成本的上升、土地价格的上涨以及居民生活费用的提高等负面效应,是促使城市中的生产要素和产业等向周边地区扩散的主要原因。城市化的扩散功能可以开拓更宽广的市场,并优化自身结构,进一步推动技术的进步和产业结构的布局与升级。由城市化过程的扩散效应所带来的企业布局以及个人居住场所的变更,即工业区和居民区的变化,带来了整个地区空间结构的演化。

反过来,在城市化进程中,空间集聚的形成和发展是引导地方经济发展与繁荣的主要来源,也是提升城市化内涵、促使城市化健康快速成长的关键因素。

因此,缪尔达尔的城市发展积累因果理论认为,当城市发展到一定水平时,决定城市增长的不再是本地的资源禀赋,而是城市本身集聚资本、劳动力等生产要素的能力,这种能力又取决于城市能否形成产业集聚。

产业在空间的集聚不是企业的简单相加,不仅需要各种生产要素的相互作用,制度、文化、社会习俗等也影响着要素的集中和内在循环机制的完善。因此,人力资本发达的地区,外加便利的交通设施、政府的优惠政策和宽松的创业环境,对生产要素形成的吸引力更大,这容易形成高密度的空间集聚状态。城市化的速度和质量的提高,需要为空间集聚的发展和演变创造适宜的制度和文化环境。

二、城市群及其发展

(一)城市群的形成

城市群又称城市集聚区、都市连绵区、大城市带等,是城市发展到一定成熟阶段的最高空间组织形式。具体来说,城市群是指在特定区域范围内,以一个或两个特大城市为中心,依托一定的自然环境和交通条件,其他不同性质、类型和等级规模的城市云集,共同构成一个相对完整的城市"集合体"。

从历史进程来看,在城市化进程中,城市规模的扩大和城际之间交通条件的改善尤其是高速公路的出现,扩大了城市对边缘或周边地区的辐射和带动能力。相邻城市的区域不断接近并有部分重合,其关系越来越密切,相互影响逐渐放大,最终逐渐连接为一体,成为绵延一片的城市区,即城市群。总之,城市群是工业化、城市化进程中城市规模结构不断扩大,辐射带动效应逐渐提高,以此带来经济活动空间集聚的必然结果,是区域空间形态的高级现象。能带来巨大的集聚经济效益,是国民经济快速发展、现代化水平不断提高的标志之一。

一国城市化水平达到50%,是城市群发展的开端;城市化水平达到70%以上时,表明该国城市群的发展进入稳定期。对于整个国家来说,城市群的影响巨大,群内人口超过国家人口的1/10,人口密度一般大于450人/平方公里,土地面积占全国土地面积不足1/10,但GDP超过全国的1/5。目前,世界范围内著名的城市群有5个,分别是:以纽约为中心的美国东北部大西洋沿岸城市群、以芝加哥为中心的北美五湖城市群、以伦敦为核心的英国城市群、以巴黎为中心的欧洲西部城市群、以东京为中心的日本太平洋沿岸城市群。而目前我国公认的城市群有3个:长三角城市群、珠三角城市群、京津城市群。今后,在现有三大城市群基础上,将着重开发山东半岛、辽中南、中原、长江中游、海峡西岸、川渝和关中—天水城市群。

英国经济学家弗里德曼认为,城市群的形成和发展可分为工业化以前的农业社会、工业化初期、工业化成熟期、工业化后期四个阶段。[①] 我国学者张京祥则从空间结构理论的角度加以定义,认为城市群空间的形成和扩展经历了多中心孤立城镇膨胀阶段、城市空间定向蔓生阶段、城市间的向心与离心扩展阶段和城市连绵区内的复合式扩展阶段四个阶段。[②]

(二)城市群与空间集聚

从城市到城市群的演变是社会大分工进一步分化的表现,也是经济活动集聚的结果。具体来看,作为与地域相联系的空间组织形式,产业和城市功能的空间集聚与扩散对城市群的形成和演化影响最大。

1. 产业的空间集聚和扩散效应对城市群的影响

在工业化过程中,伴随着区域资源的不断开发、基础设施建设、生产设施及其配套设施的逐渐完善,以丰富的资源为原料的重化工业和能源工业率先发展起来,并带动了上下游相关产业以及服务业的发展和繁荣。在集聚效应的作用下,不同规模等级的生产相同或类似产品的企业在空间范围内逐渐向特定区域集聚。受产业空间集聚的推动,该区域逐渐形成了城镇密集区。该区域内城镇之间在地区经济的发展过程中通过相互产业活动的关联或其他方式逐渐建立了密切的联系,或形成了相对固定的专业化分工。这种产业的空间集聚效应最终促进了城市群的形成,例如,我国珠江三角洲城市群的形成。在珠三角城市群的形成过程中,国家和地方政府的宏观调控政策起到了积极的带动作用。在国家优惠政策的推动下,以加工工业为主的各种产业和相关的大中小企业迅速在珠江三角洲地区集聚,这进一步带动了全国各地的资金、人力资本等在空间范围内流入该地区。珠江三角洲的经济呈现快速发展之势,城市化进程加速进行,随之出现了不同规模等级的城镇。城镇的不断发展最终形成了现在高度密集的城市群。

---

① Friedman,J. *Regional Development Planning:A Reader*[M]. Cambridge,Mass Press,1964.
② 张京祥. 城镇群体空间组合[M]. 南京:东南大学出版社,2000:71—72.

同样,产业发展到一定程度所带来的空间扩散效应也促进了城市群的形成和发展,这也是城市化进程的必然结果。随着产业空间集聚所带来的集聚效应,城市规模不断扩大和膨胀,产业和人口不断往核心城市集中,必然带来许多城市和社会问题,例如,土地资源的减少、环境恶化、人口过度拥挤等。而城市中产业的空间范围内的扩散是解决这些问题的重要举措。随着产业的扩散,经济活动的主体开始改变区位选择,往边缘或周边地区甚至邻近地区转移,这不仅带动了大城市周围中小城市的发展,甚至出现了若干个中小城镇。这些城市和城镇之间由于产业关联而建立了密切的网络关系,最终形成了以大城市为核心的城市群或都市圈,或扩大了原有城市群的边界。我国长江三角洲城市群的发展就验证了产业的空间扩散所带来的影响。长江三角洲城市群的核心城市——上海,为应对城市发展面临的瓶颈问题,积极调整产业结构,在大力发展服务业的同时,不断鼓励第二产业向周边地区转移。这在促进周围城镇发展的同时,密切了各城镇之间的联系,甚至出现了同城化趋势,又进一步促进了长三角城市群的演化。

反过来,城市群的发展加强了区域经济的组织与创新能力,进而有利于产业结构与空间布局的不断优化。在城市群内部,经济活动密切联系。在统一的市场环境下,各种资源和信息以及大的公司集团控制的要素,按照市场经济运行规律合理配置,并形成日趋合理的专业化分工。受规模报酬递增规律的影响,城市群内部不同规模等级的企业或一系列配套产业以及相应的上下游产业等集中连片分布,逐渐形成分工与合作的网络关系,这实现了城市资源在空间范围内的优势互补,从而进一步提高了空间集聚效益。

2. 城市功能的空间集聚与扩散对城市群的影响

城市功能又称城市职能,是由城市的各种结构性因素决定的城市的机能或能力,具体指城市在一定区域范围内的政治、经济、文化、社会活动所具有的能力和所起的作用。

城市功能的集聚与扩散是城市化发展的结果。与产业的空间集聚一样,城市功能的空间集聚与扩散同样对城市群的发展产生很大的影响。城市功能的集聚即城市功能的逐渐增多,这就要求相应的城市空间来接应。而当原来的空间容量达到极限时,其功能会向城市的边缘或邻近的城市地区扩散,也即城市功能的扩散。城市功能的集聚与扩散也将对映射地区的经济、政治、文化以及社会活动等各方面产生影响,带来城市的发展、新城镇的出现以及城镇密集区的形成,最终促进了城市群的产生,并影响其演化路径和方向。

城市群的空间形态呈现明显的等级结构,至少有一个或多个规模大、等级高、经济发达和辐射功能较强的核心城市,作为城市群的中心和增长极点,周边则是中小城市或城镇,以及最外围的大面积的农业地区。

三、基础设施与"同城化"

(一)同城化趋势的出现

顾名思义,同城化描述的是发生在不同城市之间的关系,是指大运量、快速连通的高铁、城际轨道交通网建成后,区域城市群中心城市和相邻城市之间将全部实现1~2小时交通圈,城市空间和时间距离不断缩短,区域交通效率大大提升,将带来企业区位选择、居民出行和生活方式的改变,进而引起区域城市间经济产业和社会民生格局的重大变革。近年特别是高铁开通以来,国内开始广泛关注同城化研究。张建军等(2008)指出,同城化是指两个或两个以上城市因地域相邻、经济和社会发展要素紧密联系,具有空间接近、功能关联、交通便利、认同感强的特性,通过城市间经济要素的共同配置,使城市间在产业定位、基础设施建设、土地开发和政府管理上形成高度协调和统一的机制,是市民弱化属地意识、共享城市化所带来的发展成果的现象。这是对同城化较常见的解释,大多数沿袭这一概念的研究几乎都将同城化等同为大都市区或城市一体化(范弘雨,2008;杨在高,2009),在对同城化概念和特征进行描述的同时,缺乏对其理论基础和作用机制的深入剖析。此外,有大量文献对我国广佛、沈抚、京津等同城化实践进行了研究(刑铭,2007;桑秋,2009)。

有趣的是,同城化效应这一当前被我国地方政府官员、媒体广泛接纳的概念在国外却没有相应的提法(谢俊贵等,2009)。因此,同城化概念的提出并成为关注焦点可能与我国城市间行政区划分割的客观约束相关。高秀艳等(2007)提出"同城化"实际上是区域经济发展过程中为打破传统的行政分割,促进区域市场、产业、基础设施一体化,提高区域经济整体竞争力的一种发展战略。王德等(2008)归纳总结了国内正在实施的同城化战略的产生背景、基本特征,指出同城化是行政区划调整限制下城市合作的现实选择。谢俊贵等(2009)则对同城化的社会功能进行了分析,强调同城化是指没有行政隶属关系相邻城市的居民形成一种有如生活在同一城市空间的社会生活感受的城市整合发展过程。显然,存在行政区划分割的前提下,交通、通信等基础设施对城市化、城市群的发展带来了新的发现。

(二)同城化的影响

1. 拓宽了微观主体的通勤范围

从微观上来看,同城化趋势拓宽了企业和居民的活动空间,从而影响了城市间的产业布局和社会民生格局。对于企业来说,由空间距离带来的交易成本是影响其产业分工和空间配置布局的重要因素。同城化条件下,城市间的产业发展和布局逐渐突破行政区域界限,而更加直接地相互影响。产业布局调整方式成为城市间产业分工的主要形式,而产业分工超越单一城市的局限,趋向于价值链导向下的产业链分工。具体来说,企业可以按照交易成本和生产费用在不同城市的优势来布置产业分工、企业总部的主导和连接,可以把处于不同地域的产业项目紧密结合,利用城市间产业的互补性,以分享不同城市的资源优势。这样,企业可以更多地享受到产业在不同城市布局所带来的效益。这种产业间的分工与互补在一定程度上形成协作网络,可以避免城市间不同企业的恶性竞争。

对于居民来说,以城市轨道的公交化为基础的同城化带来的方便快捷的交通,使城市间的交通出行如同在一座城市内,这就大大缩短了出行时间、减少了交通成本、扩大了活动空间。居民可以方便地随时出门到另一个城市去消费、办事,最终将带动日常人口流动的规模和速度。此外,商品房的价格对居民的区位选择影响重大。大城市或中心城市较高的房价助长了在中心地区居住的成本,城市内部或城市间通勤时间的缩短促使人们选择在中心以外的边缘地区或邻近城市居住。总之,通勤方式的改变,扩展了居民的就业空间,从而越来越多的人不仅选择在郊区的产业区通勤就业,而且倾向于跨城市通勤就业。

2. 扩大了空间集聚的范围

微观主体活动空间的拓展决定着空间结构的变化。换言之,区域空间结构也会由同城化所带来的城市间产业和社会民生格局的重大变革而发生变化,这无疑又影响了区域内部空间集聚的演变。由城市发展到城市化的过程,空间集聚的范围相应扩大,而同城化趋势又加剧了城市群的发展。

城市群尤其是处于核心地区的大都市或中心城市往往处于交通与通信枢纽、内外联系便利的经济较发达地区,其经济强劲、人口众多、腹地广大,汇集了全国各地的先进技术和优良资源,是连接国内外要素流动和资源配置的节点和传输带。城市群多集外贸门户职能、现代化工业职能、商业金融职能、文化先导职能于一身,空间密集程度较高,成为区域政治、文化、经济核心区,对国家、区域乃至世界经济都具有不可替代的枢纽作用。

城市发展进入同城化时代,随着高速公路、高速铁路、航空航道、电力输送网等区域基础设施网络的完善和发展,城市群空间结构骨架开始由交通运输、信息等网络构成,并且通过这一骨架把大中小城市串联为一体。城市的规模等级各异,但都具有一定的集聚和辐射范围。同城化带来的技术进步加剧了城市间的联系和相互依赖,把处于不同节点的城市编织成千丝万缕的节点网络,形成统一的城市格局。这种从线性联系到网络联系的进步,无疑推动了城市的发展和城市群的演化。

第三节　空间集聚的若干前沿命题

经过近三十年来的不断完善和发展，空间集聚理论目前已在世界贸易、城市发展和产业集聚等经济问题研究中得到了不同程度的应用，为解释经济活动的集聚与扩散提供了新的视角、理论、方法和工具。基于城市和城市群的表征，研究普遍关注以下五个方面。

一、微观主体的区位选择

重点研究的是空间集聚的微观基础。即微观主体出于自身理论所做出的区位决策如何导致空间集聚，这包括企业、居民个人以及政府的行为选择问题。Duranton(2004)则通过构建理论模型从理论上探讨了城市组团发展共享、互补与学习机制三种类型的微观基础。对我国而言，由于国外没有和我国城市内部区县分割的客观约束，因此国外研究在建模和方法上提供很好启发的同时，深入剖析微观主体区位选择的影响因素及机制，将具有重要的理论价值。

区位是理解空间集聚及其演变研究的基石和起点。从古典区位理论到后来尝试将其数理化、主流化的新经济地理学、空间经济学，都将区位作为学科研究的核心概念之一。古典区位理论集中关注了单个决策主体基于自身经济利益的区位选择原则，但从屠能的农业区位理论到 Alonso 的土地竞租理论，大多直接将城市、中心商务区等在某一区位上的存在作为先验的前提条件，并没有解释为什么会在某一区位集聚形成这样一个城市或中心商业区——区位理论未能在不同微观决策主体的选址行为和宏观空间集聚之间搭起一座联系的桥梁，而是将其视为"黑箱"而回避了空间集聚的初始原因(唐茂华等,2007)。Weber 将在某一区位的集聚视为不同经济主体分散决策的偶然结果，新经济地理学也将区位形成的最初原因归结为自然条件或"历史的偶然"。结果，偶然的区位事件一旦发生，便开始了一个累积过程，并将可能形成某种长期的聚集结果。

区位即为某一主体或事物所占据的场所，具体可表示为一定的空间坐标。在经济空间系统中，区位具有更为丰富的内涵。在一定的经济系统中，由于社会经济活动的相互依存性、资源空间分布的非均质性和分工与交易的地域性等特征，各空间位置具有不同的市场约束、成本约束、资源约束、技术约束，从而具有不同的经济利益。[1] 因此，区位"既包括事物具体的空间位置，还指该事物与其他事物在空间范

---

[1] 郝寿义,安虎森. 区域经济学[M]. 北京:经济科学出版社,1999:43.

围内的自然和社会联系"。区位的形成不仅仅是一个简单的经济现象,而是经济、人文、社会、政治、地理、历史等复杂因素综合作用的结果。经济演化的过程可以看作是市场潜力与经济区位的共同作用,市场潜力决定经济活动的区位,而区位的变化进而重新描绘了市场潜力(梁琦,2005)。区位的优劣是经济主体进行空间布置的直接约束因素。以产业为核心研究经济行为的空间选择和空间内经济活动的区位分析成为理解空间集聚和演变的一个重要视角。在胡佛(1990)看来,地区性投入、地区性需求、输入的投入和外部需求这四个因素决定了区位的优劣状况。经济主体将根据自身利益或需求和地区区位的优劣来选择最佳区位,即进行区位决策。微观主体的区位决策进一步影响着经济活动的空间集聚。

因此,分析微观经济主体的区位选择如何形成空间聚集便成为区域经济学、空间经济学连接微观与宏观的重要纽带,也是重塑空间集聚微观基础的核心任务。作为微观经济活动的主体,个人、企业和政府,其区位选择对空间集聚的形成和发展的影响是决定性的。唐茂华等(2007)认为,在不同决策主体的选址不存在竞争性的条件下,微观主体将选择给其带来最大利润(效用)的区位,不同决策主体的区位偏好不一。例如,对于成本指向性的生产性企业而言,Weber 的理论具有代表性,因企业的目标函数不同,自然因子(土地、资源、环境等自然属性)、运输因子、劳动因子等将以不同的权重在企业的选址行为中起作用;对于市场指向的商业企业来说,市场因子无疑将占据更大的权重;而对于个人,消费品的可获得性、就业机会以及就业的通勤成本、人居环境等将对选址起决定性作用。

(一)居民的选择

居民的区位决策及其自身的社会、经济、文化等特征对不同区位的偏好和集聚有着深刻的影响。从共性而言,居民区位选择的首要条件是生活、通勤的方便,这包括出行、消费、就医、娱乐、子女受教育等多方面。对于正值工作期间的居民来说,上下班的通勤成本是影响区位选择的重要因素。人们通常会选择离工作单位较近的居民区居住。对于城市居民尤其是大城市的居民来说,商品房的价格对其决策的影响最大,人们会按照其收入情况来选择居住地。随着交通基础设施的完善,以地铁和城际列车为中心的城市轨道交通逐渐公交化,这在很大程度上影响了居民的出行和通勤方式,在减少了交通成本的同时,扩大了人们的日常活动空间和就业空间。特别是对于收入相对较低的居民,他们倾向于在城市中心以外的边缘地区或邻近城市居住,以避开城中心高昂的房价。这在一定程度上拓宽了不同居民群体在空间集聚的范围。

(二)企业的选择

企业作为经济活动微观主体,其集聚行为产生了产业集聚。因此,企业之间的相互作用，企业和产业活动在空间中的集聚，以及在集聚环境下企业的生产、经营等活动，是探讨集聚问题的主要路径。而企业的区位选择，是空间集聚的范围和规模的主要决定因素。影响企业区位选择的因素主要是生产、交易成本和空间外部性，具体来看有以下因素：租金、商务成本、运输成本、劳动力成本、资本利息以及周围的创业环境和金融环境等。由于集聚所带来的技术创新和扩散、知识的溢出、产业的前后关联等形成特定的区位优势，因而这在一定程度上改变着企业的选址。同时，在特定地区，由公共服务的供给、市场的共享、投资环境的改善、政府政策的扶持等所带来的区位利益，也吸引着企业的到来。

在企业经营过程中，会按照交易成本和生产分工，在不同的城市或地区布置其产业分工，以充分利用不同地区的资源优势，最大化其利润。比较明显的就是总部和分厂以及代理点的设置。具体来说，企业会把总部设在大城市的中心，这样可以充分利用其在金融、交通、通信等方面的优势。考虑到土地使用租金和劳动力成本，企业会把生产工厂设立在大城市的边缘或周边城市，通过产业的布局享受到更多的效益。此外，大城市的中心和边缘区或周边城市可通过产业分工和空间布置而连接起来，这在很大程度上影响着整个地区的空间集聚及其演化。

（三）政策的指向

在许多情况下，空间集聚的形成和发展体现着强大的政府力量。政府制定的各项区域、经济、产业和人口等政策都可以影响空间集聚的形成和演变。政府推动的区域内和跨区域的基础设施建设和开发项目等也可以通过区域间的经济和交通联系而推动空间集聚机制的加强。

政府的选址主要从促进产业集聚的经济发展大局出发，来确定自身的区位。集聚实现的区位主要取决于交通成本，但是交通成本不是集聚经济实现的必要条件。因此，这为政府政策的制定提供了有力的支持。要达到区域内实现集聚经济的目的，必须保证企业间、产业间能获得尽可能大的且正的外部性经济，例如，上下游产业链条的顺畅、研发基地的支持、市场信息的共享等，这都需要政府适当的政策干预以保证产业间的垂直与横向联系。

同时，空间集聚中区位的选择却在很大程度上受交通运输成本的影响，而不同产业的布局和匹配、基础设施的建设以及公共产品的供应等方面在很大程度上影响着这一成本的大小，即最终的空间集聚程度。在单纯依靠市场力量不能满足最大需求的情况下，政府的政策支持和具体规划起到了很好的辅助和引导作用。此外，在有些情况下，政府为支持特定地区的发展，会把市中心或关系城市发展的几个重要或关键部门设立在该地区，这对企业的生产和居民的起居都产生了一定的影响，最终影响了地区的整体规划和发展，从而带动了空间集聚的变化。

二、发展空间结构的优化重塑

区域空间结构是指在一定范围内社会经济客体在空间中的相互作用和相互关系,以及反映这种关系的客体和现象所形成的空间集聚程度和集聚形态。空间集聚从区域经济发展、空间结构的演化等方面对各种经济活动进行考察,能够从新的视角来审视以产业集聚和城市群为代表的经济发展的空间结构演变问题。

区域是地理学的基本范畴,其划分以地理和经济特征为基础,并符合行政机构管理以及实施各种计划和政策的需要。按照胡佛(1990)的观点,区域可以划分为均质区和结节区两类。均质区划界的根据是内部一致性,处于区域内的各部分相似度高于区域外的各地区;结节区是基于功能一体化,其结构类似于生物细胞或原子:有一个核和一个互补的外围区,各部分之间有共同利益,且相互联系。而属于均质区或结节区的不同区域在社会空间组织中所起的作用各异,处于结节区的不同地区间的经济交易和活动要比均质区的频繁。

空间结构理论是一定区域范围内社会经济各组成部分及其组合类型的空间相互作用和空间位置关系,以及反映这种关系的空间集聚规模和集聚程度的学说。该理论是20世纪50年代以来,经济学研究发达地区与不发达地区之间的经济发展关系所形成的相关理论观点的总称,其主要理论有:弗里德曼的中心—外围论、缪尔达尔的累积循环因果论、佩鲁的增长极理论、赫希曼的核心—边缘理论等。在利润最大化动机下,由微观主体的区位决策所带动的经济活动具有一种空间集中的向心力,该集中趋向主要通过生产的空间组织和企业之间联系的变化体现出来。这不仅在空间上导致经济活动综合体的形成,即产业集聚,还带动人口的聚集,而经济活动和人口集聚综合的结果就是推动了城市的形成。城市形成后,通过调整内部结构,并利用生产联系或交换方式对周围地区施加影响,由此促成了区域空间结构的出现。

区域空间结构指的是由于各经济活动的经济技术特点以及由此决定的区位特征存在的差异,而在地理空间上所表现出来的形态。经济活动中具有不同特质或经济意义的点、线、面依据内在的经济技术联系和空间位置关系,相互连接在一起,从而形成了具有特定功能的区域空间结构。因此,区域空间结构的研究包括对空间集聚问题的探讨,而空间集聚程度和状况影响着空间结构的发展。

具体来看,区域空间结构主要把区域内部的产业集群和城市群作为研究对象,从不同角度分析其空间结构的形成、特征以及演变状况,其中内部不同要素之间的相互关系和作用是重点。而空间集聚就是以产业集群和城市群为代表的区域空间结构。区域空间结构理论对区域空间集聚与扩散进行了研究,并探讨了其动力机制,提出了极化效应与扩散效应,成为分析区域经济相互作用的一个重要的理论依据。

从空间结构的角度来看,产业集群是按照一定的空间组织形式,把分散于不同地理空间的资源和要素进行有效整合,从而产生特有的经济效益,如集聚经济、规模经济,而这些经济效益的获得都依托于空间结构的调整。产业发展过程中所体现的不同集聚机制在基础设施、劳动就业、资本利用等方面的影响,映射到空间集聚过程中。城市群的发展有别于产业集聚,以城市群为代表的空间结构可以按外部形态、地域结构模式或土地利用等标准进行划分,同样,城市群的发展在很大程度上决定着空间集聚状况。

三、外部性、空间溢出与知识创新

外部性是经济活动集聚于特定地区并演变的原因和重要结果。空间溢出效应则是内生增长理论最为关注的问题之一,Lopez等(2004)的研究显示产业的空间集聚所带来的收益递增过程中,空间溢出效应不可忽视。很多情况下,空间集聚带来的"知识关联"和"经济关联"效应是特定地域空间上经济增长的内在动力,也是进一步形成集聚的重要原因。如何通过充分集聚带来足够的知识创新溢出效应,推动地区经济从投资驱动转入创新驱动阶段,在知识经济时代已经成为关于集聚理论研究的前沿领域之一。

(一)外部性

对于外部性的理解是与经济活动的集聚联系在一起的。Marshall(1920)在论述经济活动为什么会集聚于一地的时候,认为企业在一个地区集聚主要有三个原因:信息外溢(information spillover)[①]、专业化投入的可得性(availability of specialized inputs)和提供专业技术工人的劳动力市场共享(the pooling of the labor market for workers with specialized skills)。这些因素就是我们现在所熟悉的马歇尔外部性(Marshallian externalities)。

具体来说,经济活动的外部性可以分为技术外部性和资金外部性。所谓技术外部性,是指完全由技术上的联系而非市场机制所产生的外部性,同市场价格体系并无直接关联,其存在是因为很多"好商品"(如信息或新鲜空气)或者"坏商品"(如污染或垃圾)很难完全界定私人产权,且经济活动主体之间的竞争属于不完全竞争,市场信息不充分。经济主体之间存在信息不对称的现象,导致这些"商品"没有价格,市场无法存在。

---

① 后来的学者把这一条总结为技术外溢(technology spillover)。

而资金外部性是指通过市场机制的传导作用而产生的外部性,与市场价格体系的变动直接相关,是市场交互作用的副产品,仅当它们参与到由价格机制主导的交换中时,才能对企业或消费者产生影响。当一个经济主体的决定影响了价格后,进而影响到其他人的福利状况,资金外部性就起了作用,其核心理论是垄断竞争模型。例如,区域政府围绕竞争领域展开恶性竞争,竞相发展价高利大的项目,都增加同质商品的市场供给,商品供过于求,引起该类商品及互补商品市场价格的下跌,最终导致各区域的利益均受到损害。

相对于技术外部性来说,资金外部性的流动性很强。新经济地理学认为这些资金的外部性可以在很广阔的地理空间上起作用,如整个大陆。因此,对于产业的广阔范围来说,尤其是制造业,处于周边地区不是接近市场和资金外部性的障碍(Martin,1999)。因此,外部经济的规模,虽然意义很大,但是不能决定现代高科技集聚的形式和运作(Pinch 和 Henry,1999)。

集聚经济所带来的外部性主要体现在以下方面:(1)企业间交易成本的下降。尤其对受制于距离远近的小额交易来说。网络空间缩短了企业间的相互距离,并降低了建立交易的风险(Scott,1998)。(2)密集的劳动市场。这意味着工作搜寻者和岗位的空间集聚,而企业在空间上的相互接近在一定程度上促进了信息的传播,为工作匹配的成功提供了更多的机会。(3)信息或知识的溢出。因为企业间的交易也涉及商业信息或知识的溢出。企业间交易外的依存关系也很重要,这促进了企业间的相互学习和创新,而其累积效应无疑加剧了当地的竞争优势。(4)地方竞争优势的提升。不同生产者的集聚可以加强商业伙伴之间的联盟和组织,这有助于提高地方竞争优势。此外,集聚可以促进优势行业文化的发展,有利于加强同行业企业间的交流和了解。基本消费品的消费可以在很大程度上促进地方经济的发展。而大企业和员工的集聚带来的基础设施的建设和完善也提高了当地的竞争优势。

(二)空间溢出与知识创新

知识溢出以及协同创新的环境在空间集聚形成过程中具有极大的作用。正如马歇尔所言:"行业的秘密不再成为秘密……如果一个人有了一种新思想,很快就为别人所采纳,并与别人的意见结合起来,并成为更新思想的源泉……"空间集聚所带来的知识创新溢出效应,伴随着知识经济时代的到来而备受关注。按照新经济地理学理论,知识溢出的区域过程具有充分的空间表现,也即所谓的空间溢出。具体来说,空间溢出效应是指:由于区域经济空间相互作用强度随空间距离的增大而减小,使得区域在经济发展上的"溢出"效应也相应地表现出显著的空间特征。新经济增长理论把空间集聚的溢出效应看作是区域经济增长的一个重要因素,以及规模报酬递增的主要来源。空间溢出后,空间相互作用的实证分析是空间计量经济学领域中最重要的研究方向。

许多学者甚至把经济空间集聚现象解释为溢出作用的结果。Bischi(2003)研究指出知识溢出对行政区尺度上表现的聚集有正的影响,由此认为,促进外部溢出收益的政策将对集群规模的变化产生决定性的影响。Schmutzler(1998)认为一个集团内部在长距离交通通道改善后,集聚反而加强的原因在于经济外部性,即溢出。此外,他还强调了区域的异质性(包括自然资源、劳动力成本、税收、厂商的区位偏好、厂商对技术和非技术劳力的需求、各类劳力的区域供给、厂商的产品、生产技术和组织结构等方面的区域差异)对聚集的作用。Ben-David(1996,1998)的研究则强调知识溢出以贸易作为传递机制对于长期经济增长、收入趋同性和稳态转移有重要的影响,认为消除贸易壁垒、增加贸易量会导致明显的收入差距的缩小。

空间溢出与空间集聚的发展是一脉相承的。对区域经济增长趋同有着重要影响的"空间溢出"效应是通过各种要素的空间集聚体现出来的,许多影响区域经济增长差异的要素本身具有很强的空间相关性,即区域经济空间集聚所产生的"空间溢出"效应对区域经济增长与趋同的影响是渗透到每一个要素中的。新经济地理理论所强调的距离影响着区域空间经济主体之间的相互作用强度,从而空间距离是影响空间溢出强度的最重要因素。影响经济空间集聚的三个基本要素,即规模经济、运输成本和不完全竞争,都与空间距离的关系密切。因此,空间溢出效应对区域经济增长有着显著影响,并加剧了区域经济的空间集聚程度。空间溢出效应对区域经济增长的影响是通过各种要素在空间上的集聚体现出来的,因此,经济要素、资源进行合理的空间配置是协调区域经济发展的有效手段。

四、互联网与虚拟空间的集聚

20世纪90年代以来,互联网与信息技术的飞速发展,不仅深刻地影响了我们的社会系统和经济结构,同时也带来了要素、资源和分工在不同层次和区域上集聚形式和特色的迅速变化。近年来,以互联网为代表的虚拟空间集聚的相关研究已经成为关注的热点。互联网和信息化正在加速渗透到我们生产、生活的各个领域,带来了要素、资源和分工在不同层次和区域上集聚形式和特色的迅速变化。空间集聚不再仅仅是依托港口、河流自然条件以及铁路、公路交通系统等形成的集聚,信息网络对实体世界的集聚带来的客观影响以及在虚拟网络空间上所形成的新形式的集聚,已经引起了经济学家们的普遍关注。

(一)信息化对空间集聚的影响

以互联网为核心的网络信息技术对实体空间集聚的形成和演变带来了革命性

的影响。最为明显也最贴近生活的是,在信息时代,通勤距离、运输成本对于市场、交易和消费等经济过程的影响显著降低,产业分工和布局的空间尺度冲破了单个城市的约束,开始走向多种形态的城市群体以及全球化。

1993年,美国政府宣布实施新的高科技计划——"国家信息基础设施",旨在以因特网为雏形,兴建信息时代的高速公路——"信息高速公路",使所有的美国人能够方便地共享海量的信息资源。基于高速度、大容量、多媒体的信息传输网络,居民、企业等各种用户可以在任何时间、任何地点以声音、数据、图像或影像等多媒体方式相互传递信息。信息来源、内容和形式也趋于多种多样。信息化带来的先进通信技术对空间集聚的影响首先通过经济活动体现出来,这主要表现为对企业内部与企业之间的交易和合作形式的影响。发达的通信技术成为连接母公司与子公司、分公司和合资公司,以及它的转包商、供应商和战略联盟伙伴之间的主要纽带。而在交易成本降低的基础上的企业在产业分工和布局上拥有了更大的自主选择权。企业可以按照地方资源禀赋布置产业分工,这在空间上体现为扩散性和集聚性的双重特点,即"集中式的分散"或"分散式的集中"。在大城市或中心城市则具体表现为制造业和服务业的跨界扩展,在制造业分布趋于边缘化的同时,服务业开始高度集中于中心地区。此外,信息化加速了产品的可贸易性,商品和服务可以依靠先进快捷的网络通信技术而更加迅速地在不同地区转移流通。

在这一背景下,城市不仅将参与全球经济重建下的外部结构重构,也将面临城市内部空间的变更问题。先进的信息技术系统已经在信息资本管理、设施、职能与人员的区位、处理供应商与消费者之间关系等各方面为组织提供了更多新的弹性(Hepworth,1989)。因此,信息化时代带来的虚拟网络不仅影响了我们的社会系统和经济结构,同时也重构了全球区域的空间结构形式,从而对经济活动的空间集聚产生深远影响。

(二)虚拟空间上的集聚

虚拟空间,即网络空间是指基于因特网系统、通信基础设施、在线会议体系、数据库等网络技术为载体并以互联网为连接纽带的空间。虚拟空间突破了地域邻近性的限制,从而使信息的辐射范围的外部边际跨越多个空间尺度,达到了虚拟邻近性。这不仅支持了企业内部的远程跨界知识交流和柔性化生产,也支持了由于垂直专业化所形成的相关企业之间的多项连接,这可以很好地扩大区域集聚的范围,促进知识的传播,提高区域内部产业活动的创新以及经济活动交易的频率和效率。虚拟空间为经济活动的空间集聚提供了广阔的市场,这不仅体现为可以以较低的成本获得相关的交易信息,而且双方获得了更广泛的选择权。随着虚拟空间中"电子市场"的交易额度和范围的急速增长,无疑增加了经济交易的市场化程度。此外,政府在信息化吸引集聚的过程中通常也扮演了重要的角色,例如,由地方政府建立的许多网站,以公开、透明的原则提供相关的市场信息,这不仅可以促进企业之间的资源共享和非正式的知识交流,并有助于产品的交易以及新产品开发的创新时间,这为经济活动在虚拟空间上的集聚、信息交流和共享提供了很好的平台。

五、空间集聚的制度因素

(一)政府的行为和影响

作为经济活动的规划和管理以及基础设施供给的主体,政府对经济活动空间集聚起到关键性作用。一般来看,政府对空间集聚的行为主要分引导性和强制性两种。政府的引导性行为是指通过制定相关的政策、配合基础设施的供给,并建立相应的协调机制和人才的培养和利用等,以改革或完善投资环境和市场氛围,从而提高经济要素的使用和配置效率,最终促进空间集聚的形成和发展。具体的实施措施主要包括产业发展规划、空间布局规划、基础设施建设规划、城市发展规划等,以引导经济活动主体的区位选择和有限资源的合理使用。而政府的强制性行为是指通过行政手段决定特定产业空间集聚或其具体区位,以及范围的设定,并参与空间集聚规划的具体事务,从而达到鼓励某一产业发展、调整产业结构或布局的目的,最终实现经济发展的目标。实施强制性行为的政府主体通常是区域内部所有的城市政府及其上级政府,以在必要时达到行政强制手段的目的。

引导性政府行为对空间集聚的干涉相对较弱,主要通过市场作用机制来实现预期的目的,具有长期性、渐进性的特点。而强制性政府行为对空间集聚的干涉目的明确,主要通过人为作用来达到预期计划,具有短期性、见效快的特点。而最终对空间集聚的影响和影响的大小,也会受不同国家或地区的政治环境、经济社会体制、文化氛围、风俗习惯等各方面的影响,具体实施效果也存在很大差异。

(二)制度变迁

制度变迁是指新制度(或新制度结构)的产生,并否定、扬弃或改变旧制度(或旧制度结构)从而向更有效率的制度演变的过程。制度变迁分为诱致性制度变迁(也称需求主导型制度变迁)和自上而下的强制性制度变迁(也称供给主导型制度变迁)。对制度变迁的研究包括制度变迁的主体、制度变迁的动力、制度变迁的方式以及效率评价等。制度变迁的主要动因是交易费用的节约。

空间集聚的出现是经济活动的各要素以更加复杂的集聚制度代替相对简单、单一的集聚制度,具体来说是经济活动集聚形式的一种演化。除了集聚经济外,制度变迁在经济活动空间集聚过程中也发挥着重要作用。因此,空间集聚可以看做是区域经济发展过程中的一项制度变迁。制度变迁的动因可以理解为减少交易费用,以获得规模化、集约化经济。

例如,在我国,政府的产业政策是特定产业集聚在特定区域的主要原因。政府可能基于鼓励特定产业、均衡区域城乡发展或构建合作网络等特定政策目标考虑而将相关产业安排在特定的地区之中(Higashi,1995)。而制度创新导致交易成本的降低,从而为产业集聚的形成提供深层的保障(邱成利,2001)。当空间集聚延展到更大范围时,作为一种作用机制会诱致制度等发生变迁。对于产业的空间集聚来说,主要是由于在区域经济发展过程中,企业、居民和政府三大行为主体为了潜在的获利机会而在行为上考虑从更大的区域空间范围内决策,并且逐渐把空间作为一种资源禀赋加入决策函数中。最终行为趋向的变化体现了对空间集聚的需要和认可,进而成为推动空间集聚进程的重要支撑。

参考文献

[1] Ben David. Trade and Convergence Among Countries[J]. *Journal of International Economics*,1996,(40):279—298.

[2] Bishehi,G. L. Spillover Effects and Evolution of Firm Clusters[J]. *Journal of Economic Behavior & Organization*,2003,(50):47—75.

[3] Conley,T. C. and Ligon,E. Economic Distance and Cross-Country Spillovers[J]. *Journal of Economic Growth*,2002,(7):157—187.

[4] Dixit,A. K. and Stiglitz,J. E. Monopolistic Competition and Optimal Product Diversity[J]. *American Economic Review*,1977,67(3):297—308.

[5] Fujita,M., Krugman,P. and Venables,A. J. *The Spatial Economy: Cities, Regions, and International Trade*[M]. MIT Press,1999.

[6] Fujita,M. and Thisse,J. F. Economics of Agglomeration[J]. *Journal of the Japanese and International Economies*,1996,(10):339—378.

[7] Fujita,M. and Thisse,J. F. Agglomeration and Market Interaction[R]. CEPR Discussion Papers,Feb.,2002.

[8] Jaffe,A. B. Real Effects of Academic Research[J]. *American Economic Review*,1989,(79):957—970.

[9] Krugman,P. What's about New Economic Geography[J]. *Oxford Review of Economic Policy*,1998,14(2):7—17.

[10] Keller,W. Geographic Localization of International Technology Diffusion[R]. NBER working paper,2000.

[11] Mauseth,P. B. Convergence,Geography and Technology[J]. *Structural Change and*

Economic Dynamics,2001,(12):247—276.

[12]Hepworth,M. *The Geography of the Information Economy*[M]. London:Belhaven Press,1989:1—258.

[13]Paul Krugman. Increasing Returns and Economic Geography[J]. *The Journal of Political Economy*,1991,99(3):483—499.

[14]Pinch,S. and Herry,N. Paul Krugman's Geographical Economics,Industrial Clustering and the British Motor Sport Industry[J]. *Regional Studies*,1999,(33):815—817.

[15]Romer,P. Increasing Returns and Long-run Growth[J]. *Journal of Political Economy*,Oct.,1986.

[16]Romer,P. Growth Based on Increasing Returns Due to Specialization[J]. *American Economic Review*,May,1987.

[17]Romer,P. Endogenous Technological Change[J]. *Journal of Political Economy*,Oct.,1990.

[18]Ron Martin. Deconstructing Clusters:Chaotic Concept or Policy Panacea? [J]. *Journal of Economic Geography*,Dec.,2001.

[19]Rostow,W. *The Stages of Economic Growth*[M]. London:Cambridge University Press,1960.

[20]Porter,M. E. *Competitive Advantage of Nations*[M]. New York:The Free Press,1990.

[21]Schmutzler,A. Changing Places the Role of Heterogeneity and Externalities in Cumulative Process[J]. *International Journal of Industrial Organization*,1998,(16):445—461.

[22]Trullen,J. *Knowledge*,*Networks of Cities and Growth in Regional Urban Systems*[M]. Universitat Automona de Barcelona,working paper,2005.

[23]包玉香,王宏艳,李玉江.人力资本空间集聚对区域经济增长的效应分析——以山东省为例[J].人口与经济,2010,(3):28—33.

[24]曹宝明,王晓清.区位选择视角下产业集群形成的微观机制分析[J].江苏社会科学,2008,(6):89—93.

[25]陈喜霞.中国经济增长的空间外部性溢出分析[D].华东师范大学硕士学位论文,2009.

[26]陈文华,刘善庆.产业集群概念辨析[J].经济问题,2006,(4):1—3.

[27]常跟应.区位、制度与我国西部工业空间集聚机制研究——以兰州市为例[J].地域研究与开发,2007,26(6):48—52.

[28]戴蕾,王非.产业集聚的动因:马克思主义经济学的视角[J].经济经纬,2010,(3):37—40.

[29]阿尔弗雷德·韦伯.工业区位论[M].李刚剑,陈志人,张英保译.北京:商务印书馆,1997.

[30]勒施.经济空间秩序——经济财货与地理间的关系[M].王守礼译.北京:商务印书馆,1995.

[31]丁晓芳.基于知识互补的产业群聚的研究——兼论东莞IT产业群聚的形成与发展[D].华南师范大学硕士学位论文,2002.

[32]范弘雨.宁夏沿黄城市群的同城化构想——解读宁夏打造"黄河金岸"发展战略[J].宁夏党校学报,2008,(6):86.

[33]黄晓峰.区域经济空间集聚及溢出效应研究——以福建省为例[J].福建师范大学硕士学位论文,2007.

[34]胡健,焦兵.空间经济集聚理论的兴起与演进[J].中国流通经济,2010,(4):38—41.

[35]郝寿义,安虎森.区域经济学[M].北京:经济科学出版社,2004.

[36]高秀艳,王海波.大都市经济圈与同城化问题浅析[J].企业经济,2007,(8):89—91.

[37]胡晨光.产业集聚的集聚动力、效应与演化——基于集聚经济圈的分析[D].浙江大学博士学位论文,2009.

[38]金煜,陈钊,陆铭.中国的地区工业集聚:经济地理、新经济地理与经济政策[J].经济研究,2006,(4):79—89.

[39]贾若祥.产业集群概念辨析及对区域发展的作用[J].企业经济,2005,(6):28—29.

[40]刘海波.我国产业集聚水平及其对区域差异的影响研究[D].吉林大学博士学位论文,2007.

[41]刘易斯·芒福德.城市发展史——起源、演变和前景[M].倪文彦等译.北京:中国建筑工业出版社,1989.

[42]李玉江,徐光平.人力资本空间集聚对产业集群发展的影响[J].山东师范大学学报(人文社会科学版),2008,53(3):91—96.

[43]李清娟.产业发展与城市化[M].上海:复旦大学出版社,2002.

[44]赵伟.空间经济学:理论与实证新进展[M].杭州:浙江大学出版社,2009.

[45]梁琦.空间经济学:过去、现在与未来——兼评《空间经济学:城市、区域与国际贸易》[J].经济学季刊,2005,4(4):1067—1086.

[46]卢林.基于产业集聚的城市中心区功能结构优化研究[D].大连理工大学硕士学位论文,2009.

[47]陆大道.区域发展及其空间结构[M].北京:科学出版社,1995.

[48]吕力.产业集聚、扩散与城市化发展——理论探讨与中国的实践[D].武汉大学博士学位论文,2005.

[49]金丽国.聚集经济的微观基础——一个区位选择的分析框架[J].数量经济技术经济研究,2006,(4):77—83.

[50]马歇尔.经济学原理[M].廉运杰译.北京:华夏出版社,2005.

[51]埃德加·M.胡佛.区域经济学导论[M].郭万清等译.上海:上海远东出版社,1992.

[52]G.J.施蒂格勒.产业组织和政府管制[M].潘振民译.上海:上海人民出版社,1996.

[53]保罗·克鲁格曼.发展、地理学与经济理论[M].蔡荣译.北京:北京大学出版社,中国人民大学出版社,2000.

[54]桑秋,张平宇,罗永峰,高晓娜.沈抚同城化的生成机制和对策研究[J].人文地理,2009,(3):32－36.

[55]唐茂华,陈柳钦.区位选择到空间集聚的逻辑演绎——探索集聚经济的微观机理[J].财经科学,2007,3(228):62－68.

[56]邢铭.沈抚同城化建设的若干思考[J].城市规划,2007,(10):52－56.

[57]夏阳.产业空间集聚的经济学分析[J].现代管理科学,2001,(2):19－20.

[58]谢俊贵,刘丽敏.同城化的社会功能分析及社会规划视点[J].广州大学学报(社会科学版),2009,8(8):24－28.

[59]杨明.中国工业空间集聚的演变分析——基于时间序列数据的实证研究[D].中国海洋大学硕士学位论文,2009.

[60]杨治.产业政策与结构优化[M].北京:新华出版社.1999.

[61]余翔.空间集聚发生机理的数理分析:时间成本与技术优势视角[J].经济评论,2008,(4):83－91.

[62]温思美.规模经济、垄断竞争与经济活动的空间集聚——2008年诺贝尔经济学奖评介[J].学术研究,2009,(1):90－95.

[63]王丽丽,范爱军.空间集聚与全要素生产率增长——基于门限模型的非线性关联研究[J].财贸经济,2009,(12):105－110.

[64](日)藤田昌久,(比)雅克-费朗科斯·蒂斯.集聚经济学——城市产业区位与区域经济增长[M].刘峰,张雁,陈海威译.成都:西南财经大学出版社,2004.

[65]王辑慈.创新的空间——企业集群与区域发展[M].北京:北京大学出版社,2001.

[66]张建军,邹莹,佟耕.区域协作规划的探索——以沈抚同城化规划为例[C].2008中国城市规划年会论文集,2008.

[67]张廷海.跨国公司FDI的区位选择与空间集聚——基于东道国产业集群竞争的博弈分析[J].财贸研究,2009,(4):50－55.

[68]张华,梁进社.产业空间集聚及其效应的研究进展[J].地理科学进展,2007,26(2):14－24.

[69]周平.产业聚集与城市化协调发展研究[D].浙江大学硕士学位论文,2005.

[70]褚劲风.东京动漫产业空间集聚与企业区位选择研究[J].地域研究与开发,2009,28(2):35－40.

[71]周文.产业空间集聚机制理论的发展[J].经济科学,1999,(6):96－101.

[72]朱华友.新经济地理学经济活动空间集聚的机制过程及其意义[J].经济地理,2005,25(6):753－760.

[73]王放.城市化与可持续发展[M].北京:科学出版社,2000.

进一步阅读的文献

1. 甄俊杰等.互联网发展重塑制造业空间集聚的经济与环境效应研究——来自制造业微观层面的经验证据[J].经济学报,2024,11(4).
2. 李晶晶,李慧玲.数字经济、技术转移与制造业空间集聚[J].技术经济与管理研究,2024,(7).
3. 赵思萌等.中国技术创新的大规模空间集聚与趋势[J].经济地理,2023,43(11).
4. 王海江等.公路客流视域下中国城市网络的空间集聚、层级体系与演化模式[J].地理研究,2023,42(1).
5. Martin Andersson, Hans Lööf. Agglomeration and Productivity: Evidence from Firm-level Data[J]. *Annals of Regional Science*, 2011, 46(3): 601−620.

思考题

1. 举例说明产业集聚与空间集聚的相似点与不同之处。
2. 分工与空间集聚相互之间有什么关系？
3. 为何要更多地从城市与城市群视角关注和研究空间集聚？
4. 为何经济和人口会不断向大城市及城市群集聚？
5. 互联网与空间集聚是相互替代抑制还是相互促进增强？

第二章

空间集聚：城市、城市规模及其结构

本章重点
- 城市规模与城市体系的规模结构
- 城市化发展与城市规模
- 城市体系规模结构演变的基本规律与理论
- 城市体系规模结构演变的中国实践

当前，全球已有一半以上的人口居住在城市。如果说人是空间集聚研究的基本元素，人口增长和集中是形成空间集聚的主要原因，那么城市作为最重要的人类集聚地，其发展所表现出的形式和特征无疑将是空间集聚研究的重要内容。事实上，从古希腊的雅典、中国的开封，到今天纽约、东京、伦敦、上海等千万人口以上国际大都市的出现，人在空间上集聚形成的"群落"或"簇群"，历史更加悠久，内涵也更加丰富。本章尝试考察人口在城市集聚的规模、分布形式及其演变，对空间集聚最为基本的元素——人——进行分析。

第一节 城市规模与城市体系的规模结构

一、城市体系规模结构

（一）城市体系的规模结构

城市体系的概念形成于 20 世纪 60 年代初期对区域城市群体的研究。美国地理学者 Duncan(1960)在研究美国城市专业化以及大都市区之间的相互关系时，将城市地理学与一般系统论有机结合,首次正式提出了城市体系的概念。城市体系是指在某一区域范围内,由众多形态和职能不同而又相互联系的城市组成的集合体,其中中心城市起主导作用。当前国内普遍采用的城市体系定义是顾朝林(1996)给出的:城市体系,也可以称作城镇体系[1],是指在一个国家或区域范围内,由相互联系、相互制约、具有不同规模和职能的各种城市(包括城镇)所组成并具有一定时空地域结构的有机整体。这一概念强调了城市体系的三个主要结构特征,即规模结构、职能结构和空间结构。城市化既是人口聚集的过程,又是地域功能改变的过程,它在时间和空间上的发展变化是人口变动直接或间接作用的结果,作为城市化发展要素的产业、空间分布在此过程中也受到了巨大的影响。因此,可以说规模结构是城市化过程中最为重要的综合性特征。

    一个国家和地区的城市体系是由大、中、小不同规模的城市组成的,相应形成一定的规模结构。城市体系规模结构在世界各国普遍存在,主要包括金字塔型(单核型)、双核型、网络型等不同类型,不同国家的具体分布形式各不相同。其中,金字塔型是普遍存在的统计规律性现象,即城市规模越大,城市的数量越少;反之,规模越小,城市数量一般也越多。这种城市数量和规模等级变化的关系用图表示出来,便形象地成为"城市金字塔"。将一个国家各个时段的表示城市数量和规模结构的"城市金字塔"进行对比分析,便能从中观察大、中、小城市的特点、变化趋势和存在的问题。此外,将不同规模等级中各城市的人口累加,同城市总人口数相比得到城市人口的数量结构,通常情况下,大城市的人口比重要远远超出大城市数量所占的比重,而小城市的人口比重要远远低于小城市数量所占的比重,并不一定存在"头轻脚重"的递变规律。

    对一个国家或区域范围内城市体系规模结构的统计分析普遍用到城市规模分布的概念。从概念上看,分布(distribution)一般指随机变量的概率函数或者概率分布情况。不同规模的城市也经常各自以一定的概率出现在不同的等级,便被称为城市规模分布(city size distribution)。具体城市规模分布形式如何,是同用什么方法、指标来衡量城市规模结构或分布特点联系在一起的(周一星,1995)。常见的有首位分布、帕累托分布(位序—规模)以及对数正态分布等形式。本书也应用城市规模分布来分析我国城市体系规模结构的演变情况。但值得注意的是,对城市体系规模结构的研究,不再局限于国外文献普遍关注的城市规模分布等定量关系

---

[1] 从不同规模人口集聚群落形态出发,城市和城镇都可以看做是代表非农业人口聚居的区域,因此,以人口规模为依据进行概念界定,二者基本上不存在差别。但在许多场合下,城市和城镇两个概念则有着严格的区分,如在我国,只有经过国家批准设有市建制的城镇才称为城市,不够设市条件的建制镇则称为镇。当前 urban system 已经被普遍译为城市体系,"城市"与"城镇"的概念在城市体系中可以通用(周一星,2003)。

描述,而是强调从关注单个城市转向整个城市体系,突出反映城市发展密集化、群体化及其动态变化趋势,并重点探析其背后的动力机制,为大、中、小城市协调发展的研究提供更为开阔的视野。

(二)城市体系规模结构的演变

城市化发展是由社会生产力变革所引起的人类生产方式、生活方式和居住方式的持续大规模改变过程,普遍反映为城市形态的改变、城市数量的增加和规模的扩大以及城市质量的提高等内容。其中最典型的便是城市数量的增加和城市规模的扩大,表现为人口和经济活动在一定时期内向城市聚集,同时又在聚集过程中不断地向外扩散,规模结构不断发生变化和扩张,并衍生出新的结构形态和地理景观(顾朝林,1996;谢文蕙等,2008)。一个城市体系内部不同规模的城市随着经济发展、资源禀赋、地理交通区位等外部条件的变化表现出不同的增长速度和均衡规模,整体上便体现为城市体系规模结构的演变。城市规模及其结构演变的奥秘,"分析有关城市规模形成和变化的决定因素"是城市经济学探讨两个主要正面问题之一(伊特韦尔等,1996)。正如古希腊著名历史学家希罗多德(Herodotus)所言:

"我会一面走一面向你讲述小城市和大城市的故事。有多少曾经的大城市变成了如今的小城市;又有多少我们有生之年成长起来的大城市,在过去是那么微不足道。"

城市体系规模结构演变是城市体系开放性和动态性的具体体现,主要包括城市体系内部各不同规模城市数量与结构的发展和变化,同时也反映了城市体系所在国家或地区的城市发展历史、政治政策变化、经济发展以及调整市镇标准等因素的影响。对不同的国家而言,城市体系规模结构演变通常以城市规模扩张或衰落、不同规模城市之间的相对增长情况以及新兴城市的出现三种模式体现出来。在统计描述上,城市体系规模结构演变(evolution)通常用城市规模分布函数的时间序列来表示。一般来看,城市体系的规模等级具有从小城镇发展、大城市发展、小城市发展、中等城市发展和大中小城市(镇)均衡发展不同阶段逐步演变的规律(冯云廷,2001)。分析城市体系规模结构演变情况及其内在机制,可以非常直观地考察大中小城市在城市化发展过程中的具体增长情况和变化趋势,从而可以提供一个很好的理论分析框架。

二、城市规模

城市规模是一个综合概念,包括人口规模、用地规模、经济规模等。其中,人口规模是城市规模的基础和核心,并且由于资料比较容易获取,往往是城市规模研究的主要对象。国内外对城市体系规模结构、最佳城市规模等的研究也大多是基于城市人口规模展开的。本书除特别说明外,城市规模泛指城市人口规模。

由于城市地理界线和行政界线的不一致,以及统计上可能有不同的空间尺度的概念,因此,一个城市可能会有几个不同的城市规模数据。例如,美国纽约常用就有市区、纽约都市区、纽约—北新泽西—长岛都市统计区等几个相关统计结果。我国关于城市人口规模的统计范围主要包括全市(包括市辖区、下辖的县和县级市)和市辖区两个方面,统计口径则主要分为总人口和非农业人口。由于实行"市管县"等体制,我国包括下辖县(包括市代管的县级市)在内的直辖市和地级市的市域范围,是我国特定条件的一种行政上的地域概念,而不是城市地域概念。因此,用单一指标进行城市人口数的比较分析,很难得出准确和令人信服的结论,甚至影响决策的科学性。为更加充分地考察我国城市规模结构演变情况,本书在统计城市人口进行分析的过程中综合使用城市总人口数、城市非农人口数、市辖区人口数以获得较为全面的认识。我国城市统计年鉴原来对城市规模按城市辖区非农业人口进行等级分组:200万人以上为超大城市;100万~200万人为特大城市;50万~100万人为大城市;20万~50万人为中等城市,20万人以下为小城市。[①] 当前划分标准主要依据国务院2014年发布的《关于调整城市规模划分标准的通知》,采用城区常住人口统计口径,将城市划分为五类七档。

第二节 城市化进程中城市体系规模结构的演变

一、城市化发展阶段与城市规模

世界上大多数国家城市化发展几乎都体现出鲜明的阶段性特征。Northam (1979)在研究了世界各国城市化进程所经历的轨迹后,将城市人口规模的变化情况概括为一条S形曲线(见图2—1),对应把各个国家和地区的城市化发展过程分为三个阶段:初期阶段、中期加速阶段和后期阶段。通常情况下认为,城市化水平30%以下为初期阶段,30%~70%为中期阶段,70%及以上为后期阶段。[②] 不同的

[①] 由于各个国家对城市人口的统计标准(口径)大相径庭,因此,在比较各国的城市化水平、城市规模结构时会产生较大的偏差。根据1887年国际统计会议的定义,"大型城市"为人口超过10万的城市,"中型城市"为人口在2万~10万之间的城市,"小型城市"为人口在2万以下的城市。在不同国家城市体系内部,大、中、小城市应该是一个相对概念。由于统计口径或空间尺度不同,许多研究通过不同国家城市人口规模的直接比较进行定性判断并给出相关政策建议,从严格意义上讲,是缺乏说服力的。随着城市化发展,我国城市规模划分标准也多次进行调整。为保持数据统计连续性,本书在分析期内沿用这一划分标准并进行相应修正。

[②] 城市化发展的阶段划分并没有严格的统一标准,阶段节点和长短因国家不同而各异(饶会林,2008)。对城市化发展阶段的具体讨论可参考 Northam(1979)以及谢文蕙、邓卫(2008)等城市经济学教科书。

城市化发展阶段,城市人口规模的集聚水平也各不相同。

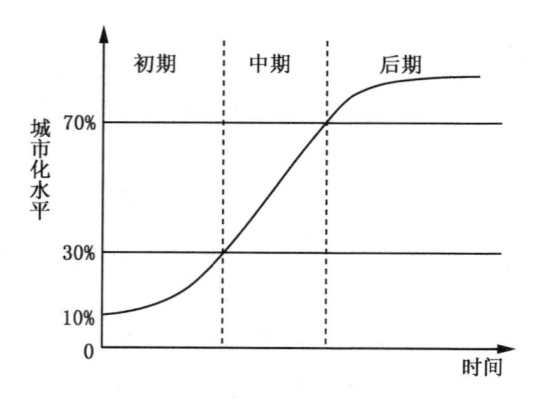

图 2—1 城市化发展阶段的 S 形曲线

在城市化初期阶段,城市人口增长较为缓慢。农村人口占据绝对优势,工农业生产力水平较低,工业提供的就业机会有限,农业剩余劳动力释放缓慢。综合比较有代表性国家的发展情况,该阶段英国年均增长 0.16%,法国为 0.20%,美国为 0.24%。该阶段城市化发展的基本动力在于农业现代化水平的提高和工业的蓬勃兴起,表现为城市规模扩张和数量增加,城市的外延扩大。但相对而言,各个国家城市规模普遍较小、数量较少且功能较为单一。

城市化水平在 30%~70% 之间,城市化处于快速发展的中期阶段。随着科学技术的进步,农业劳动力生产率大大提高,持续释放出大量的农村剩余劳动力,工业基础比较雄厚且生产规模不断扩大,经济实力明显增强,城市得以提供更多的就业机会,从而吸纳大批的农业人口,共同促进了城市化的高速增长。在通常情况下,该阶段各个国家的城市数量急剧增加,其中大城市和特大城市的发展尤为迅速,许多国家出现了人口密度很高、规模巨大的超级城市。

城市化水平突破 70% 进入后期阶段以后,城市化速度明显放缓。农业人口已经基本被城市吸收,城市人口基本处于饱和稳定状态。城市化的变化不再主要体现为农村人口向城市人口的转变,而是在于城市人口内部结构的变化和调整,主要表现为城市内涵的提升,现代化水平不断提高。在后期阶段,各个国家在不同区域内大中小城市多数得以形成有机的城市体系,大城市也逐步被城市化区域所取代,形成规模庞大的城市群或大都市带(区)。

二、全球视角

从全球范围来看,由于政治和经济条件的改变,现代世界城市化的特点与以前相比有很大的差异,这些差异不仅表现在上述城市化发展水平和速度上,还表现在城市规模的演变上。在世界城市化发展过程中,各个国家不同规模的各类城市在城市化发展的初中期阶段都体现为由小到大的进行性增长。特别是城市化发展的中期,所有城市规模都不断扩大,大城市自身不断增长。相应地,小城市不断发展为中等城市,中等城市不断发展为大城市,结果大城市体现出较快的发展趋势。

1800年,全球城市只有中国的北京超过100万人,达到50万人以上的城市只有6个。1900年,全球超过100万人的大城市达到16个,其中伦敦城市人口超过500万。1950年,百万以上人口城市达到83个,其中纽约人口超过1 000万。1980年迅速增加到222个,2000年达到411个,20个城市人口超过1 000万,呈现明显的上升趋势。其中,1950—2000年期间,在城市数量和规模上,发展中国家增长速度要快于发达国家,百万以上人口城市数量发达国家由49个增至119个,发展中地区由34个增至292个。[①] 1950年时发展中国家没有1 000万人口及以上的特大城市,发达地区也只有1个,但到2000年发达地区和发展中地区分别拥有4个和15个。

从表2-1可以看出,在1950年、1975年和2005年三个节点上,500万人以上、100万～500万人、50万～100万人以及50万人以下四个规模层次的城市人口都有不同程度的增长,但从增长速度上看,规模层次越小,人口数量增长速度越慢。从各层次城市人口占总城市人口比重也可以看出,随着城市化水平的提高,500万人以上和100万～500万人城市所占比重不断增加,而50万～100万人和50万人以下两个层次城市的人口比重则呈下降趋势。高佩义(2004)和饶会林(2008)分别形象地将上述变化规律特征概括为"大城市超先增长规律"和"大城市化的必然性"。

表2-1　　　1900—2005年全世界城市化率与不同规模城市人口比重

年份	50万以下 人口数(百万)	50万以下 比重(%)	50万～100万 人口数(百万)	50万～100万 比重(%)	100万～500万 人口数(百万)	100万～500万 比重(%)	500万以上 人口数(百万)	500万以上 比重(%)
1900	169	76.5	25	11.3	20	9.0	7	3.2
1950	390	60.3	73	11.3	127	19.6	57	8.8
1975	859	56.7	170	11.2	317	20.9	170	11.2
2005	1 622	51.5	318	10.1	713	22.6	497	15.8

数据来源:联合国人口基金会(2007);饶会林(2008)。

[①] 本小节分析涉及的关于世界城市化发展情况的数据统计结果主要综合了世界银行(2008)、联合国(2008)、吕力(2005)以及饶会林(2008)等文献。

20世纪50年代以来,世界的城市化进程大大加快,城市地域空间及其影响范围发生了根本的变化。城市化较为发达的国家,近年来单个大城市人口规模突出发展的情况减少,取而代之的是新城市地域空间组织形式大都市带的发展。许多国家大力提倡在大城市周边地区规划卫星式的新城体系,也促使了都市带的形成。相较之下,同发展中国家农业人口大量向大城市集聚相比,许多经济发达、工业化和城市化程度高的国家和地区开始出现向大都市带发展的趋势,通过十分发达的公路交通网络和便捷的城乡公交系统,形成"分散化的集中型"(无拥挤的集中)的都市区(带)城市布局。目前,大都市区(带)已成为许多国家城市化发展的基本趋势,城市体系不断趋于成熟和完善。

三、城市化发展与城市体系规模结构演变

城市体系规模结构演变是城市化发展从低级到高级的具体反映,既是长期以来发展的结果,又是未来继续演变的基础(周一星,1995)。进入工业社会以来,由于经济、社会、政治等各方面客观条件不同,世界各国城市体系的规模结构、发展模式有所不同。从横向比较来看,不同的国家有着不同的大、中、小城市规模结构;从历史演变来看,每个国家在不同的经济社会发展阶段也有着不同的大、中、小城市规模结构。图2—2～图2—4和表2—2显示了主要国家最大城市和百万人口以上城市在城市化发展过程中的演变情况。

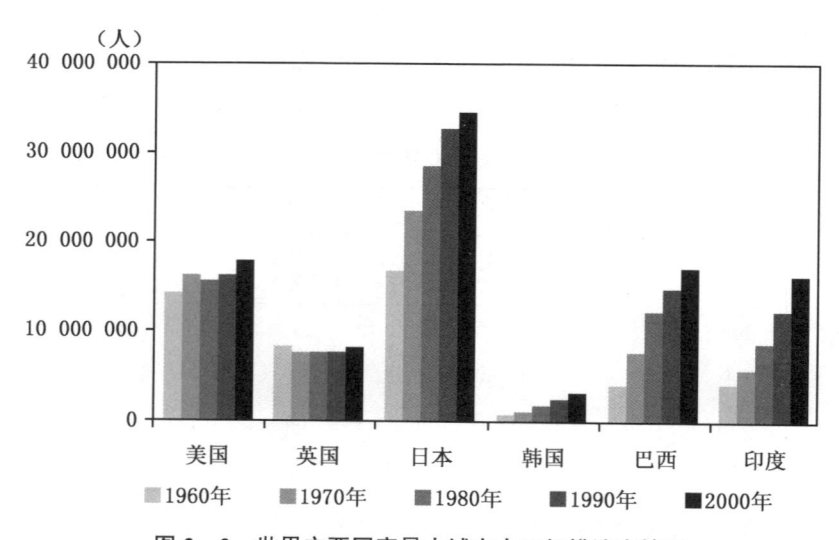

图2—2 世界主要国家最大城市人口规模演变情况

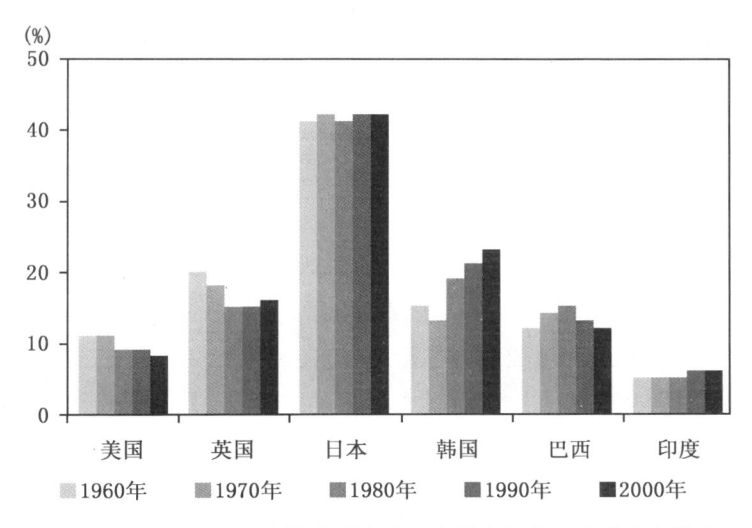

图 2—3 世界主要国家最大城市人口占城市总人口比重演变情况

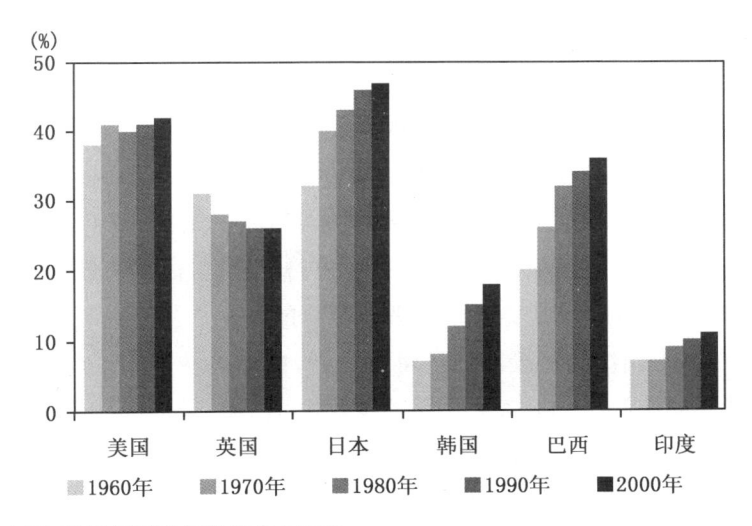

数据来源：世界银行指标数据库(2008)。

图 2—4 世界主要国家百万人口以上城市占总人口比重演变情况

表 2—2　　　世界主要国家 75 万人口以上城市占全国总人口比重　　　单位：%

年份	1950	1960	1970	1980	1985	1990	1995	2000	2005
中国	11.1	12.1	12.1	12.3	13.8	15.7	18.2	20.9	21.8
美国	35.4	39.8	42.9	43.3	43.1	43.5	44.2	45.5	47.0
日本	24.1	31.5	39.9	43.2	44.0	46.1	46.8	47.2	47.7

续表

年份	1950	1960	1970	1980	1985	1990	1995	2000	2005
加拿大	26.0	30.1	35.6	36.7	38.0	39.7	40.8	43.1	44.6
法国	19.8	24.4	26.2	26.5	26.4	26.5	26.6	26.8	26.7
英国	37.7	36.4	32.6	30.3	29.9	29.3	29.1	29.1	29.1
德国	9.4	9.7	9.4	9.0	9.0	9.1	9.1	8.9	8.9
韩国	16.4	21.6	32.3	43.8	48.4	52.7	54.1	53.2	53.2
巴西	17.2	21.1	27.6	34.0	34.7	36.0	37.2	38.4	39.9

数据来源：饶会林(2008)；世界银行指标数据库(2008)。

从上述图表可以看出，首先，除英国和德国外，尽管不同国家城市化发展的政策不同，但是各个国家大城市比重随着城市化的发展几乎都呈现出不断增加的趋势，在这个过程中首先是城市数量的增加，继而体现为城市规模的持续扩张。日本、韩国、巴西、印度最大城市和百万人口以上城市比重都有明显增长。其次，随着发达国家城市化水平日趋完善，大城市比重提高的速度普遍呈现出先递增后趋缓的趋势，美国、英国、法国等都趋于相对稳定水平。对于规模较大或城市化相对完善的国家来说，成熟的城市体系是由完整的大、中、小规模不等的城市共同构成的。最后，尽管诸多研究仍然无法从理论上对城市体系规模结构的形成机制给出一个根本性的解释，但总体来看，在城市化快速发展阶段，其形成过程和演变规律存在一定的共性特点。从主要国家的情况可以看出，整个城市体系规模越大、数量越少而城市规模越小、数量越多的现象却是普遍存在的。

结合具体演变情况的经验总结还可以发现，在影响城市体系规模结构演变的因素上，各个国家在经济和城市化不同发展阶段，城市体系演变所经历的时间长短和模式变化同该国的社会经济发展以及客观约束等密切相关。各个国家不同的政治、经济、地理条件和不同的城市化水平下有着不同的大、中、小城市发展情况和不同比例的增长，体现为城市体系规模结构的变化和调整。总体上，在各个国家城市体系规模结构演变过程中，要素禀赋(人口、土地)、历史背景、经济发展水平、城市行政管理体制、地理区位条件等方面几乎都起着不同程度的决定作用，从不同角度出发衍生出多样化的解释，但主要包括制度、市场和自然约束三个层面。如针对日本、韩国、巴西、印度等发展中国家特大城市比发达国家不仅数量多而且规模大得多，大城市作为城市化主导力量表现突出的情形，Puga(1997)指出，欧洲和拉美国家城市体系规模结构存在差异的原因在于其城市化迅速发展过程中自身所处经济发展阶段不同。欧洲国家发展较早，当时交通成本相比聚集经济效益要高，因此大城市相对分散。拉丁美洲的发展比较晚,发展初期交通成本相对较低,因此,城市活动更倾向于集中在某个单一的大城市中进行。

根据各个国家城市体系动态演变过程中不同时期占据增长主导地位的城市规模类型,我们可以将工业革命以来城市化快速发展过程中城市体系规模结构的演变分为大型城市发展、小型城市发展、中型城市发展以及最终趋向整个城市体系均衡发展的一般范式[①](见图2—5)。

大型城市发展阶段:大城市规模扩张占据城市化发展的主导地位。城市数量增长缓慢,为数不多的城市人口分布在少数几个特大城市以及各国家的中心城市。大城市人口规模比重迅猛增加,小城市增长相对缓慢。

小型城市发展阶段:小城市数量增长开始占据城市化快速发展阶段的主导地位。城市数量大量增加,特别是在工业化带动的周边地区,小城市规模扩张速度较快。但由于小城市人口规模普遍比重较小,大城市仍然占据重要地位。

中型城市发展阶段:城市数量开始趋于稳定,中型城市的规模扩张开始占据主导地位。随着经济增长和工业化的快速发展,许多城市用地规模、经济规模大幅提升,通过行政区划调整和吸引人口加速向城市迁移。特别是各地区的次级中心城市开始迅速发展,小城市规模扩张不断升级为中型城市,一些中型城市向上升级为大城市。尽管越向上移动趋势越慢,但城市规模集中态势明显。

最后是不同规模城市均衡发展的阶段:伴随着城市化的不断发展和完善,城市规模分布最终将进入城市化成熟阶段,城市现代化基本实现。大中小城市将各自达到同自身等级、地理区位、产业结构等相适应的均衡规模水平,并且相对规模趋于稳定。不同规模的大、中、小城市沿着平行路径同比例增长。

在城市化快速推进过程中,各个国家从哪个阶段起始,各个城市规模主导不同阶段经历时间长短、存在的特征差异和政策效果等都不尽相同。[②] 但最终几乎都会适应自身历史禀赋和经济发展要求而形成均衡协调的城市体系,并且制度和市场

---

① 值得说明的是,城市体系研究方面是否存在大城市超前发展的"基本规律"或"一般范式",是一个需要进一步论证的理论问题。尽管有许多学者认为基于统计存在诸如"大城市优先增长"等基本规律,但是由于在资料的选取上存在缺陷,结论可信度受到怀疑是在所难免的(赵新平等,2002),作为城市发展决策依据时更是需要慎重使用。在此,总结的一般范式也仅尝试为我国城市体系规模结构演变情况的分析提供一个可以对比和借鉴的参照系。

② 例如,针对大城市规模,英国、法国与美国相比采用的是完全不同的规模控制政策。"虽然英国和法国人口疏散的好处难以数量化,但是这些政策相对并无争议,并继续生效"(伊特韦尔等,1996),与此相反,美国似乎无意于限制其一些最大城市的规模,涉及人口分布的国家政策能得到支持。事实上,1940—1980年之间,纽约市区占美国总人口的比例从18.6%下降到10.2%,在20世纪70年代,许多最大的都市其扩展速度很慢甚至在缩小,美国人口的增长大部分出现在只有较小城市和城市化较低的南部和西南部地区。市场力量似乎控制了大城市的增长,而且促成了更加多样化的全国城市结构。

的有效安排都会发挥不同程度的作用。

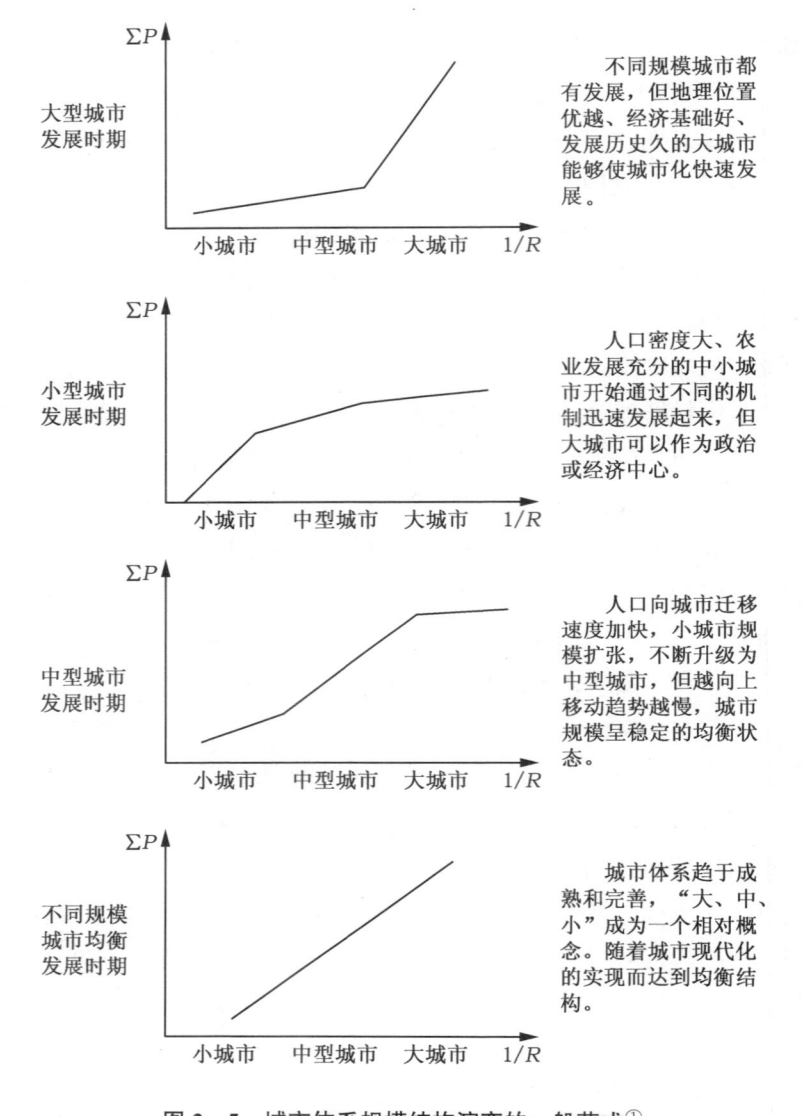

图 2—5　城市体系规模结构演变的一般范式①

---

① 本图是关于不同规模城市增长阶段和情况的示意图,纵坐标为城市人口累计比例,横坐标为排序,表明各阶段的演变特征。不同国家实际情况存在差异,但经历不同过渡阶段,几乎都能趋于相同的稳定状态。在经验总结的基础上,演变范式的概括还综合参考了 Berry(1961)、顾朝林(2005)等的分析。

第三节 首位分布与位序—规模法则：人口空间集聚的分布规律

一、首位分布

关于城市体系规模结构分布规律较为常见的观察是 Jefferson(1939)的著名发现。Jefferson 用一个国家最大城市与第二位城市人口的比值即城市首位度(primacy)来衡量城市体系规模结构。一个国家的最大城市称为首位城市，首位度大的城市体系规模结构称为首位型分布。[①] 其经典文献依据 51 个国家的数据通过分别计算首位与第二位、第三位城市的首位度结果表明：首位城市一般是第二位城市规模的 3 倍——最大城市在许多国家城市规模分布中拥有压倒优势人口，即符合首位分布(primate distribution)。

二、位序—规模法则

Auerbach(1913)在研究中发现 5 个欧洲国家和美国的城市人口资料符合如下关系：$P_i R_i = K$。其中，P_i 为 i 城市的人口规模，R_i 则为所有城市按人口规模排序时 i 城市的位序，K 为常数。随后 Singer(1936)进一步拓展，指出城市体系规模结构呈现能够更好拟合大多数国家实际情况的帕累托分布(Pareto distribution)形式：$R(S) = AS^{-\alpha}$ [或者 $R(S)S^{\alpha} = A$]。[②] 式中，$R(S)$ 表示至少有 S 人口的城市数量，A 为常数，S 为城市人口规模，α 为帕累托指数(Ioannides 和 Gabaix, 2003)。Zipf(1949)发现城市体系的规模结构统计上不仅服从帕累托分布，而且将城市按照人口规模排序并对位序的对数同人口规模的对数进行回归，其系数等于 1，即：$R(S) = P_1 S^{-1}$，或记作 $R(S) = P_1/S$。其中，P_1 是最大城市的规模，S 同样表示城市的规模，$R(S)$ 表示城市的位序。这样一个国家第二位的城市是最大城市人口的 1/2，第三位城市是最大城市人口的 1/3，以此类推(周一星，1995)。尽管这一"令人惊讶的实证规律"只是帕累托分布的一个理想状态，但却被后续研究普遍证

[①] 为更全面地考察最大城市的集中程度，4 城市指数和 11 城市指数也普遍用来反映城市体系的规模结构。

[②] 大多数文献广泛使用帕累托分布的对数形式：$\ln R_{it} = \ln A_t - \alpha \ln P_{it}$，其中，检验 α 同 1 的偏离程度可以反映城市体系规模结构分布的基本类型，当 $\alpha > 1$ 时，城市人口分布相对分散，高位序城市规模不是很突出，中小城市相对较为发达；α 值接近于 1 时，分布接近 Zipf 的理想状态；$\alpha < 1$ 则表明分布比较集中，大城市比重较为突出，中小规模城市不够发达。α 值变小，表明城市规模分布集中的力量大于分散的力量；相反，α 值变大，则表明分散的力量大于集中的力量(Delgado 和 Godinho, 2004；张涛等，2007)。

实和接受[①],并被称为著名的位序—规模法则(Zipf法则)。对位序—规模法则的考察及其解释,甚至成为自1913年以来产生最多研究的社会科学问题之一(Carroll,1982;Krugman,1996)。基于大量经验性研究得出的位序—规模法则(Zipf's Law)这一"最显著的经济学典型事实"和"惊人相似的实证规律"进行的检验、比较和解释一直是地理学、城市经济学等关注的焦点(Rosen和Resnick,1980)。

三、城市体系规模结构演变的理论解释

《新帕尔格雷夫经济学大辞典》指出,"分析有关城市规模形成和变化的决定因素"是城市经济学探讨的两个主要正面问题之一(伊特韦尔等,1996)。综合已有文献,当前关于城市体系规模结构演变决定因素及其内在机制有四种范式的解释比较有影响:(1)传统城市经济学与经济地理学强调经济行为空间集聚和集聚带来负外部性(规模收益与成本)之间的相互作用;(2)产业组织理论强调产业内联系和产品差异化的影响;(3)新经济地理学忽略土地市场而强调城市间贸易、固定农业区以及内生的地理偶然性的影响(Krugman,1991;藤田昌久等,2005);(4)内生经济增长理论的解释(Black和Henderson,1999;Abdel-Rahman和Anas,2003)。

传统城市经济学和经济地理学对单一城市规模的分析假设收益来自本地化外部规模经济(收益),成本主要体现为城市地租和污染等负外部性(成本),由于二者的相互作用最终达到均衡,形成最佳的城市规模水平。Alonso(1971)发展了一个代表性的城市总成本和总收益的模型。随着城市规模扩大,城市的边际收益会越来越少,但边际成本会越来越高,因此,在两条线的交叉点便决定了每个城市的适度规模水平,该模型以十分简明的模式说明了城市规模的决定因素不仅来自城市的收益,而且还取决于城市的成本。Davis和Swanson(1972)的城市增长模型,采用C-D生产函数将城市规模同劳动力规模相联系的城市增长模型,认为在确定的边界条件下,城市体系规模结构为对数正态分布。Singell(1974)分别通过封闭经济和开放经济最佳城市规模的探讨,建立了一个城市规模决定的成本—效益分析框架。以Henderson为代表的新古典城市体系理论从一般均衡分析出发,分析城市体系规模结构的形成(1974a,1987)。

Eaton和Eckstein(1997)在实证检验基础上从人力资本角度建立了城市增长的基本模型,认为即使工人是同质并且可以在城市之间自由流动,但大城市会有更高水平的人力资本、租金和人均工资,从而大城市和小城市会以相同的速度增长,

---

① 如Krugman(1996)、Gabaix(1999b)、藤田昌久等(2005)对美国的检验显示帕累托指数分别为1.004和1.005,验证了位序—规模法则的正确性。

城市化快速发展过程中总体上呈现出平衡增长的形式。Black 和 Henderson（1999）在厂商生产函数的设定中，考虑了人力资本积累和知识溢出效应，使得整个城市的生产具有规模递增的性质，通过对厂商和人口流动空间均衡的推导分析，对发达国家大、中、小城市的城市规模在经济和人口增长过程中随时间变化的平行增长情况进行了解释。Krugman 等（1999）、藤田昌久等（2005）则认为用新经济地理学框架下所建立的城市体系模型，可以模拟出位序—规模法则所描述的城市规模分布形式。

此外，对是否存在最佳的城市规模和限制最大城市规模是否合理等关注的问题，Tolley（1974）给出了怀疑的基本理由，即大城市与它们的最优规模相比较，可能是太小了——因为污染和交通拥挤状态等外部不经济的存在，使城市内部组织缺乏效率。这个结果意味着应对大都市缺乏效率的基本政策，应该是着手解决问题产生的根源，并通过定价等有效控制其外部性。污染和交通拥挤与人口规模有关，技术的影响可能是微弱的，有效而直接的解决外部性问题的办法是限制污染发生过程、改变城市通勤格局以及城市交通体系结构等。Arthur（1990）和藤田昌久等（2005）基于新经济地理学的结论比较具有普遍性：规模经济与规模不经济这两种相反力量的相互作用，决定了最佳城市规模和合理（均衡）的城市体系规模结构。每个城市都存在着一个最佳的规模，也就是最有效率的规模，而这个规模是由经济活动空间集中所带来的利益与所引起的成本间的一个均衡所决定的，判断最佳城市规模常用标准多数概括为政府市政平均服务费用最低、市民追求福利最大、企业获得最大利润等几个方面。

从总体来看，国内外众多理论研究根据讨论的范围和重点大致可以分为两类：一类是强调解释为什么一个国家的城市体系会有不同规模的城市构成、是否存在一个合理（均衡、最佳）的城市体系规模结构；另一类强调解释不同规模的城市为什么会遵循位序—规模法则等特定的分布形式。但到目前为止，"大量的研究并不表示取得了进展，对国家城市体系规模结构的研究缺乏共同性的发现，众多解释城市体系规模结构分布规律的理论也无一能够提供一个完整的解释和存在性证明"（Carroll，1982；藤田昌久等，2005；安虎森，2005）。正如 Gabaix（1999b）最后提到的那样，"满足位序—规模法则等可能是探讨城市体系增长和规模结构演变的众多理论模型所需要满足的一个最低标准，这一法则将引导未来进一步的理论工作"。

第四节　城市体系规模结构演变的基准理论

本节参考各国城市体系规模结构演变的经验总结和共性特点，进一步归纳其背后的经济学基础理论以提供借鉴。从经济学角度进行解释的理论主要有中心地理论、新古典城市体系理论、新经济地理学和城市政治经济学等。

一、中心地理论的城市体系思想渊源

中心地理论是分析城市体系结构特征的理论渊源。Christaller(1933)在韦伯的工业区位论和屠能的农业区位论的启发下,通过对德国南部城市的观察,独辟蹊径地把地理学和经济学结合起来,探索城市作为商业、服务业中心的等级体系问题,创建了著名的中心地理论。

该理论的核心思想是:中心地为居民提供最大可能的服务方便,而消费者到距离最近的中心地购买所需服务。消费者对服务的需求量同其到中心地的距离呈反向关系,各中心地都存在一个获得合理利润的市场范围,因此不同职能的中心地受其服务范围的影响而具有明显的等级规模结构。即城市作为其腹地商业、贸易或服务等行业的聚集中心,根据所提供服务范围的不同档次,受市场、交通和行政原则影响在一定的区域范围内形成一个具有一定城市等级规模结构和地域空间结构规律的城市体系,见图2—6。

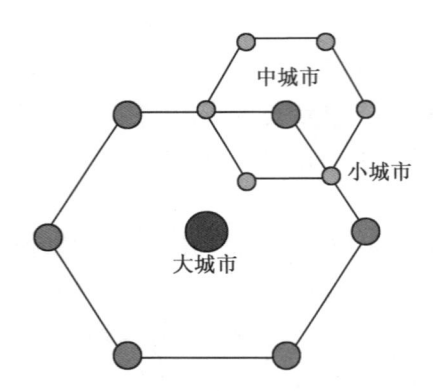

图2—6 Christaller 中心地理论描述的城市体系

在中心地理论基础上,以勒施(Lösch,1944)为主提出的市场区位理论遵循微观经济的研究路径,对城市体系的理解进行了拓展,寻求最优城市体系结构。城市越大,服务的商品种类越多,不同规模的城市是由于各种消费品具有不同的与人均需求相对应的规模经济,规模经济性大的商品在大城市销售,规模经济性小的商品在小城市销售。而如果没有相对应的规模经济差异,区域内的城市将会完全相同。勒施指出,在一定空间范围内往往会形成这样的空间结构:一个基本的中心城市、周围的居民区和工业集聚地带。中心地理论与区位理论的贡献在于城市等级体系

形成方面，最早解释了城市体系自发出现和存在的情况，并成为几乎全部有关城市体系研究的基石（周伟林等，2004）。但在今天看来，中心地理论虽然指出了不同规模城市体系的存在，从等级模式的假定出发，也可以证明中心地理论同位序——规模法则的兼容，但是却无法解释何种机制促使形成了中心地体系及其决定因素。

二、新古典城市体系理论与新经济地理学的微观分析

在中心地和区位理论基础上发展起来的新古典城市体系理论（Neoclassical Urban Systems Theory）、新经济地理学（New Economic Geography）被界定为"城市体系的微观经济"或"自下而上"的研究范式（葛莹等，2005）。该范式主要从市场经济的角度，分析厂商和家庭的决策方式在城市体系形成和发展动态变化过程中的作用，用微观经济学规范数学模型和精美建模技术演绎其具体的结构变化和内在规律。其中，前者主要以 J. V. Henderson 为代表；后者则是以 2008 年诺贝尔经济学奖获得者 P. Krugman 以及日本经济学家 M. Fujita 等为代表。

（一）新古典城市体系理论

Henderson（1974a，1987）的研究从单一的城市拓展到城市体系，奠定了城市经济学关于新古典城市体系研究的理论基础。通过从一般均衡分析出发构建城市体系模型，Henderson 分析了城市规模等级体系的形成。新古典城市体系理论认为规模经济和通勤成本是决定城市规模的两大因素，生产不同专业化贸易品的城市具有不同程度的规模经济，从而决定了可以承受不同水平通勤和拥挤成本的不同城市规模，即特定产业趋向于集中在特定规模的城市中，城市体系规模结构演变在外部经济和不经济两种力量的作用下产生，不同类型的专业化城市，其城市规模便存在差别，相应城市体系便由一系列规模不等的城市组成，规模大小则由城市主导产业的集聚经济程度决定。

具体而言，城市职能是指该城市在贸易商品的生产过程中专业化分工的类型及其城市性质的具体表现。产业的种类不同，城市职能也不同。城市职能决定了城市的发展方向和合理规模。当某类城市的均衡规模保持不变时，该类城市的数目将随着商品生产的需求增加而增加。在职能等级较高的城市中，如果商品生产的需求增加，规模较小的城市数目以及城市总的数目将随之而减少；反之，在职能等级较低的城市中，如果商品生产的需求增加，规模较小的城市数目以及城市总的数目将随之增加，具体见表 2—3。

新古典城市体系理论对城市体系研究有重要的指导作用，但应当说这种作用有其局限性。"新古典城市体系理论似乎很难预测出城市规模分布将服从帕累托分布的结论，而且也无法为尽管各个城市在分析期间内工业和技术进步发生了很大变化,城市规模分布仍在较长时期内保持稳定等现象提供合理的解释"(Cheshire,1999)。虽然该理论的分析对象是城市,但却没有明确地引入地理空间的描述(许学强等,1997)。这种地理空间的缺失导致了新古典城市体系理论的适用性变窄,阻碍了该理论的进一步发展。此外,该理论分析局限于城市内部结构,忽视了城市外围地区,从而无法确定城市的具体位置。对新城市形成和城市数量变化的解释也缺乏足够的说服力。

表 2—3　　　　　　　　　　城市职能与城市规模

城市规模	城市职能	城市规模	城市职能
农村/村庄群落	农业	大、中等规模城市	现代制造业 黑色金属 机械制造 运输设备
小城镇与小城市	传统制造业 食品加工 金属初级加工 非金属开采	特大城市(大都市区)	高技术产业与现代服务业 仪器仪表 电子产品 金融服务 出版发行 文化艺术

资料来源:引自 J. V. Henderson(1996)。

(二)新经济地理学

城市和城市体系是新经济地理学理论研究的重要层面之一。Alonso 等传统经济地理学模型大多是外生性的模型,在研究城市和经济集聚时都将其视为事先给定;Henderson 的城市经济模型也事先假定外部经济的存在。总之,传统经济地理学无法解释城市和集聚,也无法说明外部经济由何而来,它只能通过外部基本特征方面的差异来说明城市和生产结构上的差异——它一开始就假定有市场大小不同的城市或区域的存在,但并没有说明为什么会出现这一大小差异,特别是为什么原本非常相似的国家、地区或城市会发展出非常不同的结构。相反,新经济地理学将空间因素纳入一般均衡分析框架,从报酬递增、规模经济、运输成本和路径依赖的角度出发,采用一系列微观经济学的规模数学模型,解释现实中存在的不同规模、不同形式的生产的空间集聚机制,进而可以分析城市体系形成和发展的动力机制。

随着微观经济学理论的深入,尤其是新贸易理论和 Dixit-Stiglitz 的不完全竞争模型的出现,完全可以从理论上构建中心地理论的市场结构,阐明城市体系形成和发展的动力机制,实现地理学和主流经济学的融合(Krugman 等,1999;Fujita 等,1999)。最早 Abdel-Rahman(1988)、Abdel-Rahman(1990)、Abdel-Rahman 和 Fujita(1990)等开始从集聚经济出发,考察了规模经济、生产多样化、外部性等对城市体系下城市不同规模和类型带来的各种影响,如指出多样化城市的规模比专业化城市的规模要大。新经济地理学证明了中心地理论城市体系结构的形成过程,指出中心地理论是一个"比较好的学术工具",描述了现实世界随处可见的城市体系框架(Fujita 和 Mori,1997)。

　　Krugman(1993)更进一步提出的"中心—外围模型"指出城市体系结构的变化意味着地区间经济结构的变化。模型的初始状态为一端是以工业为主导的发展中心,另一端是以农业为主导的边缘区域。Krugman 的假设是:劳动力的流向以工资极大化为目的,企业的定位以利润极大化为目的。随着工业化的发展、规模经济的上升和贸易自由化的发展,模型的初始状态会逐渐演变到一个平衡状态,在这个平衡点上,所有的制造业及制造业劳动力都集中到"中心"地区,而"外围"地区完全变成了农业区域。通过"循环累积因果效应",单个企业层面的规模效应转变为整个城市水平上的规模报酬递增,而城市地区的产业特征和集聚力量大小决定了城市规模的大小。① 由于各个行业,甚至行业内的各个企业由多个相对独立的部分组成,每个部分表现出不同的空间集聚力量,从而可能分布于不同规模的城市(见图 2—7)。同一区域内不同规模城市的相互作用,影响着整个城市体系规模分布的特征和变化趋势。

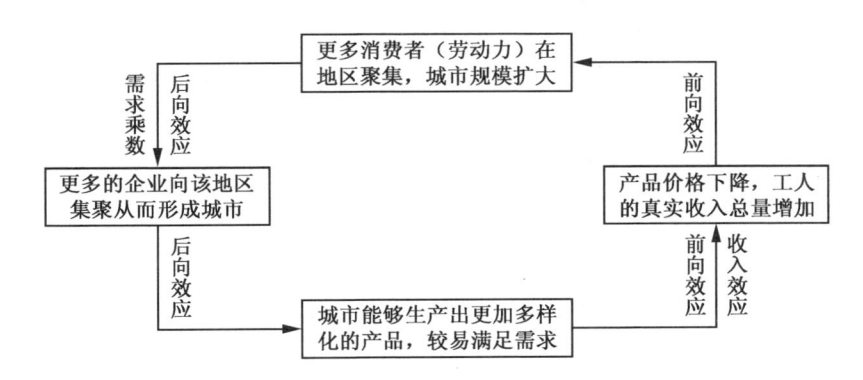

图 2—7　企业和工人在空间集聚的循环因果累积效应

---

① 具体传导机制为:经济活动和人口的集中,带来市场规模的扩大(Krugman,1991);经济活动和人口的集聚,能够产生信息溢出效应,减少了有关技术、供应者、购买者以及市场条件方面的信息成本;由于地理接近性,降低了交通运输成本。

对均衡的城市体系规模结构,Fujita、Krugman和Mori(1999)假设"集聚力(向心力)"为规模报酬递增和外部规模经济,"分散力(离心力)"则是运输成本,通过构造了包含产品多样化/差异化、运输成本的一般空间均衡模型,通过分析城市体系形成和发展过程的内在因素,应用动态演进的方法得出结论表明,随着一个经济体人口规模的逐渐增加,城市体系将会自组织形成中心地理论提出的非常有规则的城市等级体系。城市规模的扩张变化及其最终均衡依赖于经济活动和人口集聚所产生的集聚经济和集聚不经济(藤田昌久等,2005)。报酬递增等规模经济与高成本、高污染等规模不经济,即集聚力(向心力)和扩散力(离心力)两种力量的相互作用,决定了均衡的城市规模水平。

对新城市的形成和城市数量的变化,Fujita和Mori(1997)提出类似中心地理论的分析思路,应用城市增长、集聚经济和运输成本分析了不断演化拓展的城市体系、新城市的形成以及新城市形成以后城市体系规模结构演变模式的变化。随着农村劳动力大批进城,新城市(镇)将周期性地出现,城市数目会越来越多,城市体系越来越接近于中心地理论描述的结构形式。一方面,已有城市的规模经济吸引着越来越多的劳动力前去就业,从而使得城市以及城市的外围不断向外扩展,运往城市的农产品运费升高。另一方面,运输成本增加促使新城市在城市外围的某个区位出现,以便于减少运输成本,满足本地消费产品的需要。当两种经济力量趋于平衡时,则形成新的城市。上述过程按自组织方式不断循环(循环因果累积效应),一个符合中心地理论规则的城市体系产生。即从空间集聚和报酬递增的角度出发,探讨了新城出现的边界条件等。随着人口增加,不仅促进原有城市的发展,而且提供建立新城市的契机——当临界人口规模达到极限时,新的城市就会出现[①](Krugman等,1999)。

新经济地理学比新古典城市体系理论要更加复杂和新颖,纳入地理和空间因素,不仅可以回答城市区位、类型、规模和数目等一系列城市体系组成的问题,更重要的是还可以认清城市体系的形成和发展的内在动力机制,使科学揭示一个国家或地区的城市化过程具有更加充分的借鉴意义。遗憾的是,在解释城市体系结构变动的同时,新经济地理学指出了历史(初始条件)对于城市结构的影响可能是非常显著的(Krugman,1993),但并没有能够很好地将这一显著的影响因素纳入其诸多解释模型中去,甚至归结为"偶然因素",显示了城市体系微观分析无法克服的局限。

---

① 沿着这一机制,新城市出现的一个必要条件是人口必须充分密集,从而扩大劳动分工(藤田昌久等,2004)。

从总体上看,城市体系的微观经济分析可以从不同的侧面了解城市的发展规律、内在运行机制以及城市规模的投资效益等诸多城市体系问题,在很大程度上丰富和补充了地理学的定量化手段和方法,使城市间的相互距离、分布格局和组合处于最佳状态,各类城市在地域经济空间上保持均衡、和谐的分布。

三、城市体系规模结构演变的政治经济学分析

城市体系规模结构的政治经济学从政治和社会的角度可以透过现象更为深刻地解释城市体系演变的内在动因。相对新古典城市体系理论和新经济地理学强调城市体系结构的变化是由于技术条件、外部性变化造成的,城市政治经济学理论延续马克思主义分析问题和解决问题的基本思想,强调决定城市空间和规模结构的是隐藏在表面世界后的深层社会经济结构,只有从历史、社会和政治背景入手,才能透过错综复杂的种种表象来把握和揭示城市体系结构背后的内在机制和演变规律,也被统称为新马克思主义城市社会学(熊国平,2006)。

(一)马克思主义早期的城市体系思想

马克思、恩格斯的一生主要在柏林、巴黎、伦敦、曼彻斯特等大城市度过,马克思主义理论的发展同资本主义城市发展有着密切联系。早在19世纪,马克思和恩格斯从城乡关系发展的整个历史过程来解释城乡之间的内在联系,他们认为分工导致城乡分离,而这种分离又在较长时期内使各种要素向城市集中,尽管这一流向是进步的表现,但随着这种集中的过度,必然会带来城市对乡村统治的加强,从而出现城乡对立,而这种对立只有在公有制条件下才可以通过农业与工业的有效结合来化解,并最终实现城乡一体化。

马克思和恩格斯指出城市在人类社会发展史上起过非常重要的作用。"城市本身表明了人口、生产工具、资本、享乐和需求的集中,而在乡村所看到的却是完全相反的情况:孤立和分散。"恩格斯在1845年《英国工人阶级状况》一文中就城市集中的过程带来的积极和负面的双重效应进行了阐述。"像伦敦这样的城市,就是逛上几个钟头也看不到它的尽头,而且也遇不到表明快接近开阔的田野的些许现象,这样的城市是一个非常特别的东西。这种大规模的集中,250万人这样聚集在一个地方,使这250万人的力量增加了100倍;他们把伦敦变成了全世界的商业首都……"同时,"人口向大城市集中这件事本身就已经引起了极端不利的后果。伦敦的空气永远不会像乡间那样清新而充满氧气";"现代大城市的发展,使某些街区特别是市中心的地皮价值人为地提高起来,往往是大幅度地提高起来"。

对城市规模的演变,恩格斯(1945)也有生动的描述:"大工业企业需要许多工人在一个建筑物里共同劳动;这些工人必须住在近处,甚至在不大的工厂近旁,他们会形成一个完整的村镇。他们都有一定的需要,为了满足这些需要,还须有其他的人,于是手工业者、裁缝、鞋匠、面包师、泥瓦匠、木匠都搬到这里来了……当第一个工厂很自然地已经不能保证一切希望工作的人都有工作的时候,工资就下降,结果就是新的厂主搬到这个地方来。于是村镇就变成小城市,而小城市又变成大城市。"这样,由于工业化的发展,"建立了现代化大工业城市(它们像闪电般迅速成长起来)来替代以前自然成长起来的城市"。

关于城市体系,恩格斯着重描述了曼彻斯特的情况,"曼彻斯特周围的城市,就工人区的情况说,和中心城市很少有什么差别,只是这些城市的工人在居民中所占的比例可能比曼彻斯特更大。这是一些纯粹的工业城市,他们的一切商业活动都是在曼彻斯特或者通过曼彻斯特进行的;他们在各方面都依赖曼彻斯特,因此,居民只有工人、厂主和小商人,而曼彻斯特还有大批商业人口、许多委托商店和大零售商店";"曼彻斯特本城位于艾尔威尔河左岸,在该河及其两条支流——艾尔克河和梅德洛河之间,这两条小河就在这里流入艾尔威尔河。在艾尔威尔河右岸,在这条河的急转的河曲环抱的是索尔顿,再往西是盆德尔顿;艾尔威尔河北边是上布劳顿和下布劳顿;艾尔克河北边是奇坦希尔,梅德洛河南边是休尔姆,再往东是梅德洛克河畔的却尔顿,再往前,差不多在曼彻斯特以东是阿德威克。所有这些房屋的总和,通常就叫做曼彻斯特,这里的人口至少有 40 万,也许还要多"[1]。

总结可以看出,马克思在城市发展变化的过程中分析了人口迁移和集中的根本原因,并主要从劳动力集中、社会分工、地理区位、阶级对立和资本积累的角度对资本主义的城市现象进行了探讨。

(二)城市政治经济学理论

在马克思主义基础上继承并发展起来的城市政治经济学理论也主要是从阶级斗争、资本积累以及由此形成的国家政体角度对城市现象和问题进行研究,因此可以看做是"自上而下"的研究范式。这一范式主要有两个方向:一个是以阶级斗争出发对城市发展和结构的研究(以 M. Castells 和 D. Gordon 为代表);另一个是以 D. Harvey(1985)为代表的以资本积累为出发点,探讨资本的循环和积累以及利润实现对城市空间、形态和结构的影响。总之,马克思主义政治经济学理论认为,城市的发展演变都是产生于资本积累的过程以及在此过程中的阶级斗争所产生的结果,这是内在的原因和机制;而规模经济下的知识溢出(技术创新)、报酬递增以及基础设施建设等则仅仅是为实现这一结果所提供的基础和具体手段,从而提供了进一步深入探讨城市规模结构演变内在动力机制的方法和途径。

---

[1] 马克思恩格斯全集(第 2 卷)[M]. 北京:人民出版社,1982.

1. Castells 和 Gordon 的主要理论观点

Castells(1978)较早用阶级斗争来分析城市结构的演变。在新城市社会学的奠基之作《城市问题》中，Castells 明确地表示他力图用结构马克思主义的观点来分析城市社会。他认为，大、中、小城市的空间分布是社会结构的表现，社会结构是由经济系统、政治系统和意识形态系统组成的，经济系统起决定作用；经济系统的发展不是被思想而是被过去和现在的经济系统所决定；经济系统本身由劳动力、生产工具和资本家三要素构成。

在 Castells 的理论中有一个重要的概念——集体消费。他认为，劳动者起初主要是通过个人提供的私人消费再生产自己的劳动力（如休息、休养、生殖、学习等）；在农业社会中，农民个人为自己提供食品、衣物、房屋、出行手段以及其他所需的大部分东西。但是，随着城市化的发展，城市劳动者的个人消费已日益变成以国家为中介的社会化集体消费。从住宅、城市环境、医疗、社会保险、福利事业，到教育、治安、文化娱乐、交通设施以及供水供电等都成为社会公共事业，而它们又无一不是劳动力再生产的必要投入。

城市是资本主义生产要素与消费要素两方面集中、积聚的场所，也就是资本积累和劳动力再生产或集体消费的主要场所。在这个场所中，占统治地位的资本家阶级的利益是强调资本积累，希望国家把大部分投资主要用在社会性生产过程中，如用于扩大再生产的基本建设方面，而将集体消费的投资压到最低水平。由于集体消费的最终目的是生产出供资本家重新榨取剩余价值的劳动力，因此，国家对生产与消费的投资比例从根本上讲是服从统治阶级经济利益的。但是，劳动者阶级则要求国家加大对集体消费投资的比重；现代化大生产的发展，对维持劳动力再生产的消费资料的生产也提出了日益高涨的要求，例如，技术密集型产业对劳动者的教育水平与技能水平的要求不断提高，如果国家不能提供充分的教育与就业培训机会，必然会造成失业工人增多和在业工人收入水平下降。

由此不难看出，追求资本积累的资产阶级与要求提高集体消费水平的工人阶级的利益是截然对立的，资本主义社会的核心矛盾本质上是阶级对立的矛盾。Castells 明确提出，资本积累和阶级斗争是社会经济系统中两个相关和关键的特征。城市只是由国家政府政策加以补充的市场机制的空间扩展；国家一方面代表统治阶级的利益，另一方面也不得不采取一定的措施缓和阶级矛盾，防止社会动荡；随着资本的市场运动，政府在何时、何地、以何种方式、在多大程度上组织和介入集体消费过程，必将极大影响城市空间形态的变动。但是 Castells 指出，那些服务于资本利益的城市计划和政策并不必然符合广大城市居民和贫困阶层的利益，进而也决定了城市人口规模的变化情况。

Gordon(2006)也用阶级斗争来解释城市体系的演变。通过对美国郊区化的调查和研究,Gordon指出,技术革新等因素对于城市规模扩张和新城市(卫星城、公司城)的发展只是提供了手段而不是动力。资本家将他们的工厂从人口密集的中心城市迁移到邻近地区的集体决定,是由他们对劳动力实行更强的社会控制的需求所导致的。同时,资本家为了能够缓和同工人的劳资矛盾,有限度地改善工人的生活条件以及以较便宜的成本提供必要的生活服务设施,从而建造了一些由本公司工人使用的"公司城"(corporation town),这样可以保证在相对稳定的条件下提高生产效率和利润。在这些"公司城"中,资本家可以对工人进行更为全面的监控,工人也更加依赖于自己所在的公司。Feagin和Parker(1990)也以类似的分析框架揭示了在美国城市中出现的结构变化,通过对高层建筑、城市郊区化、中心城市改造等不同类型城市开发和结构变化出现原因的具体分析,解释了不同的社会阶层之间的相互作用关系以及在城市演变过程中的作用,尤其强调了政府、资本家(工厂主、开发商、银行家和投机者等)与市民等在此过程中的博弈和相互斗争是城市空间形态和规模结构演变的根本性原因。

2. Harvey的主要理论观点

Harvey(1985,1989)的理论是马克思主义经济理论在城市化研究中的具体应用,产生的社会背景是20世纪60年代欧美国家普遍出现的城市危机。结合对美国巴尔的摩等城市的房地产业、城市更新和变化的研究,Harvey(1985)探索了资本主义是如何创造出道路、住房、工厂、学校、商店等实体景观,指出城市并非城市生活方式形成的原因,城市本身和城市生活方式都是更广泛的经济结构的产物。其不仅完全同意Castells等人关于资本积累与阶级斗争的观点,并且更加关注资本集中与循环在城市变迁中的作用。通过对资本循环进行了深入细致的分析,Harvey建立了分析资本积累和城市结构(空间结构与规模结构)之间关系的基本框架:资本积累导致生产在地理空间上的集中分布——郊区化可以看做是一种用来解决资本积累危机的方法,政府为了不断创造有效需求,对此进行了积极规划和公开资助。

Harvey认为,城市化的全部内容可以归结为资本积累与阶级斗争这对矛盾的作用。这对矛盾表现在两方面:一方面,矛盾在于资本本身,这就是资本的私人占有性与生产的社会性这一基本矛盾;另一方面,劳动与资本潜藏着不可调和的矛盾,资本积累的本质就是从雇佣劳动者那里榨取更多的剩余价值。因此,两大阶级的对抗是必不可免的。对于资产阶级来讲,城市土地的利用代表了租金、股息、利润、资本的获得;而广大工人阶级才是城市空间的基本消费者。在工厂里,资产阶级力图使其利润处于竞争和经营中的最大化,而工人阶级从所有者那里得到的收入则意味着资本利润的减少。在城市空间中也是如此,资本家"作为一个阶级,必然努力组织社会和城市空间,以便增强利润的最大化,而工人阶级的利益在组织的社会和城市空间中,只被压缩至最低限度的人道标准之上"。

根据马克思关于资本主义生产与再生产周期性的原理,Harvey 提出了资本三级环程流动的观点来解释资本运动与城市发展变迁的关系。资本三级环程是:初级环程,即资本向生产资料和消费资料的利润性生产的投入;次级环程,即资本向物质结构和基础设施的投入;第三级环程,即资本向科教、卫生福利事业等的投入。其中,资本在次级环程投资是城市发展和变迁的主要决定因素,"城市的发展过程就是生产、流通、交换和消费的物质基础设施的创建"。在 Harvey 看来,城市的地理位置和地域资源等可以像阳光、空气等自然物一样为资本提供无价服务;土地及其之上的建筑物等城市基础设施可以不断地为资本创造价值,"建成环境的不断创造价值的能力,使私人资本在次级环程中获取利润,繁荣的房地产业和土地炒买炒卖的投机事业,给私人资本带来了滚滚的财源",于是吸引了更多的过剩资本进入次级环程,当城市中心商业区可建面积趋于饱和时,资本便迅速地向郊区移动,投资于郊区豪华住宅区的建设,这样也就刺激了中产阶级的郊区化,造成城市中心或中心城市的衰落(相应也反映为城市体系规模结构的演变)。

20 世纪 60 年代,欧美国家由于城市郊区化的发展和城市中心产业的外迁,城市中心税收减少与财政收入降低,城市的公用设施无力得到更新与修建,城市零售业与服务业萎缩,城市就业机会下降,失业人口迅速增加。进入 20 世纪 70 年代,城市危机非但未得到有效遏制,而且由于经济重建,更进一步加剧了这一危机。所谓经济重建,就是产业投资的重新配置、市场的国际化和多元化经营与资本收缩、劳动力从制造业向服务业的转移等。由此引起的直接后果就是失业人数进一步增加,大量劳动力为了就业而不得不迁移,他们普遍发现居住成本增加了,花费的交通时间过多,实际生活水平不断下降。20 世纪 70 年代末,部分中上层白领阶层开始了"返城运动"(gentrification),这又严重威胁了城市中心低收入和贫困阶层的居住、就业与生活。由于这些原因,美国的一些城市持续爆发社区居民抗议运动和城市骚乱。"如果资本的城市化和意识的城市化对资本主义的过程和永久存在如此重要,那么只有把革命性的城市化放在政治战略的中心地位,除此之外别无选择"(Harvey,1985)。

不管从阶级斗争还是从资本积累出发,城市政治经济学的观点都对传统城市社会学、城市经济学一些观点的科学性进行了批判。传统城市社会学将城市中的一切问题或现象都看成是城市空间所决定的,城市空间本身是城市社会的自变量,提出城市通过竞争与演替而自动达致社会平衡的观点;Castells 认为,传统城市社会学的"理论对象"和"真实对象"都不确定,"城市"无确切定义,故缺乏特定的真实对象；"城市性""生态系统"等不具有理论上的明辨性特征，故没有特定的理论对象[1]，因而也就无法解释欧美社会普遍出现的城市骚乱等现象。传统城市社会学在城市空间与城市性之间制造了一种"伪相关"，因为被看做"城市生活方式"的那种东西并不是由城市环境造成的，而是更广泛的经济与社会结构的反映，"是资产阶级工业化的文化表现，是市场经济和现代社会理性化进程的产物"(Castells，1978)；因此，在Castells看来，传统城市社会学不是科学，而是一种"意识形态"，或更干脆讲是"资产阶级的意识形态"。Harvey等人也指出，城市空间只是因变量，它受财富与权力的支配，受资本主义制度和国际经济秩序的支配。

诚然，城市政治经济学理论也受到不少批评，"单纯地根据经济因素和阶级斗争来解释一切社会冲突，忽视了历史、地理和文化的多样性，忽视了人作为行动者的作用"，"新城市社会学应当从国家经济重建、世界体系转向特定区域、集聚群落的研究，应当主要研究当地社区活动和实例"，"必须少关注宏大理论，而多关注当地历史、资源的差异，关注当地行动者在变迁中的选择"(保罗·诺克斯等，2005)。现阶段的普遍认识是，没有一种单一的政治、经济模式可以解释当代城市体系、大城市复杂综合体的现象，应当将政治、经济和文化结合起来进行分析，或者应当将国家社会政策、城市的独特性、地方精英与普通市民组织三者结合起来。由于分析视角和目的不同，在阐述过程中该理论并没有直接对城市体系以及城市体系规模结构进行分析，而是着重分析了城市空间的形成和演变。但城市体系空间演变是人口规模演变的载体，在分析中也可以应用于解释城市体系规模结构的情况。

结合本书研究背景以及经验总结的启示，城市政治经济学理论也为深刻认识我国城市体系规模结构演变的内在机制提供了重要的分析视角。我国目前正进入经济社会发展的关键时期，同时又是矛盾冲突凸显期，"科学发展观"应运而生。城市体系规模结构演变的理论研究与政策实践也由此出现转折点。就理论研究而言，城市地理学、经济地理学应多加强与社会科学的交叉综合研究，探索符合"以人为本""科学发展观"等现代治国理念要求的人口规模结构优化调整方案。本着"科学发展观"的指导，人口空间分布不应屈从于经济发展的需要，人口布局调整必须首先考虑是否符合人的需求，应注重协调和兼顾各社会阶层的利益和需求。借鉴城市政治经济学和社会学视角，人口迁移、人口城市分布变动是一种社会现象，其背后的实质则是一系列的政治过程，而利益冲突则是这些政治过程产生的原因所

---

[1] 显然，城市体系的耗散结构理论和自组织理论指出城市体系作为一个远离平衡态的开放系统，结构演变是系统一方面不断与外部环境进行物质和能量交换，另一方面系统内部各子系统又具有非线性相互作用关系结果的自组织机制下进行的分析认识(王放，2000)，在此也应处于被Castells所批判的行列中。

在。将地理学空间分析方法与政治经济学、社会学视角相结合,对城市体系规模结构演变状况进行分析,并剖析隐藏在其背后的影响因素和动力机制,无疑可以适应我国城市化发展以及城市体系规模结构演变的特色,更好地给出符合实际的政策启示。

第五节　城市体系规模结构演变的拓展:来自中国的实证

一、已有研究的回顾

国内学者早期关于城市体系规模结构演变的研究主要集中在借鉴西方研究方法来考察我国不同阶段城市规模的分布类型及其变化情况。严重敏、宁越敏(1980)和许学强(1982)等城市地理研究学者先后用全国城镇的详细人口资料,对我国城市规模分布位序—规模法则进行了检验。前者以第一大城市上海的规模为基准,以斜率指数等于1的理想模式,考察了中国1952年和1978年10万以上人口的城市规模结构的变化;后者分别计算了1953年、1963年、1973年、1978年中国前100位城市的位序—规模分布状况。两者的研究结论都认为我国城市规模总体服从位序—规模法则,且城市分布的总趋势日渐均衡。周一星(1995)总结指出,关于我国城市体系规模结构的相关研究已经基本形成共识:中国城市规模分布按照一般的分类,基本属于相对均衡的位序—规模分布类型,城市首位度则普遍较低。这是同中国国土辽阔、人口众多以及城市发展历史悠久孕育了数量庞大的城镇分不开的。改革开放以来,中国城市位序—规模分布的斜率变化各时期波动起伏较大,主要反映了中国城市政策的不连续性、城市人口增长速度上下起伏较大、大型城市的实际规模要比理论规模小很多等。

Ge(2003)、Anderson和Ge(2005)也对中国1949—1998年的城市规模分布进行了非常详细的考察。研究发现,改革开放前后中国城市体系发生了显著的结构性变化,改革前城市体系规模结构保持相对稳定,但改革后则展现出趋同增长趋势,通过拟合优度检验则认为对数正态分布比帕累托分布更适合描述中国城市规模分布类型。但遗憾的是,由于研究时间节点的原因,其统计数据也只是考察到1999年,对自2000年以来我国城市体系规模结构已经发生的显著变化研究没有给予关注。陈良文等(2007)对城市体系演化的实证研究则指出,我国城市首位度和城市规模分布帕累托指数总体上趋于降低,不符合Zipf的理想状态。张涛等(2007)利用我国1984—2004年的年度数据,研究了位序—规模法则对中国的适用性问题,研究认为中国城市规模分布基本上服从相对均衡的位序—规模法则。

在诸多实证研究基础上,国内关于城市体系规模结构的系统性研究应当首推顾朝林(1996)的初创性分析。从我国城市起源和早期城镇体系产生着手,作者分别分析了奴隶社会、封建社会、半殖民地半封建社会以及近现代新中国各个历史阶段城市体系等级规模结构演变的基本状况及其主要特征,通过对城镇人口发展的预测和城镇体系发展制约因素的分析,展望了21世纪中国城镇体系将逐步形成以超大城市、特大城市为中心,大中小城市为骨干,小城镇为基层的规模不等、分布合理以及大中小有机结合的多层次、金字塔式分布的等级规模结构。之后,顾朝林等(1999,2002,2005)在原有研究基础上,结合分析阶段和外部环境的变化从全球化影响入手,就国家城市体系重建,如城市体系发展战略、城市等级规模分布、城市体系功能重组、城市体系空间格局以及城市体系支撑系统进行了研究,奠定了城市体系研究的基础。

王放(2000)系统分析了当代中国城市体系的变化情况,从城市体系规模分布、各级规模城市增长以及对规模结构区域差异的考察,指出当时"控制大城市规模"的城市发展指导方针已经不符合我国国情与可持续发展的要求,应当促进大、中、小城市和小城镇共同发展,强调城市集约化的内涵发展,实现经济、社会、环境、资源效益的统一,发展大中小城市(镇)结构合理和城市整体功能可以得到最大发挥的城市体系。张莉(2001)、徐正元(2004)和夏显力(2005)等分别综合考察了我国改革开放以来城市体系规模结构、职能结构和空间结构的演变情况和新特征,强调应当建立完善、合理的城市体系,为整个经济社会的发展确立合理的空间依托,但就如何构建并没有给出具体回答。此外,由于我国幅员辽阔、地区间差异较大,近年来许多研究也开始关注特定城市群或省区的城市体系规模结构(程开明,2007;陈娟等,2008)。

综合国内外已有研究来看,首先,国外相关文献由于所面临的历史禀赋和现实约束与我国有较大的差异,大部分基于国外情况的理论模型和数量分析对中国城市化实践的套用和解释仍缺乏足够的说服力。而国内文献对城市体系规模结构的关注大部分仍采用"问题—原因—对策"的研究范式,大多局限于对实际经验的总结和以定性为主的分析,对我国城市体系规模结构演变的本质机理还缺乏足够认识;其次,对我国城市体系规模结构演变动力机制的探讨缺乏综合性的研究。我国正处于城市化快速发展期,新的动力因素及其作用机制不断变化,尽管也有研究指出我国城市体系规模结构的演变是由政府和市场两种力量共同作用的过程(程开明,2007),但就其具体的作用机制并没有给出同演变模式逻辑上一致的解释。

二、中国特色城市体系规模结构演变的典型事实

1984年开启的经济体制改革在创造我国经济高速增长"奇迹"的同时,随着经

济发展的重心转向城市,也创造了我国城市化快速发展的"奇迹"。① 其中有如下几个事实颇具深意:

(一)拐点:从"数量增长"到"规模扩张"

伴随着城市化水平的不断提高和城市数量的变化,我国整个城市体系规模结构发生了巨大的调整和变化。从总体数量上看,1985—2006 年期间我国累计新设城市 390 个,合并与撤销城市 58 个。1984 年以来城市数量发展的变化,可分为两个阶段:一是快速增长阶段(1984—1998 年)。1998 年末我国共有城市 668 个,比 1984 年初增加 379 个,增长 131.1%,平均每年增加 27 个。二是平稳发展阶段(1998—2007 年)。截至 2007 年末我国城市数量达到 655 个,比 1998 年减少 33 个,平均每年减少 3 个。从图 2-8 可以看出,自 1999 年以来,我国设市城市的数量开始趋于稳定,甚至呈现减少趋势,2007 年全国共有城市 655 个,总量上减少了 32 个。在城市个数增加的同时,城市规模也在不断扩大,大城市的数量增长迅速。2007 年我国城镇人口达 59 379 万人,地级及以上城市(不包括市辖县)年末总人口 37 156 万人,比 1978 年增长 1.2 倍。

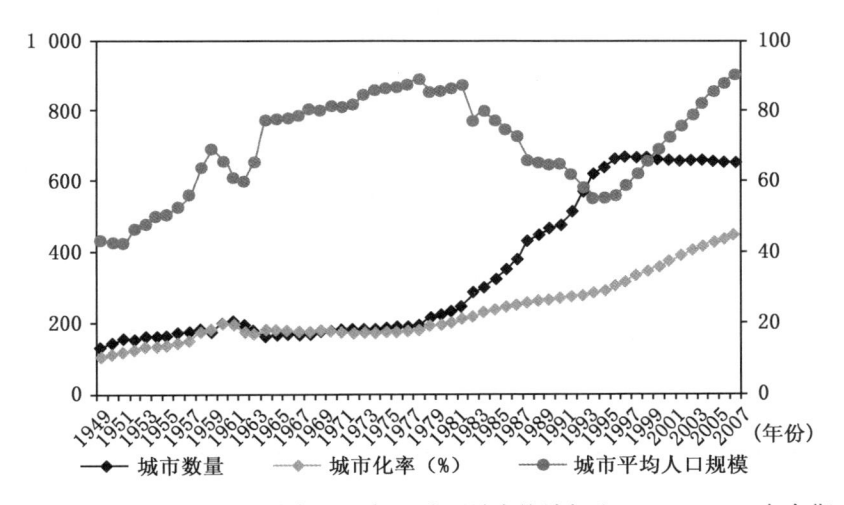

数据来源:《新中国 50 年统计资料汇编》,《中国城市统计年鉴》(1985—2008 年各期)。

图 2-8 1985—2007 年中国城市化发展总体概况

---

① 从国际比较来看,作为世界人口最多的国家,我国改革开放以来的城市化发展的确创造了类似经济增长的"奇迹"(李善同、许召元,2008)。20 世纪 80 年代我国城市化水平开始呈现快速上升趋势,1985—2006 年城市化率上升了 27%,比发达国家上升同样幅度少用了大约 2/3 的时间。对比城市化率从 25% 上升到 70% 所需时间,英国大致用了 90 年,法国 120 年,美国 90 年,日本 40 年(高佩义,2004)。根据预测,如果我国在 2025 年达到 70%,按此推算从 1990 年的 26.4% 上升到 70% 只需要 35 年的时间。

从表 2—4 可以看出，20 世纪 80—90 年代中期由于城市数量增长迅速，城镇人口占城市总人口比重不断下降，但市辖区非农人口占全市非农人口比重仍然保持不断上升趋势，即城市化发展主要在城市的中心地区；2000 年以来城镇人口数量增长迅速，占总人口比重上升，但市辖区非农人口占全市非农人口的比重出现了大幅度下降，表明这一阶段城市化发展集中在城市下辖的县和县级市。而随着城市发展方针的变化，2000 年以来大城市和特大城市数量和比重都开始呈现出上升趋势，大城市发展加速。表 2—5 表明特大城市数量占城市总数比重从 1999 年的 5.6% 上升到 2003 年的 26.4%，大城市和特大城市合计占城市总数的比重从 1999 年的 12.9% 上升到 67.9%。一方面是大城市自身增长速度加快，另一方面则是由于许多中型城市随着规模扩张不断升级为大城市，从数量上增加了其在整个城市体系中所占的比重。

表 2—4　　　　　　　改革开放以来中国城市人口规模的基本情况

年份	城市数量(个)	全国总人口(万人)	城市总人口(万人)	城镇人口总数(万人)	城市非农业人口(万人)	市辖区非农人口(万人)	全市非农人口比重(%)	市辖区非农人口比重(%)
1985	324	105 851	55 471	25 094	16 122	11 825	45.2	73.3
1990	467	114 333	71 726	30 195	19 329	15 038	42.1	77.8
1995	640	121 121	89 268	35 174	24 955	20 016	39.4	80.2
2000	662	126 743	108 729	45 906	29 622	16 988	42.2	57.3
2003	661	129 227	116 634	52 376	35 541	20 778	44.9	58.5
2005	661	130 756	119 040	56 212	38 186	22 627	47.2	59.3
2006	656	131 448	119 875	57 706	39 138	23 200	48.1	59.3

注：数据来源于《中国城市统计年鉴》(1986—2007 年各期)。其中第 7 列由第 5 列比第 4 列得到，最后一列由第 7 列比第 6 列得到。

表 2—5　　　　　　　城市体系规模结构变化情况　　　　　　　　　　单位：个，%

年份	200 万人口及以上 城市数	比重	100 万～200 万 城市数	比重	50 万～100 万 城市数	比重	20 万～50 万 城市数	比重	20 万人口及以下 城市数	比重
1984	8	2.71	11	3.73	31	10.51	81	27.46	164	55.59
1985	8	2.47	13	4.01	31	9.57	94	29.01	178	54.94
1990	9	1.93	22	4.71	28	6.00	117	25.05	291	62.31
1995	10	1.56	22	3.44	43	6.72	192	30.00	373	58.28
1999	13	1.95	24	3.60	49	7.35	216	32.38	365	54.72

续表

年份	200万人口及以上 城市数	比重	100万~200万 城市数	比重	50万~100万 城市数	比重	20万~50万 城市数	比重	20万人口及以下 城市数	比重
2000	13	1.96	27	4.07	53	7.99	218	32.88	352	53.09
2001	13	1.96	28	4.23	61	9.21	217	32.78	343	51.81
2002	15	2.27	30	4.55	64	9.70	225	34.09	326	49.39
2003	33	4.99	141	21.30	274	41.50	172	26.00	40	6.05

注：数据来源于《中国城市统计年鉴》（1986—2007年各期）。2002年及以前按城市市区非农业人口统计，2003年为城市市辖区人口。

统计显示，1980—1996年我国小城市的数量和人口年均增长速度分别为8.41%和8.78%，中等城市为6.61%和6.66%，大城市最低，只有3.50%和3.75%（王放，2000）。但从结构上看，人口增长绝对水平上大城市并没有低于中小城市，甚至超过中小城市的总和。大城市人口自然增长率比较低，甚至出现负增长，但是由于大城市经济社会快速发展，收入水平较高并且就业岗位充足，人口流入和迁移促进了较快的人口增长速度。在这一过程中，小城市不断发展成中等城市，中等城市可以发展成大城市，以此类推。

图2—9 城市规模结构变化情况

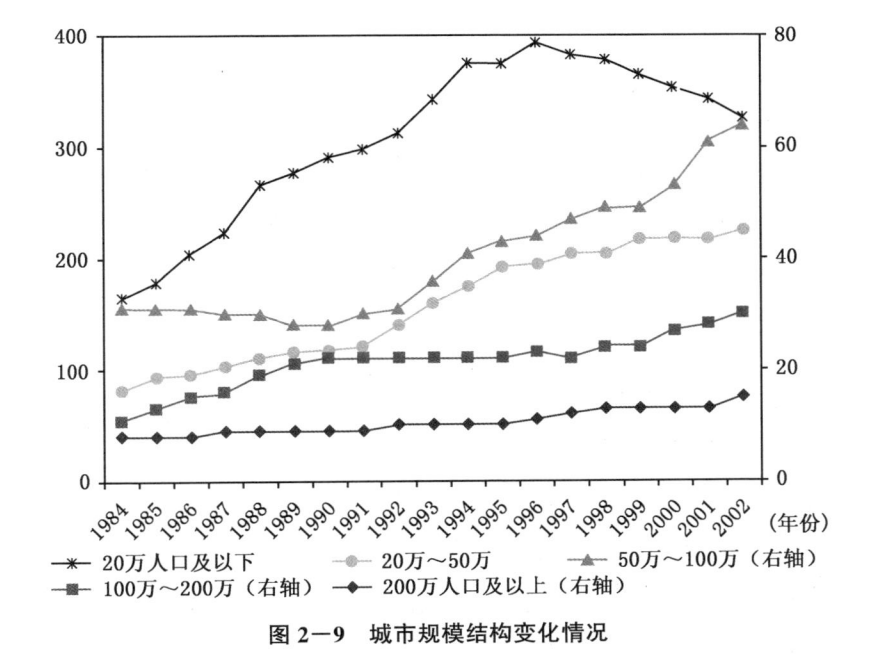

图2—9具体描述了1985年以来我国城市体系规模结构演变的基本轨迹。20

万人口及以下规模城市的数量在 20 世纪 80 年代中期到 90 年代中期不断增加,但之后开始持续下降;50 万～100 万城市数量开始阶段稍有下降,但 20 世纪 90 年代以来保持稳定上升趋势;20 万～50 万、100 万～200 万和 200 万以上城市数量则一直保持稳定上升。1985 年我国共有地级及以上城市 165 个,人口超过 100 万的城市仅有 21 个。在 2006 年 287 个地级及以上城市中,13 个城市人口超过 400 万,100 万人口以上的城市有 117 个。1985—2006 年期间,50 万人口规模以上城市也由 52 个增加为 226 个,50 万人口规模以下城市由 245 个增加到 430 个。城市平均人口规模也相应体现为在 1985—1997 年期间明显下降,但 1998—2007 年以来开始保持持续的上升趋势。

可以看出,随着城市总数量趋于稳定,我国城市化水平的提高开始体现为不同规模城市由小到大的进行性增长(饶会林,2008),实现了从"数量增长"向"规模扩张"的转变。

(二)城市体系首位度随时间变化而降低

表 2—6 测算了我国 1985—2006 年城市首位度情况。其中首位度Ⅰ为最大城市同前两位城市规模总和的比值,首位度Ⅱ和Ⅲ分别为最大城市同前五位、前五十位城市规模综合的比值。可以看出,我国城市首位度小于 Zipf 分布理想状态的一般水平值(2/3)。1985—2006 年随着时间的推进,三种形式测算的首位度都表现出一定的下降趋势,但首位度Ⅰ和Ⅱ变化幅度相对较小,首位度Ⅰ一直维持在 0.56～0.60 之间,首位度Ⅱ基本维持在 0.30 左右,这表明前两位、前五位城市增长比例都非常接近,特大城市在人口集中和增长情况下表现并没有较大差异;相较之下,首位度Ⅲ变化幅度较大,从 0.09 下降到 0.067,并且 2000 年以来首位度值逐渐趋于稳定。位列前 50 位的各省区省会城市等大城市增长速度要快于前五位城市,城市人口自然增长、机械增长与城市行政区划变动有关。其中,行政区划变动同上述变化情况关系较大。

表 2—6　　　　　221 个城市样本的首位度测算与对比分析

年　份	首位度Ⅰ	首位度Ⅱ	首位度Ⅲ
1985	0.596	0.332	0.090
1990	0.574	0.315	0.088
1995	0.569	0.298	0.079
2000	0.565	0.292	0.075
2005	0.566	0.291	0.067
2006	0.564	0.289	0.067

续表

国家	首位度 I	首位度 II	首位度 III
澳大利亚	0.538	0.529	0.144
巴西	0.641	0.439	0.22
法国	0.714	0.551	0.245
日本	0.735	0.505	0.239
墨西哥	0.847	0.489	0.231
美国	0.699	0.45	0.195
印度	0.629	0.362	0.155

注：首位度 I 为 $P_1/(P_1+P_2)$；首位度 II 为 $P_1/\sum_{i=1}^{5}P_i$；首位度 III 为 $P_1/\sum_{i=1}^{50}P_i$。其他国家数据第一列来自周一星(1995)，第二、第三列来自 Rosen 和 Resnick(1980)。

同选取的其他发达国家或发展中国家大致同期情况对比，可以看出我国首位城市规模普遍偏低。特别是同全国前 5 位和前 50 位城市的比值要比其他国家都小一半以上。当前我国在 300 万人口以上的大城市居住的人口占总城市人口的比例明显偏低，世界平均水平约为 35%，而我国尚不到 20%。[①]

城市体系规模首位度较低，可以说是我国特色城市化发展的实际情况：一方面，作为一个幅员辽阔、历史悠久的人口大国，在城市化进程中多数大城市都已经存在了较长的发展历史和基础，同时这些城市也都有着广阔的纵深腹地和人口支撑，而且这些城市多是所在区域的行政或者经济中心，适应广大地区的城市化和经济发展需要，都能够获得相应的增长；另一方面，在我国城市规模控制政策的影响下，计划生育和户口限制政策等影响因素使得大城市的增长速度大多非常接近，除去在辖区范围内出现大的行政区划调整，首位城市等个别城市难以出现规模的迅速膨胀和增长。结合第一节的分析，可知首位度 III 早期变化较大而近年来变化趋于稳定的原因在于早期行政区划调整较为频繁、近年来变动情况则相对较少的具体体现。

(三)城市相对规模结构从"双峰状"演变为"单峰状"

为了简明起见，在图 2—10 中，我们给出了 1985 年、1990 年、1995 年、2000 年、

[①] 实际上，从 20 世纪初开始，世界城市人口从 2.2 亿增长到 33 亿，非常迅速。1950 年，全球城市人口占总人口的 30%，到 2000 年达到 47%，2008 年超过 50%。从目前发展趋势来看，全球范围内城市化势头依然强劲，特别是发展中国家的城市化和大城市在将来会出现前所未有的发展。在非洲和亚洲，城市人口将在 2000—2030 年间翻一番(联合国人口基金会，2007)。在这一背景下，中国的城市化保持健康快速发展既是必然的也是必需的。

2005 年以及 2006 年 6 个年份的大中小城市规模的 Kernel 密度图，大致揭示了我国增长分布的演进情况。从图中可以看出，大、中、小城市的相对规模分布发生了较大变化。1985—1995 年，Kernel 密度函数左侧不断向右平移，但都呈现出"双峰状"并且右边峰顶不断提升。进入 2000 年以来，我国城市体系规模结构左侧仍然不断向右平移，但明显呈现出"单峰状"，是不同规模城市向上集中、趋于均衡发展状态的典型表现。城市相对规模分布 Kernel 密度函数估计的结果验证了位序—规模回归的发现，同时也包含了更加丰富的信息，细致地刻画了城市体系规模结构演变的动态过程。

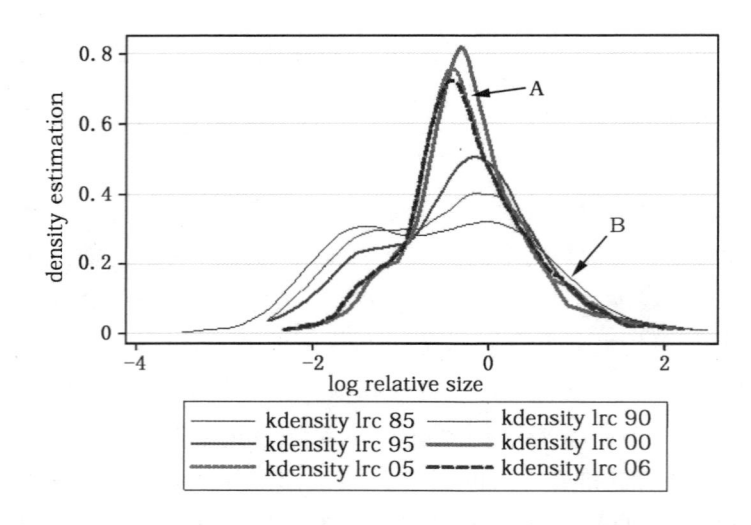

图 2—10　地级及以上不变城市样本相对规模结构的演进（1985—2006 年）

城市数量既定的情况下，我国地级及以上城市体系规模结构表现为"双峰状"表明，城市内生地分为两类，规模偏小的较多城市分布在左边峰，规模中等的较多城市分布在右边峰。1985—2000 年，在演进过程中，"左边峰"的城市不断进入"右边峰"，小城市规模普遍跃升、数量逐步减少，中等规模城市开始有大幅增加。但"左边峰"没有直接消失，并且分布"右边峰"的城市向右平移的数量要稳定得多，中等城市演进为大城市的数量相对较少，结果表现为中等城市的数量迅速增加，整个城市体系规模结构集中趋势非常明显。

2000—2006 年期间，整个城市体系相对规模的"单峰状"分布结构相对稳定，但从图形变化可以看出，大中小城市仍表现出进行性增长的趋势，部分中等规模的城市开始向右侧规模推进，体现为图形中的 2000 年分布中 A 区域的密度减少，而增加在 2006 年分布中的 B 区域。

三、中国城市体系规模结构演变的影响因素及其动力分析架构

(一)中国城市体系规模结构演变的影响因素

在总体状况的分析中可以看出,包括城市规模政策、对外开放、基础设施建设、投资、地理区位、行政区划等在内影响我国城市体系规模结构演变的因素是多元的。具体来看,可以主要概括为制度因素、市场因素和自然因素。[①]

1. 制度因素

以科斯和诺思为代表的新制度经济学派认为,制度是重要的。制度是对社会、人们行为的规定,社会中的行为将服从制度的安排。"制度是社会的博弈规则,或更严格地说是人类设计的制约人们相互行为的约束条件……用经济学的术语说,制度是定义和限制个人的决策集合"(诺思,1990)。因此,制度因素几乎全方位地影响经济、社会发展,对城市化发展和城市体系规模结构的演变同样如此。制度变迁主要通过降低交易费用、为各类市场主体提供激励机制、为有效的合作提供条件和保证,对经济发展和变迁施加影响。制度安排既可以促进又可以阻碍要素和经济活动在城市的聚集与扩散,以此带来城市体系的演变。而在这一过程中,历史是重要的——路径依赖和变迁等引致社会经济结构的变化(周黎安等,2004)。

从历史演变的角度出发,对城市体系规模结构演变的考察首先应当考虑其深层次的政治、社会和历史背景。我国独特的政治制度对城市的分布和变迁更是有着显著影响。"也许再也没有一个国家像中国那样,政治影响对城市发展以这样纯粹的形式起着作用,同时又这样强烈地持续几个世纪之久"(施坚雅,2002)。"我国早期城市职能比较单一,即以政治职能为主……这种以政治职能为主的早期城市,一直延续到以后几千年的城市发展之中,成为中国城市区别于其他国家城市的最显著特征之一"(顾朝林,1996)。因此,要研究城市体系规模结构演变的影响因素和作用机制,首先应当从制度因素分析着手。

自改革开放至今由计划体制向市场体制的转型期,我国政府行为仍然很大程度上影响着城市体系的演变。其中既有城市发展方针和规模政策、行政区划调整、调整市(镇)建制标准、城市规划等对城市体系规模结构产生直接影响的制度因素,也有户籍制度、计划生育政策、行政管理体制、开发政策与投资倾向等制度变革的间接影响。

2. 市场因素

[①] 已有大量文献对城市发展和城市体系演变的影响因素进行了定性和定量分析(顾朝林等,2002),本书主要目的在于梳理和归纳诸多影响因素对城市体系规模结构演变的作用机制。

随着工业化和城市化的发展,城市初始人口规模、企业集聚产生的向心力和离心力、资本和人口的流动与集中、收入水平的提高、城市产业和项目投资、产业结构、基础设施改善、二元经济结构转型、技术进步等因素逐渐成为影响城市规模水平和变化的必然基础及内在动力,这一点则是各个国家的普遍规律。

从聚落—城镇—城市—城市体系的演变过程中,各类城市依靠自身集聚和辐射能力的增强,由低层次、单一的向高层次、复合的城市综合功能转化,内在地形成一个有机整体。从这一角度出发,政府、企业和居民参与经济活动、资源配置和城市开发,分别以追求公共福利最大化、自身利益和效用最大化为目的,市场经济主体之间相互作用,人口不断集中和企业持续集聚,便有城市的形成、发展和演变。Krugman等(1999)指出,城市体系的演变本质上是市场主体经济行为的产物和结果,具有自组织机制。在市场机制作用下,自下而上的城市化模式主要通过城市集聚规模水平的变化内在地影响城市体系规模结构的演变。

3. 自然因素

土地可供量、资源禀赋、地理气候条件、生态环境等都是城市体系规模结构演变的动力机制体系中一个不可或缺的组成部分。特别是对拥有全球22%人口,却只有7%国土面积、9%耕地和6%的可更新淡水资源、人均土地资源不足世界平均水平1/3的中国来说,城市体系规模结构演变不能再简单地将其归结为"历史偶然"的外部性问题。

在漫长的历史过程中,我国城市体系的形成和发展对自然因素的认识经历了一个复杂的过程。从"人定胜天"到对土地、环境的过度索取,再到当前治理的被动困境和未来人、自然、城市的协调发展,制约着城市体系从无序到有序、从无规划到有规划,按照城市体系演变客观规律的转变(郑立波,2008)。最初,土地、淡水等并没有成为城市发展的约束,但现阶段土地等俨然已经成为城市体系规模结构演变的强约束。

(二)政府主导、市场驱动与自然约束:一个理论分析架构

城市体系规模结构演变的动力机制是指推动城市体系规模结构发生变化与表现出一定规律性、特征所必需动力的产生机制,以及维持和完善这种作用机制的各种组织制度、经济关系等所构成的总和。分析中国城市体系规模结构演变的动力机制,必须将上述影响因素放在中国经济体制改革的过程中各城市、城市体系所共同面对的宏观经济社会背景下,进行系统的归纳和分析,给出一个全面、系统而又逻辑一致的解释。

诸多因素随着生产力发展水平而变化,表现出不同时期不同的动力结构。总体来看,城市体系规模结构演变是在城市经济体制改革的大背景下,由于制度的变

革、市场经济的完善,促使企业、居民在城市化快速发展过程中进行区位选择的过程,而在这一过程中,我国土地、能源以及环境因素等也有着一定影响。但是,同国外研究不同,虽然我国城市体系规模结构演变也体现为企业、居民流动、集中和均衡的过程,但这是在政策制度改革主导下进行的适应性调整,特别是人口的变动,这是与其他国家企业和居民主要在市场经济作用下参与城市体系规模结构演变过程的不同之处,也是新古典城市体系和新经济地理学的微观分析范式和理论模型难以解释我国城市体系规模结构演变的原因所在(Anderson 和 Ge,2005)。正是基于我国的基本国情,造成了我国城市体系规模结构演变不同的动力机制以及上述演变特征。

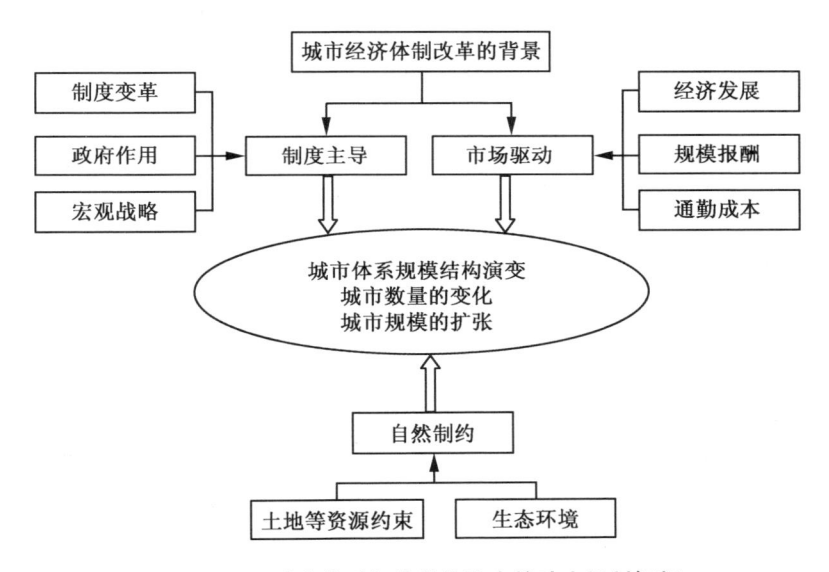

图 2—11 城市体系规模结构演变的动力机制框架

沿着上述架构,城市体系规模结构演变的动力机制并不是一个线性、具有简单因果关系的过程,而是一个多因素多层面的交织耦合过程(熊国平,2006)。同时,各类影响因素之间存在着多渠道、多层面的相互反馈、相互作用的自我完善机制。充分发挥政府引导作用,遵循要素集聚、扩散与流动的市场一般规律,可以在既定约束条件下内生性地推动城市化发展和城市体系的演变,并形成特定的结构形态。例如,在政府行政区划调整过程中,如果一些行政区域通过重新组合和整体规划,资源在空间配置上更加合理,人口规模的增加使一些公共物品的投资效率大大提高,集聚经济优势得到充分发挥并且可以很好地突破自然约束的制约(周伟林等,2007),政府便会同行政体制变革充分结合,促进经济作用机制(集聚机制)的充分发挥,见表 2—7。再如,改革过程中的对外开放政策,本身便是市场经济机制建立和完善的过程,政府制度创新作用于经济发展,经济发展也引致政府制度的不断创新,适应生产力发展的要求。此外,土地和生态问题使得我国城市体系规模结构演变不能单靠市场机制的调节,必须有政府的参与和规范引导,基于我国国情选择合理的演变道路。

表 2—7　　　　　　　　　行政区划调整的政治和经济因素

	政府角色	财政激励	集聚经济
市管县	☆	○	☆
撤县(区)设市	☆	☆	○
市辖区内部调整	☆	○	☆
撤县(市)设区	☆	☆	☆
行政级别升格	☆	☆	☆
省管县	☆	☆	☆

注:☆表示"解释力较强";○表示"解释力较弱"(周伟林等,2007)。

第六节　政府主导下空间集聚的形成:
　　　　城市数量趋于稳定

中国城市体系规模结构演变对整个集聚的研究提供了一个很好的观察平台。在对动力机制分析的基础上,构建数理模型给出了一个可能性的解释,对诠释制度、政治对空间集聚的影响无疑提供了一个很好的理论延展。

一、概念模型

我国城市体系的形成和发展已经经历了 3 000 多年的历史,尤其是自秦汉以来,县一直成为我国行政区划的最基本单位,长期形成了一整套自上而下的各级行政管理中心(顾朝林,1996)。新中国成立以来,随着地区级省派出机构和省辖市、市管县的设置,自然构成了我国城镇体系的行政等级系统,由于城市人口集聚同行政系统的重合,便相应形成了人口规模等级系统。因此,与西方国家相比,我国行政体制和政府调控政策等制度因素对城市体系规模结构演变有着重要影响。

(一)政府主导作用

改革开放以前,在高度集中的传统计划经济体制下,面对工业化发展需求和庞大农业人口转移的巨大压力,我国依赖经济和行政力量成功地控制着城市化进程,有效避免了在经济发展水平不足的情况下因城市过度膨胀而引发的"城市病",但因此也付出了城市发展缓慢的代价。随着 1984 年经济体制改革重心由农村转向城市,我国政府开始重视发挥城市的作用,提出"要充分发挥城市的中心作用,逐步形成以城市特别是大、中城市为依托的,不同规模的,开放式、网络型的经济区"。行政层级体制、"市管县"和"整县改市"等行政管理体制改革,行政区划调整、城市规模控制政策、户籍制度以及计划生育政策等都促使城市体系发生了较大变化。

(二)城市数量变化:拓展的晋升锦标赛模型

周黎安(2004,2007)对我国特色行政体制下,地方官员为获得晋升而进行锦标赛式竞争的激励机制及其对经济发展的影响进行了详细探讨。晋升锦标赛作为一种行政治理的模式,是指上级政府对多个下级政府部门的行政长官设计的一种晋升竞赛,竞赛优胜者将获得晋升,其中竞赛标准由上级政府决定。拓展的晋升锦标赛模型可以对城市数量从"急速增长"到"趋于稳定"的基本特征提供一个很好的解释。晋升锦标赛模式下,一级政府所辖下级政府的数目会内生地趋于一个均衡的合理数目。

在我国行政区划设置和制度体制下,某一级政府晋升职位数量是固定的,参与竞争的人数越多,则晋升的概率越小(参加锦标赛的期望收入越低),因此为了保证参与人有适当的激励水平,同一组内的竞争者人数不能太多。要使"晋升锦标赛"的激励模式充分发挥作用,一级政府所辖的下级政府的数目必须存在一个合理的规模,过大和过小都不利于对参与人的激励(周黎安,2007)。晋升锦标赛的优化设计将内生地产生一个政府组织的层级结构。一个直观的结论是,当下级政府数目较少时,上级政府便可以增设下辖单位数量等手段通过增进竞争提高效率;当数目过多时,通过调整合并,则可以扩大规模、减少单位数量、提升激励来获得效率的提高,乡镇合并、地区与县级市合并等便是具体体现。由于讨论的重点不同,周黎安的文献并没有单独就城市体系规模和数量的问题具体展开。但在我国特色体制下,我国的建制省、市、县、乡镇作为国家权益配置的地域单元,各级政府单位的数量在行政区域范围内便体现为省、市、县、乡镇的数量,政府单位数目的均衡意味着一个省所辖的市(地区)级单位的数目、一个市(地区)所辖县级单位的数目以及一个县所辖乡镇的数量保持稳定。

改革初期,城市化发展迅速,经济水平不断提高,较少的大城市难以满足人口扩张和经济发展的内在要求,地方政府积极迎合这一趋势,结果城市数量急剧增加。但随着城市数量的增加,下辖政府单位数量的扩大使得城市管理难度越来越大,过于分散的行政隶属造成了规模偏小集聚效应不明显、产业布局分散、政府机构庞大、基础设施建设匮乏等不同程度的问题。对此,中央开始陆续出台政策进行有效调整,如通过提高设市标准等手段使整个城市体系规模结构趋于合理化,在区划范围内达到一个相对均衡的数量。[①]

二、数理模型

(一)均匀分布的潜在城市

从晋升锦标赛政府主导机制和集聚经济效应市场机制的共同假设出发,构造一个包含政府部门的新兴城市设立(升格)模型,能够很好地拓展已有城市经济学与新经济地理学等相关的理论研究。

考察存在一个中央政府的经济体,假定外生给定总人口为 N,区域内城市化水平为 α,并均匀同质分布在 n 个潜在城市中,则每个城市人口数为 $\alpha N/n$。中央政府向所有人口进行一揽子征税 t,则总税收为 $T=tN$,其目标在于推进健康发展的 $\alpha(t)$,并保证经济的稳定持续增长,确保城市体系规模结构可以获得最优的激励体系和设置收益,以投资于城市的基础设施建设和公共服务。中央政府的税收收入被视为津贴(bonus)平均分给各个城市,则每个城市可以获得的额外收入 B 为:

$$B=T/\alpha N \cdot p_i = tN/\alpha N \cdot p_i = tp_i/\alpha \qquad (2-1)$$

如此,在初期城市数目较少和城市化水平不高的情况下,随着人口城市化趋势的不断发展,潜在城市的地方政府可能在满足既定标准的情况下(如人口规模达到 p_i),尝试将所在地升格或设置城市,本身也具有一定的津贴。因为升格为更高一级城市或者设置城市可以获得上级政府更高水平的财政支持,也可以发挥更高等级城市的行政、经济发展中心功能。

(二)新城市设立(升格)的收益

由于存在户籍制度等影响,假设设立(升格)一个新的城市意味着标准化的地方政府必须为城市居民提供广泛意义上的工资水平 ω 以满足日常工作和生活需求(不设立城市则不需要支付)。同时,根据 Krugman 等(1999)、藤田昌久等(2004)的分析,假设城市升格或设置本身也具有人口规模集聚的外部经济效应,记为 $A(p_i)$。

根据对集聚效应的讨论,城市人口规模的知识溢出等正外部经济效应不可能总是大于城市规模扩张的交通拥挤、土地成本上升、城市污染与贫困等负外部效

[①] 就理论研究而言,本结论仅尝试提供参考和一个分析视角。随着新政策和城市化发展,由于整个系统的复杂性,城市数量最终是否会发生变化往往很难预测,国外经验可供参考的情况也不多。但如果未来一段时期内城市数量保持稳定,本书分析则至少提供了一个具体的解释机制。未来经济发展带来新城建设等同本书提出的城市升格也不是相互矛盾的。也有研究指出我国城市设置应采取"县辖市"的方式实现城市数量的增长;也有研究指出当前民政部近期没有增设城市是缘于国家正在酝酿新的设市标准……众说纷纭,但至少对我们增加城市化的理解和认识会有所帮助。

应。因此,随着城市人口规模的扩大,$A(p_i)$ 通常是递增的,但是规模递增的幅度下降,即有 $dA(\cdot)/p_i > 0, d^2A(\cdot)/p_i^2 < 0$(Abdel Rahman 和 Anas,2003)。特别是在我国行政区划的限制下,超过一定的城市人口规模水平,人口的增加甚至会带来城市集聚效应的下降。这可以用图 2—12 来进一步描述,当超过最佳人口规模 p^m 之后,城市人口规模对城市集聚的边际效应变为负值,整个集聚效应曲线将成为倒 U 型曲线。①

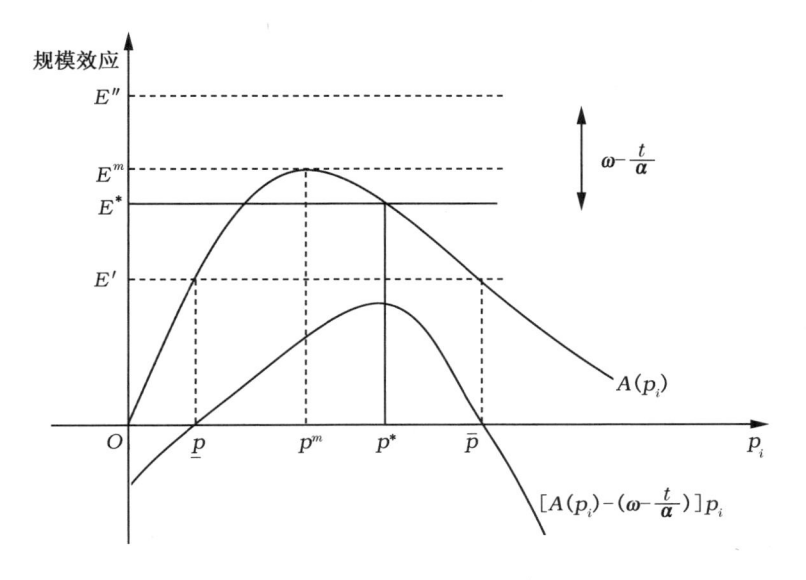

图 2—12 城市人口规模外部效应与城市的数量和结构

假定地方政府为主的城市生产函数只有劳动力一种投入,则地方政府的收入函数可记作:

$$\pi_i = t p_i / \alpha + A(p_i) p_i - \omega p_i$$
$$= [t/\alpha + A(p_i) - \omega] p_i$$
$$= [A(p_i) - (\omega - t/\alpha)] p_i \qquad (2-2)$$

令 $U = t/\alpha + A(p_i) - \omega$,则式(2—2)可以简记为:

$$\pi_i = U p_i \qquad (2-3)$$

根据式 2—3,如果 $U > 0$,城市的收益水平便会随人口增加而增加,此时设立城市或增加城市规模都将是有益的,设市会带来城市总体经济绩效上升。反之,若 U

---

① 对城市规模集聚外部效应的详细讨论,可具体参考 Segal(1976)、Black 和 Henderson(1999)的分析,以及范红忠(2008)对我国城市人口流动均衡曲线的讨论。不同形式的集聚效应曲线可以得到基本一致的结论。

＜0，城市人口的增加将使城市收益和城市总体绩效下降，长期来看设立城市则将带来对经济的负面影响。由于假定城市同质，要考察设立城市数量取决于每个城市的人口数 p_i。

假定城市工资水平 ω 和某一时期的城市化水平 α 外生给定，则地方政府选择设立新的城市以获得财政激励 tp_i/α 和人口集聚的规模效应 $A(p_i)$。根据城市规模的一般理论，人口在城市集聚的规模效应开始时随着人口规模增加而增加(正外部性大于负外部性)，但是当到达一定规模以后，城市规模的负外部性逐渐增加(见图2—12)。这同我国中央政府最初提出的城市规模控制政策以及设立或升格城市的动机是一致的。

(三)城市体系的数量和结构趋于稳定

新城市的出现(升格)会为整个城市体系规模结构带来显著的变化。假设某人口为 p_i "潜在城市"的规模效应 $A(p_i)$ 如图2—12所示，随着影响参数大小的变化而发生变化，外生的工资水平同财政津贴之差 $(\omega-t/\alpha)$ 表现为沿着纵轴上下移动的直线簇。当 $\omega-t/\alpha>E^m$ 时，上级政府都不会考虑再设立城市，因为不管人口为多少，$[A(p_i)-(\omega-t/\alpha)]$ 恒小于0，设立城市的收益为负。而当 $\omega-t/\alpha\leqslant E^m$，在某一时刻，城市的规模效应会使得城市收入为正，此时可以考虑在满足利润最大的人口规模"潜在城市"设立建制市或者对"潜在城市"的行政级别进行升格，具备形成新的城市的可能性。

此时收益最大的点分布在 $A(p_i)-(\omega-t/\alpha)>0$ 的区间之内 ($[\underline{p},\overline{p}]$)，只要在 $[\underline{p},\overline{p}]$ 中间一点设立城市，都会获得正的收益。其中在平均人口规模为 p^* 的点设立，$\pi_i=[A(p_i)-(\omega-t/\alpha)]p_i=E^*$ 获得最大值。由此，区域内可设立城市的最佳城市数量为：

$$n^*=\alpha N/p^* \qquad (2-4)$$

可以看出，由上级政府决定的设立城市最优数目并非在城市人口规模效益最大化的点 p^m 来决定的。因为即便此时按照人口规模设立的城市规模效应最大，但是如果最佳水平下人口数量决定的城市总数过多，会使得同级城市间为增长而设立的财政激励难以发挥作用，那么设立城市的总体收益尚且没有到达最大水平，上级政府为实现总体绩效优化便有可能通过变化标准来调整城市数量和规模结构。受到城市财政激励变化的影响，地方政府收入水平从而也有可能在超过最佳人口规模效益的点达到最大值(收入曲线的变化要比集聚效应缓慢)。结果城市数量较少时，体现为在辖区内不断设立城市以增进竞争提供效率；城市数量过多时，通过区划调整或合并靠近均衡数量。只要现有城市数目小于能够产生最佳激励效果的城市数量水平,即 $n<n^*$,上级政府都可以在推动经济增长前提下,通过设立新的城市来获得整体经济绩效的不断提高,直到城市数量趋于均衡,转向不同城市规模的扩张。

第七节 市场驱动下空间集聚的演变:城市规模趋于均衡

一、概念模型

随着市场机制的完善,经济动力对城市体系规模结构演变和重构中起着越来越重要的作用。沿着城市集聚与人口规模结构变化的逻辑关系展开,同样可以考察集聚经济对我国城市体系规模结构演变的作用机制。按照新经济地理的分析,城市规模的扩张和变化依赖于经济活动和人口集聚所产生的聚集经济和集聚不经济(藤田昌久等,2004)。从微观层面来看,体现在如下几种形式:经济活动和人口的集中,带来市场规模的扩大(Krugman,1991);经济活动和人口的集聚,能够产生信息溢出效应,减少了有关技术、供应者、购买者以及市场条件方面的信息成本;由于地理接近性,降低了交通运输成本。报酬递增等规模经济与高成本、高污染等规模不经济,即集聚力(向心力)和扩散力(离心力)两种力量的相互作用,决定了均衡的城市规模水平。

城市规模的扩大可以带来规模报酬递增的外部经济,城市可以拥有更好的基础设施、更加完善的生产服务以及规模更加庞大的市场。在技术、知识、信息、人力资本等方面都会产生明显的溢出效应,从而获得更高的经济效率并推动城市自身以及周边地区的经济发展。对已经具有一定初始规模的城市而言,一方面,可以不断通过提供良好的基础设施条件,更加完善的生产、金融、信息、技术服务,以及集中的、有规模的市场等进一步吸引人口的集聚;另一方面,这些城市的人口集聚也已经开始在技术、知识、信息传递、人力资本贡献等方面形成溢出效应,内在地推动城市规模增长,成为整个城市体系中的大型城市。

二、理论框架

(一)大城市和小城市的均衡

假设整个城市体系共有 2 个城市,其中一个是大城市 A,另外一个是相邻的小城市 B,城市两两之间为农业地区,并且各个城市初始规模都标准化为 1。每个代表性城市都拥有一个城市政府(urban government)。假设现在从农业区域能够得以进入城市的 H 选择大城市 A 和相邻小城市 B 中的一个来进行迁移。

如果选择进入大城市,可以获得较高的工资收入,享受知识溢出等规模效应,但同时生活成本也比较高,比如要支付更高的通勤和住房成本。小城市工资水平要比大城市低,但生活、住房和通勤成本同样也比较低。假设大城市 A 和小城市 B 的可支配收入水平分别为 I_A、I_B,大城市工资收入、公共福利以及住房和通勤等成本分别为 ξ_A、s_A 和 τ_A,小城市分别为 ξ_B、s_B 和 τ_B,根据 Todaro(1969)的一般分析,可得 H 选择城市移民的均衡条件[①]:

$$I_A = I_B, 即 \xi_A + s_A - \tau_A = \xi_B + s_B - \tau_B \tag{2-5}$$

为了直观显示,不妨假设 A 和 B 两城市实际工资收入水平相同,相应主要由可贸易品构成的日常生活成本相等,集中考虑住房和通勤成本的影响。进一步,为简化数学表达式,我们将 A 和 B 两城市的住房、通勤成本标准化,将 B 城市的通勤和住房成本标准化为 0,则式(2-5)可以简化为:

$$s_A - s_B = \tau_A \tag{2-6}$$

在理论上,这一结论也符合二元经济结构下城市移民决策的一般情形。集聚效应、基础设施、收入水平、城乡间以及城市间的相互作用共同促进整个城市体系的增长和变化。

(二)城市规模结构演变的比较静态分析

为具体讨论各个参数对城市均衡规模水平的影响,我们首先需要判断城市公共福利 s 与住房和通勤成本 τ 随人口规模的变化路径。随着 A 城市人口规模的增加,城市集聚效应使得城市政府收入水平上升,从而也带来了 s_A 的上升,但由式(2-5)可知,如果人口规模集聚的边际规模效应达到一定临界水平之后,s_A 作为平均水平必然将随着人口规模的增加而呈现下降趋势(曲线 s_{A1} 所示)。

对城市住房与通勤成本 τ,本书通过讨论其一阶导数和二阶导数的符号来进行判断。在城市生活的 H,除去工作、休息、吃饭所必需的时间,个人每天能够承受的通勤时间是有限的。其通勤时间存在个人极限值意味着当达到极限人口规模时,个人平均单位通勤时间的金钱价值无穷大。由此可得 τ 对人口规模 H 的一阶导数、二阶导数均大于 0,即 $d\tau/dH > 0, d^2\tau/dH^2 > 0$。由此可得相对于城市 B,城市 A 的通勤和住房成本曲线如图 2-13 中曲线 τ_{A1}、τ_{A2} 所示单调递增的情形。[②]

至此,我们可以有图 2-13 给出的城市人口选择均衡曲线。其中,纵轴表示 A 和 B 城市公共福利水平的差异,横轴 H_A 表示 A 城市的人口规模。当不存在政策变化

[①] 应当注意到,在不同规模城市,即使实际收入相同,其效用可能也是不同的。经验证据显示,即使在大城市生活需要比较小城市支付高得多的成本,但人口仍然不断集中到大城市中去(藤田昌久等,2004)。

[②] 范红忠(2008)在讨论我国城市交通住房政策时,对单中心城市的通勤和住房成本随人口规模的变化情况及其曲线的形状有一个更加详细的讨论。

时,随着 H_A 的增长,整个城市体系中 A 城市公共福利水平的相对变化情况用曲线 s_{A1} 表示,通勤和住房成本变化用曲线 τ_{A1} 表示。假定人口城市化总量外生给定,则点 E 便为整个城市体系中 A 城市可以达到的人口规模。

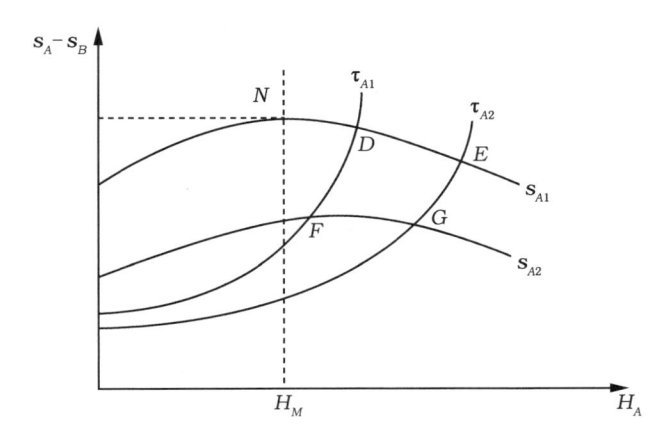

图 2—13　城市移民选择城市体系不同规模城市的均衡曲线

基于这一均衡机制,我们便可以具体展开政府主导和市场驱动下城市规模结构变化的比较静态分析。例如,城市通过降低通勤和住房成本,包括:(1)投资建设快速轨道交通系统、增加城市道路容量等以有利于节省通勤时间;(2)交通和住房补贴政策,如提供交通和住房补贴以及经济适用房、廉租房等政策。类似政策的改变将使曲线 τ_{A1} 移至曲线 τ_{A2},体现为人口向城市 A 的倾向性流动,均衡点成为 E 点。但是 B 城市同样可以利用住房补贴等政策使均衡曲线发生反向移动,吸引人力资本在小城市的集聚。

但值得注意的是,单方面采取某一项政策可能对城市规模变化的影响有限(范红忠,2008)。例如,提升大城市的公共福利水平,可以带来大城市人口的增加,但在这一动态变化过程中必然将伴随着城市通勤成本的上升,如果不采取有效措施降低人口规模增加带来的交通和住房成本的影响,前者所带来的实际收入和公共福利水平的上升最终为后者所耗,从长期来看,政策发挥的作用将十分有限或者缺乏效率。

参考文献

[1]Alonso,W. The Economics of Urban Size[R]. Working Paper No. 138, Center for Planning & Development Research, University of California, 1970.

[2] Anas, A., Arnott, R. J. and Small, K. A. Urban Spatial Structure[J]. *Journal of Economic Literature*, 1998, (36): 1426—1464.

[3] Au, C. C. and Henderson, J. V. Are Chinese Cities Too Small? [J]. *Review of Economic Studies*, 2006, (73): 549—576.

[4] Beckmann, M. J. City Hierarchies and the Distribution of City Size[J]. *Economic Development and Cultural Change*, 1958, (7): 243—248.

[5] Black, D. and Henderson J. V. A Theory of Urban Growth[J]. *Journal of Political Economy*, 1999, (107): 252—284.

[6] Carroll, G. R. National City-Size Distribution: What Do We Know after 67 Years of Research? [J]. *Progress in Human Geography*, 1982, 6(1): 1—43.

[7] Dobkins, L. H. and Ioannides, Y. M. Dynamic Evolution of the US City Size Distribution [C]. In *The Economics of Cities* (J. F. Thisse and J. M. Huriot, eds.). Cambridge University Press, 2000.

[8] Fujita, M. and Thisse, J. F. Economics of Agglomeration[J]. *Journal of the Japanese and International Economies*, 1996, (10): 339—378.

[9] Fujita, M., Krugman, P. and Mori, T. On the Evolution of Hierarchical Urban Systems [J]. *European Economic Review*, 1999, (43): 201—259.

[10] Gabaix, X. Zipf's Law for Cities: An Explanation[J]. *Quarterly Journal of Economics*, 1999a, CXIV: 739—767.

[11] Glaeser, E., Kallal, H. D., Scheinkman, J. A. and Schleifer, A. Growth in Cities[J]. *Journal of Political Economy*, 1992, (100): 1126—1152.

[12] Henderson, J. V. The Sizes and Types of Cities[J]. *The American Economic Review*, 1974a, 64(4): 640—656.

[13] Henderson, J. V. Optimum City Size: The External Diseconomy Question[J]. *The Journal of Political Economy*, 1974b, 82(2): 373—388.

[14] Henderson, V. Medium Size Cities[J]. *Regional Science and Urban Economics*, 1997, (27): 583—612.

[15] Henderson, V. and Becker, R. Political Economy of City Sizes and Formation[J]. *Journal of Urban Economics*, 2000, (48): 453—484.

[16] Rosen, K. and Resnick, M. The Size Distribution of Cities: An Examination of the Pareto Law and Primacy[J]. *Journal of Urban Economics*, 1980, (8): 165—186.

[17] 艾伦·伊文思. 城市经济学[M]. 甘士杰, 唐雄俊等译. 上海: 上海远东出版社, 1992.

[18] 安虎森. 空间经济学原理[M]. 北京: 经济科学出版社, 2005.

[19] 巴顿. 城市经济学: 理论与政策[M]. 上海社会科学院部门经济研究所城市经济研究室译. 北京: 商务印书馆, 1984.

[20] 卜永祥. 城市规模分布及城市化决定因素的实证研究: 一个研究综述[J]. 金融纵横,

2007,(11).

[21]蔡继明,周炳林.小城镇还是大都市:中国城市化道路的选择[J].上海经济研究,2002,(10).

[22]范红忠.市场、政府的力量及多中心城市的形成[J].改革,2004,(6).

[23]傅崇兰,周明俊.中国特色城市发展理论与实践[M].北京:中国社会科学出版社,2003.

[24]高佩义.中外城市化比较研究[M].天津:南开大学出版社,2004.

[25]高鉴国.马克思恩格斯城市思想探讨[J].山东大学学报(哲学社会科学版),2000,(3).

[26]顾朝林.中国城镇体系——历史·现状·展望[M].北京:商务印书馆,1996.

[27]顾朝林,胡秀红.中国城市体系现状特征[J].经济地理,1998,(1).

[28]顾朝林,柴彦威,蔡建明,牛亚菲,孙樱,陈田,叶嘉安.中国城市地理[M].北京:商务印书馆,2002.

[29]顾朝林.城镇体系规划——理论·方法·实例[M].北京:中国建筑工业出版社,2005.

[30]洪银兴,陈雯.城市化模式的新发展[J].经济研究,2000,(12).

[31]江曼琦,王振波,王丽艳.中国城市规模分布演进的实证研究及对城市发展方针的反思[J].上海经济研究,2006,(6).

[32]李善同,许召元.中国城市化道路的选择[EB/OL].国务院发展研究中心信息网,2008.

[33]刘美平.马克思主义人口城市化理论[J].人口学刊,2002,(3).

[34]刘易斯·芒福德.城市发展史——起源、演变和前景[M].宋俊岭,倪文彦译.北京:中国建筑工业出版社,2005.

[35]诺思.经济史中的结构与变迁[M].陈郁,罗华平等译.上海:上海三联书店,1991.

[36]王小鲁,夏小林.优化城市规模,推动经济增长[J].经济研究,1999,(9).

[37]雅各布斯.美国大城市的死与生[M].金衡山译.南京:译林出版社,2007.

[38]周黎安.晋升博弈中政府官员的激励与合作——兼论我国地方保护主义和重复建设长期存在的原因[J].经济研究,2004,(6).

[39]周黎安.中国地方官员的晋升锦标赛模式研究[J].经济研究,2007,(7).

进一步阅读的文献

1. 习近平.推动形成优势互补高质量发展的区域经济布局[J].求是,2019,(24).

2. 姜姿卉.中国城市群空间结构演变及其经济效应研究[D].吉林大学博士学位论文.

3. 万庆.地方政府竞争、环境规制与中国城市规模分布研究[D].武汉大学博士学位论文,2017.

4. Wataru Morioka, Mei-Po Kwan, Atsuyuki Okabe, and Sara L. McLafferty. Local Indicator of Spatial Agglomeration between Newly Opened Outlets and Existing Competitors on a Street Network Geographical Analysis[J]. *Geographical Analysis*,2023,55(3):450-465.

5. A. Bhattacharjee, O. Maietta, F. Mazzotta, B. Fingleton, D. Igliori. Spatial Agglomeration, Innovation and Firm Survival for Italian Manufacturing Firms[R]. NIESR Discussion Paper, No. 546, 2023.

思考题

1. 以我国人口大省为例思考位序—规模法则是否符合经验认知。
2. 试分析全球化浪潮对城市体系规模结构演变的影响。
3. 论述我国城市体系规模结构演变与其他国家的相似与不同之处。
4. 为何一个国家或地区城市的数量会逐渐趋于稳定？
5. 我国为何要强调控制大城市的规模？

第三章

空间集聚：中心城市、城市群及空间一体化

本章重点
- 城市集聚经济及其空间演化
- 城市群发展、分工与一体化
- 城市群一体化发展的实证检验

城市（尤其是大城市）作为社会生活和生产力布局的中心与枢纽，具有高度的集聚性、开放性和枢纽性等特征。产业集聚和扩散两种力量的共同作用将不同的城市和区域连接起来，呈现出城市群、城市带或城市圈的状况，促使了城市空间形态的不断演化及城市功能的一体化发展趋势。相对于一般城市而言，中心城市是指在经济上有着十分重要的地位，具有强大的吸引力、辐射力和综合服务力的城市。从一个区域来看，中心城市往往是一定区域内居于社会经济中心地位的城市，是自然经济区域中经济发达、功能完善，能够渗透和带动周边区域经济发展的行政社会组织和经济组织的统一体。从城市体系来看，中心城市是居于核心地位、发挥主导作用的城市。中心城市既有强力的集聚效应，也有一定的扩散效应。

第一节　城市集聚经济及其空间演化

一、城市演化进程中的专业化和多样化经济

城市存在源于空间范围内的递增报酬，即集聚经济（Rosenthal 和 Strange，2004）。这种集聚经济又可以划分为专业化经济和多样化经济。

（一）专业化经济的来源和机制

专业化城市（specialization city）的集聚经济最早可回溯到马歇尔（1890）的"产业区观点"（industrial district-argument），它是指从事同一个产业或相关联产业的多个企业集聚在同一个城市的现象。马歇尔认为，当一个产业为自身选择了一个区位，它就倾向在该区域停留很长时间：人们同相邻的彼此采用同样熟练的贸易所获得的优势如此之大。贸易的秘密不再神秘；好像存于空气，孩童无意识地学会。好的工作能得到欣赏，诸如机器、商业进程和商业组织的发明与改进都有迅速加以讨论的价值：如果一个人开始有新想法，会被他人接受并和他们的建议组合在一起；这样，形成了产生更新思想的源泉（Marshall，1890）。按照 Krugman（1991）的研究，这种导致特定产业地方化的外部性的性质由马歇尔确认了三个原因：第一，产业专属技能的劳动力市场；第二，非贸易的特定投入品；第三，信息溢出导致了生产者函数的改进。马歇尔外部性描述了专业化城市产生的原因，即特定产业地方化的外部性导致的空间集聚。专业化集聚经济特有的机制存在于生产企业之间更强的相互作用，这种相互作用既体现在技术溢出的范围，也体现在生产活动中的前向联系和后向联系。因此，要解释专业化城市集聚的微观基础，关键在于要揭示企业层面的小规模的报酬递增如何加总成为地方化集聚经济，从而能维持城市的机制。新经济地理学基于 D-S 模型的分析，正好揭示了这种地方化经济形成机制。

（二）多样化经济的来源和机制

尽管在现有文献中，多样化城市集聚都是以雅各布斯外部性（Jacobs，1961）为分析起点，但是事实上我们可以追溯得更远。多样化城市集聚的优势在屠能（1863）分析为什么大城市没有分成小城市时就可以得到说明：第一，现实中矿石、盐和煤的不平衡分布；第二，一个国家的中心是政府总部的自然位置：最高级别的法庭和行政管理、军队总部、更高级别的学习机构和艺术收藏馆之类的所在地；第三，法庭集中，学者、科学家和政府官员云集，还有剧院、博物馆等，比起各省给予了更多的社会吸引力和舒适度；第四，为满足聚集在首都的所有公民的上述需求和愉悦，许多艺术家和服务业应时而生。Fujita（2000）认为把上述第一条加上自然舒适度（natural amenities），可以认为是经济地理中的"第一性"，第二条是中央管理职能和公共服务，第三条是社会和文化舒适度，第四条是非贸易的消费品和服务。这四个因素是决定人们在城市集聚的重要因素。

新近的文献关于多样化经济的论述，多数强调知识能够在互补的而非相同的产业间溢出，因为一个产业的思想发展能够在另一个产业内应用。互补的知识在多样化的企业和经济行为人之间的交换能够促进创新的搜寻和实践。因此，多样化的地方生产结构导致了递增收益并且产生了城市化或多样化外部性。但是这些论述多数从金融和技术外部性做的论述,忽略了空间集聚带来的社会因素,如安全、交往和同化、偏好多样性和社会与文化的舒适度等。

多样化集聚经济形成机制有赖于公共品和市场区的不可分。大型公共设施的修建和维护需要高昂的费用,显然人们聚集在一起可以分摊成本,随着人数的增加,固定成本递减,每个人的支出也在减少,然而,由于存在拥挤效应(如通勤成本),所以共享这种公共设施的人数是有限的。消费者具有偏好的多样性,交换和贸易是必要的,城市作为一个贸易区显然将影响消费者的行为。

二、中心城市的集聚效应

中心城市的集聚效应主要表现为以下三个方面:

第一,中心城市集中了大量的人口和企业。中心城市拥有较好的交通通信设施,拥有巨大的市场范围和良好的资金渠道,使得企业纷纷向中心城市聚集。如日本东京、京都等12个大工商业城市集中了日本企业的80%,其中,东京占53%。美国大部分大企业集中在纽约等10个大工商业城市,纽约汇聚了众多世界500强企业总部。法国38%的企业总部设在巴黎。企业的集中使得中心城市比其他城市拥有更多的就业机会,促使了大量人口的集中,生产的集聚也加快了资本、信息等要素集聚,从而为中心城市服务业的发展奠定了基础。

第二,中心城市集中了大量的技术和创新。随着劳动力、生产、物流、商流在中心城市的交汇融合,一方面,使得中心城市成为商业银行、投资银行、储蓄银行和保险公司的最好区位,加快了资本向中心城市的集聚;另一方面,也使得包括知识和技术在内的人力资本在中心城市也实现了高度集聚,中心城市成为现代知识、技术、思想和文化的发源地。

第三,中心城市是决策协调中心。由于劳动分工的深化,使得企业的生产、服务功能与企业的决策协调功能相分离,而中心城市的区位和生产要素优势,吸引了众多的企业总部和决策协调部门向中心城市集聚。纽约、伦敦、东京、中国香港、新加坡、上海已经是跨国公司全球总部或区域总部的高地。截至2024年,已有约340余家世界500强企业在陆家嘴区域设有机构,这些企业在上海浦东地区有投资项目,涉及金融、科技、制造业等多个领域。

三、中心城市的扩散效应

由于集聚和扩散是同时产生、同时存在、同时作用的,从而使得中心城市的能量位势不断提高,随着中心城市对流、传导和辐射能力的增强,整个城市群区域的能量也得到了不断的提升。中心城市的对流效应主要包括以下内容:一是人力资本的扩散。中心城市集中了各种熟练的劳动者、技术人员、工程师和科学家以及各种文化教育组织、科研组织,它们的创新能力在促进自身发展的同时,也为技术和知识的扩散与传播创造了条件,从而提高了周围区域的人力资本质量。二是生产的扩散。中心城市产业结构进化速度较快,在结构转换的过程中,中心城市的某些产业会转移到周围地区,带动周围地区的经济发展。三是资本的扩散。中心城市聚集的雄厚资本,为了追求更高的投资回报,会向周围地区输出大量资本,带动其发展。四是服务的扩散。中心城市的服务业高度发达,通过其发达的流通网络、交通通信和信息网络,可以为周围地区提供各种服务,促使周围地区的发展。

四、城市的空间演化

城市产业结构的演化与升级以及与此相伴随的产业集聚扩散的不断进行,城市与区域的联系方式发生变化,促使城市空间形态发生改变。前工业社会,以农业经济为主导的城市呈现低生产力水平下的"封闭"状态,城市规模有限,城市功能辐射范围小;工业社会机器化大生产要求社会化的分工协作,各类生产资源的流动性增强,市场规模极大扩张,城市之间的联系增多,联系的地域范围大大扩展,由"散点式"增长向"集群式"增长转型,出现了以中心城市为核心的城市群(带),城市的功能专业化得到空前发展;后工业社会,生产性服务业的发展造就了作为世界经济管理中枢性质的全球城市,城市的服务功能和制造业功能发生分化,城市与区域呈现"中心—外围"的垂直联系方式,城市的触角可以伸展到遥远的空间。海格特引入了物理学中热传递的三种方式,分析了城市间的空间相互作用的表现形式。他认为,城市间的空间相互作用形式可以分为对流、传导、辐射三种类型。对流型以物质和人力的移动为特征,如商品在生产地与消费地之间,借助运输、邮递的输送和人口的移动;传导型指城市间进行的、借助于会计体系且通过簿记程序完成的无形交易,如资金的融通等;辐射型指信息的流动和思想、技术的扩散。简单地说,城市间的空间相互作用表现为物流与人流、商流与资金流、信息流这三种形式。

在现实经济生活中,一个城市体系里多样化城市和专业化城市各自分工合作并存,且呈现出特定的规模特征。一些中小城市通常专门提供为数不多的集中产品和服务,而大城市却是综合性中心城市。在整个城市系统中,专业化城市与多样化的中心城市间由生产连接在一起。两者之间存在以下的经济联系:

一是要素联系。从整个城市群的演进来看,专业化城市与多样化城市并存的一个主要原因在于企业面临节约成本和服务市场的权衡。我们可以把专业化城市和多样化城市联系在一起的原因概括为要素联系。起初,企业都集中在城市中心生产,随着城市人口的增加,城市的范围不断扩大,制造业部门的产品必须以更高的运输成本运送到外围。并且,随着企业生产规模扩大造成了对生产要素的需求增加,企业数目的增加又使得对要素的竞争加剧,生产成本和运输成本一起推动了企业成本的上升。在这种情况下,少数企业会出现在城市边缘,新的边缘城市形成了。由于不同产品有不同的生产成本和运输成本,往往那些对成本上升敏感的部门会逐步迁移至边缘地带。而那些对成本上升不太敏感的部门,为了追求市场范围的扩大带来的收益会进一步向中心城市集聚。专业化外部效应则引导同类企业在特定的地区集聚,形成新的城市。一个显然的事实是,那些对生产和运输成本敏感的制造业往往会较早扩散至边缘地带,服务业部门则更加向中心城市集聚。在实际的经济生活中,考虑到不同区域要素禀赋,特定产业会在专业化外部效应的引导下向该地区集聚,在中心城市周边形成分工不同的边缘城市,形成特定层级体系。

二是技术联系。另一种把专业化的边缘城市和多样化中心城市整合在一起的原因是技术联系。根据 Duranton 和 Puga(2001)的模型,企业会在它们生命周期的不同阶段集聚在不同城市。该模型假设一个新生企业需要一段时间的试验来实现其完全的潜力。如企业家有一个新项目,但是还不知道与产品有关的各种细节(需要何种原料、设备和工人等)以及有多种方案能实现目标,但肯定有一个理想的最优方案。项目初始企业并不知道这个理想的生产方案,企业可以利用所在地区已经存在的各种技术来实现目标。企业为了找到理想的生产方案,需要在已有的类似技术基础上不断尝试和改进,当实现生产目标时,也就确认了理想的进程。这种技术学习正是多样化的中心所具备的动态优势。在现实的情形中,企业发现在中心城市有利于技术创新,当技术确立以后会重新定位于一个专业化的城市以降低生产成本。企业在学习阶段会选址在多样化的中心城市,尽管遭受了拥堵成本,但这种成本对创新是有益的。当技术确立以后,为了获得专业化外部性带来的集聚经济,选址在边缘的专业化城市则有助于降低生产成本。总而言之,多样化城市有助于新技术和新产品的孵化,一旦新技术和新产品确立,专业化城市则避免拥堵成本,享受静态的集聚经济收益。这种技术上的联系可以解释当今世界上越来越多的企业在区位选择上出现了分离。企业内部出现了总部职能和制造职能的分化,总部位于多样化中心城市,购买当地的中间服务,如研发、市场、金融、出口等,而制造工厂则搬迁到生产成本较为低廉的边缘城市从事大规模的标准化生产,形成专业化的制造城市。

第二节 中心城市、城市群及内部分工

一、城市群的基本内涵

新经济地理学将城市群看做是特定地域空间上的产业集聚扩散所导致的一种"中心—边缘"结构,强调城市结构的形成过程;城市经济学将其看作是经济主体区位选择导致的城市系统形成演化的过程,强调城市系统的等级结构;产业组织将城市群看做是产业组织垂直解体及网络化导致的城市功能的转化过程;新兴古典经济学将其看做是分工演进与专业化所形成的一种分工网络。上述理论从各自的分析范式和假设出发,从不同的侧面反映了城市群这一现象的一些特征和规律,但是都是以发达国家成熟的市场经济条件下的情况为研究对象,而对发展中国家,特别是对同时处于发展和转型阶段的中国城市群形成过程难以做出完整的解释和有力的说明。

我们认为,城市群的本质是区域一体化过程在城市空间形态的表现。城市群区域一体化本质的动态过程可以概括为:城市群是在经济主体区位选择的基础上,通过产业部门结构和空间结构的演化,实现区域市场一体化和城市功能一体化,并在此基础上达到城市间利益的协同化,最终实现区域联动和一体化发展。城市群是经济发展到一定阶段的产物,基于产业结构与就业结构的相互作用,在空间上出现的以城市为节点的、以城市体系的关系网络为依托的区域经济发展的产物,作为特定区域范围的空间组织的高级表现形式,是区域内城市组织功能及功能联系发展到一定阶段和城市化作用于区域空间并使其出现同质化的结果。从国内外城市群研究来看,对城市群内涵的认识主要从区域空间布局、城市间的相互联系作用以及由城市群的结构功能相互作用所形成的网络三个方面来揭示。综合国内外城市群发展实践及理论研究,可以将城市群定义为:在特定的地域范围内,以一个或两个超大或特大城市作为区域经济社会发展的核心,以高度发达的现代化交通、通信信息网络为媒介,城市之间通过企业集聚扩散等密切的交互作用,产业的空间、部门演化以及基于地方政府的制度变迁所形成的具有特定规模结构、职能结构和空间结构的相对完整的城市集合体。

城市群的定义具有以下内在特性:

首先,城市群是一个地域概念表现为在特定地域范围内的城市群体。历史上城市群的兴起和形成一般都是发端于交通、生产条件优良的区域,如临近大江、大河或生产条件良好的平原地区。在现代意义的国家范围内,由于由不同的城市组

成,因而城市群通常是跨行政区域的,而且这种跨区域范围不能无限扩大,有一定的地域范围限制,通常是以大都市为核心城市,通过交通网络或经济社会联系而连接成的具有特定范围的连续区域。

其次,城市群具有完善的城市等级体系和网络结构。表现为在发达的交通设施网络基础上由规模各异的城市相互连接而成的一种设施同城化的城市网络。城市群内包含了许多大大小小不同规模的城市,具有城市体系的一般特征。尽管从城市规模分布视角的考察在一定程度上解释了城市群兴起发展的原因,但没有从根本上抓住城市群形成的本质。城市群作为特定地域空间上的城市集聚体,其区别于单体城市的根本特征在于各城市之间强烈的交互作用。从经济学意义上来讲,城市群城市结构体系最突出的特征是其扁平化、网络化的城市结构,其网络化的城市结构是基于企业集聚扩散以及产业联系作用的结果,特别是由区域内主要的产业集群相互作用导致的产业组织网络化的结果。

再次,城市群具有合理的产业分工与协作网络。各城市之间相互作用和联系密切,表现为城市群内城市间呈现出市场一体化和功能一体化特征。城市群内的城市由于区位接近,经济主体的相互作用非常频繁和强烈,各城市之间市场联系非常紧密。特别是随着要素流动和企业区位选择与再选择,企业总部和工厂组织结构的分离,各城市在价值链分工和产业部门组织结构分离程度的不断深化,区域范围内的产业不断进行转移,逐渐形成了研发、营销、金融等生产性服务业为主要职能的企业总部位于核心城市,制造、生产等传统业务流程分布于二级城市的产业空间结构。企业区位选择、产业组织垂直解体以及产业集聚扩散使得各城市之间逐渐形成完善的产业分工与协作网络,不仅构成了企业发展的环境,而且也强烈地影响着城市群的创新、增长与发展的稳定性和持续性。城市群内各城市尽管在行政职能上相互独立,但由于产业联系而成为一体化区域。因此,城市群的本质是一个经济功能城市体而不是行政功能城市体。

最后,城市群具有完善的协调机制和区域治理结构,表现为城市群成员之间的利益协同化。区域内城市之间由于经济联系和交互作用出现了市场一体化倾向,使得各城市之间一体化程度较其他区域更明显。但是由于行政区划的存在,特别是在转型阶段,不仅存在中央政府与地方政府的利益博弈,而且存在地方政府之间的利益博弈。地方政府作为行政和市场双重主体,特别是中央政府以经济发展作为地方政府官员考核的主要指标,地方政府之间存在类似锦标赛的竞争。在地方利益驱动下,城市之间竞争加剧,在招商引资中会出现恶性竞争,在产业选择上出现产业同构以及市场分割为特征的诸侯经济现象。地方政府之间的竞争与基于产业联系所形成的区域一体化趋势相背,行政力量或市场管制对城市群的一体化进程和进一步发展形成制约,而其根本原因在于城市之间的利益协调。由此,利益协调机制和区域治理结构的完善与否成为制约城市之间市场一体化和功能一体化的决定性因素。完善的协调机制和区域治理结构成为判断是否真正成为一体化意义上的城市群的重要标准。

二、城市群的主要特征

从经济地理学角度来看,城市群体现为一种地理空间概念,是由若干规模各异、等级不同的城市所形成的一定的区域空间结构和城市群体。但从经济学角度来看,城市群所表现出来的上述特征只是经济活动在特定地域空间上的投影。城市群是工业化发展到一定阶段的产物,也是城市区域化和区域城市化的高级形态。

城市群有以下区别于其他城市形态的本质特征:

第一,设施同城化。城市群是由特定地域范围内相邻的若干个城市组成的城市区域,而连接各城市并促使城市之间发生相互作用的基础或前提是城市之间具有发达的交通网络和信息网络。从城市群发展实践来看,国内外城市群的发展都是以设施同城化为特征,发达的交通网络、信息网络以及其他基础设施不仅能加快城市之间要素的流动速度,而且能够加快城市之间的一体化进程和城市功能的衔接和匹配,进而实现城市功能的转化。

第二,市场一体化。城市群是城市化发展的高级阶段,随着企业区位选择以及产业组织垂直解体所形成的企业网络,企业的研发销售等难以规模化生产的部门集聚于多样化特征的大都市,而加工制造业等可以规模化生产的部门集聚于专业化的城市。要素流动和产业集聚扩散速度不断加快,城市规模和边界突破城市行政边界约束,城市之间的市场逐渐出现融合并最终实现市场一体化,形成网络城市,最终实现跨越行政区划的基于市场一体化的城市区域。

第三,功能一体化。城市群与其他城市或城市区域的不同之处在于,城市群作为有机的城市体系,在市场一体化的基础上,特别是随着城市的产业分工深化与专业化的发展以及产业空间演化与重组,各城市分别形成了不同的具有互补性质的城市主导产业,大都市以生产性服务业为主,二级城市以加工制造业为主。由此,各城市功能不断进行转化,成为城市群整体功能的一部分,从而实现了整个城市群的功能一体化。

第四,利益协同化。城市群作为区域一体化的表现形式,各个城市基于产业部门分工和空间分工的互补成为一个整体,并且按照产业链分工获得自己所处价值链环节的利益,在这种分工的过程中不仅获取了分工和专业化的好处,而且实现了城市群的协同利益最大化。但是城市群形成过程中由于受到行政区划导致的市场分割以及过度竞争行为要求必须具有有效的区域治理机制和治理结构才能保证城市群获得协同利益最大化。

三、中心城市的产业发展与城市群内部分工

城市群功能的一体化随着信息经济的兴起而日益加快,并对城市群空间结构产生极大的影响,进一步促进了城市群功能的转型和一体化,进而出现城市群圈层的空间结构特征。在城市群内,每个城市都不是孤立的、封闭的,而是一个有机联系的整体,虽有主次之分,但在总体上是互为因果、互为条件的;每一个城市都是一个行政主体,都有各自的利益,但更多的是还承担着共同发展、共同繁荣的责任。中心城市是城市群区域发展的中心,而城市群区域则是中心城市成长的基础。两者相互补充、相互促进,是不可分割的有机整体。任何一个中心城市的形成和发展都离不开一定的城市群区域,中心城市的发展都有它辐射的经济区域。因此,一个城市群区域经济活动的展开往往是依托中心城市功能作用的集中、强化与扩散的,城市群的能量集聚及在本国和世界经济中的地位,更是集中表现在中心城市上。

城市群内的中心城市或者经济发达的区域构成了系统的高梯度地区,由于其经济实力和技术创新能力都较强,其主导专业化部门常常处于创新阶段和发展阶段前期,新产业部门、新产品、新技术等创新活动常常来源于高梯度地区。随着时间的延伸和生命周期循环阶段的变化,衰退的部门、产品、技术逐步由高梯度地区向低梯度地区转移。这种转移主要通过多层次城市系统扩展开来。中心城市从位于价值链低端的传统制造业基地退出来,让位于广大周边地区,实现自身产业升级和产业结构的调整。有条件的地区首先掌握世界先进技术,其次将这些先进技术按梯度逐步向"中间技术"地带、"传统技术"地带传递,这样会花费少而获利多。中心城市着重发展总部控制管理、研发、营销等位于产业链高端的环节,大城市侧重发展高新技术产业和先进制造业,形成围绕核心产业的支持产业、配套产业、衍生产业群,中小城市和集镇发展一般制造业与各种劳动密集型产业及其配套产业,带动广大周边地区各具特色、多种类型的产业化基地。随着经济的进一步发展,通过传递的加速,逐步缩小地区差距。

从企业成长的视角审视,随着企业的规模的增长会出现管理分层和开拓新业务的需要,以降低企业交易成本的需要,这将推动企业自觉地把技术总部或总部迁往某些中心城市,另有不少中心城市内的企业在把总部留在城区内的同时,将生产基地向郊区甚至外地迁移。虽然说进入中心城市往往意味着必须承担更高的土地租金,其前期业务开展也有一定的风险,但中心城市所具有的潜在的市场机会以及优越的商务环境和生活环境,对于企业的发展更具有比较优势。

在现实经济中,这种分工表现为:第一层以中心城市为依托,形成本区域经济的金融、信息、商贸与科技创新的中心城市,其产业定位以现代服务业和本区域生产经营性服务业为主,以总部控制、信息交流、经营管理、产品设计、核心技术研发、市场营销与拓展等价值链高端环节为专业化;第二层以大都市郊区和大中城市为依托,承接与中心城市的公司总部、高技术产业和先进制造业相关联的核心产业、支持产业、配套产业、衍生产业;第三层以其他城市和小城镇为依托,主要发展一般制造业和各种劳动密集型产业及其配套产业;第四层为周边广大地区,主要发展各具特色、多种类型的产业化基地。这样,不同"圈层"经济都会成为全国整体产业分工中的重要部分,形成中心城市产业升级并对其他城市具有强大的辐射和带动作用。而这种产业在不同"圈层"经济之间的合理布局与专业化分工,增加了"圈层"间的经济贸易往来。同时,不同等级"圈层"经济之间,将不符合本"圈层"经济区位比较优势的产业、技术及时地向圈外更合适的区位转移,实现了产业结构在全国范围内的动态整合以及不同区域"圈层"经济之间产业结构的协同升级。

城市群内各城市和地区间具有广泛的空间联系,并在此基础上形成了特定的空间结构。空间结构与产业结构一起组成影响城市群经济发展的重要结构性因素,并且两者互相影响、互相作用。事实上,城市群的空间结构是一种动态演变的历史过程,这个具体的过程与中心城市的经济形态、自然形态以及社会形态等区域空间扩散的诸多条件存在着紧密的对应关系,并决定着该城市群空间的扩展模式和扩展路径。城市群内各城市之间的空间联系主要表现为一种经济联系。在技术进步的推动作用下,以产业区位重组为主要内容的区域空间组织变迁反映了经济增长的水平。而空间结构则泛指社会经济客体在空间中相互作用及所形成的空间集聚程度和集聚形态。城市群经济增长在其空间结构演化上始终存在着极化效应和扩散效应。极化效应使区域经济从孤立、分散走向局部集聚的不平衡阶段,扩散效应则使集聚逐步向更大区域推进。两种力量作用的结果,使经济空间不断扩大,产业的空间组合日趋多样化和复杂化。作为城市经济区的一种形式,城市群的形成是城市经济发展、技术创新与制度变迁等多种因素共同作用的结果。企业由于对规模利益的追求而选择集中生产,并在生产与消费交互作用下达到生产规模的增大;而对较高交易成本与区域贸易壁垒的规避又诱使更多的企业相互聚集在一起,从而导致企业集中生产,聚集效益增加。而更多企业的聚集的良性发展,最终促进了城市的形成与规模的扩大。但是,聚集的企业数量达到一定程度后便会产生集聚不经济,如工资和土地价格的上涨、竞争的加剧。因此,企业在比较集聚的经济性和非经济性之后可能会选择聚集的外围地区实施再定位,新进入者出于同样的考虑也会定位于外围地区,企业的空间分布表现出由聚集核心向外围扩散的趋势,从而推动集群的企业与产业向新的区域梯度推移,进而使得城市发展在不同经济规模上动态进行。在扩散的过程中,城市通过产业结构的调整重新获得规模聚集效益,聚集到一定规模后再一次向外扩散,城市的发展就是在多次的"集聚—扩散"的循环中不断壮大。在产业布局上出现了核心城市以服务业为主、周围地区以工业为主的差异;在空间结构上表现为核心城市区、近郊区、远郊区的圈层式结构。

由于集聚和扩散两种力量在城市群的不同发展时期有着不一样的表现,作用在空间上则表现为空间结构形式具有阶段性特征。首先,在城市群的发展初期,凭借优越的区位条件而迅速发展起来的中心城市,作为区域经济发展的增长极,对周边地区和城镇的资源产生强大的吸引力,促使各种生产要素向中心汇集,从而迅速奠定中心城市的地位。因此,城市群内的空间联系主要是中心指向型,表现在空间结构上则是一极集中型(极核型)。而当中心城市增长到一定规模时,过度集中所引发的各种城市问题开始出现,如地价高涨、交通拥挤、生态环境恶化等。随着经济活动的过密和城市空间有限性之间的矛盾日益突出,中心城市开始产生在空间上重新配置经济活动的需求。通常,中心城市会将调整自身产业结构和产业的重新布局结合在一起,通过经济合作、技术扩散和企业搬迁等活动将一部分生产要素和经济活动向外疏散。适当的空间扩散缓解了中心城市的发展压力,同时也有利于整合和更为充分地利用区域内的资源。这一阶段,城市群内的空间联系主要沿区域的交通轴线展开,是中心—外围双向指向型的,区域空间结构也由极核型逐渐演进到点轴型。中心城市的经济扩散实际上是在整个城市群内进行产业活动的空间重组。因此,随着城市群发展日趋成熟,在整个区域上,各个城市会根据各自不同的资源禀赋和经济基础形成一个高效的产业分工体系。这时候,城市群内的各城市的产业联系变得复杂而密切,产业链条在整个区域上延伸、交叉,区域主体间的空间联系也不再是一级指向或中心—外围双向指向的,而是演化为更加复杂的水平网络化的空间联系,整个城市群的空间结构也成为一种多核多中心式的网络型结构。随着经济活动的一体化,城市群内各城市间的空间联系不再仅限于产业或经济活动的联系,而是演化成一种更为复杂的社会经济联系。这时,中心城市不仅将自身的经济职能向外转移,还将一部分社会职能向外扩散。城市群内各城市间不仅有着密切的经济合作,而且有着更为广泛的社会交流与协作,这时的城市群已成为一个社会经济高度关联并一体化的经济实体和社会实体。综上所述,在整个城市系统中,专业化城市和多样化城市分工是因为不同产业存在属性差异:运输成本差异、劳动力需求差异、物质生产要素差异、中间产品服务的供给差异等,使得不同产业区位选择不同,形成特定产业分工。另外,多样化城市的"技术池"作用也是城市分工的重要原因。

第三节　集聚视角下的城市及城市群空间演化实证分析

一、中国的城市化发展及城市群空间

(一)基于城市人口的分析

改革开放后,中国城市化总体水平迅速发展,用非农人口占总人口比例衡量的城市化水平从1978年的19.92%增长到2020年的63.89%,是同期世界城市化发展速度的2倍。目前中国的城市化水平高于世界平均水平,但是总体低于发达国家水平。

中国的城市空间演化有其独特性,表现在农业剩余人口一开始并没有直接涌入大城市。改革开放初期,劳动力的转移主要是从农业转向农村的非农产业,主要在乡镇企业中就业,即所谓的"离土不离乡",因此这一阶段的中国经济增长主要表现为各个局部区域的乡镇企业吸纳周边农村剩余劳动力,在中国经济版图上出现了一些星罗棋布的以简单制造业带动的小城镇。

20世纪80年代后期以来,乡镇企业资本增加的速度快于吸纳劳动力的速度。伴随着国家对人口流动管制的放松,农村劳动力开始跨区域转移。少数城市由于政策、地理和产业基础的历史优势产生了对企业和劳动力的巨大吸引力。因此在这一时期,中国的经济增长经历了一个点状拉动的阶段,以北京、上海、天津3个直辖市,深圳、珠海、汕头和厦门4个经济特区为起始,紧接着大连、青岛、宁波和广州等14个沿海开放城市,成为带动中国经济增长的城市极。

20世纪90年代末期以后,城市规模不经济约束不断强化,集聚逐步向扩散转变,城市空间演化的力量逐步形成了以京津冀城市群、长江三角洲城市群、粤港澳大湾区城市群、成渝城市群、长江中游城市群、中原城市群等。

此外,中国还有山东半岛城市群(以济南、青岛为中心)、辽中南城市群(以沈阳、大连为中心)、海峡西岸城市群(以福州、厦门、泉州为中心)、北部湾城市群(以南宁、海口、湛江等城市为中心)、关中平原城市群(以西安为中心)、哈长城市群(以哈尔滨、长春为中心)等多个城市群。

(二)基于劳动力流动的分析

劳动力流动既是新经济地理分析经济空间集聚或分散的核心,又是分析中国城市群发展的关键。中国劳动力流动的范围和规模是与中国整个工业化、城市化和市场化进程相一致的。劳动力流动的推力在于农业部门的大量持续剩余劳动

力,而拉力来源于不同范围不同规模的制造业部门和农业部门的收入差距。跨地区的劳动力流动则与区域收入差距紧密相连。

表3—1　　　　第七次人口普查国内主要地区人口净流入与净流出对比

人口净流入			人口净流出		
排名	省份	净流入人口（万人）	排名	省份	净流出人口（万人）
1	广东	2 962	1	河南	−1 610
2	浙江	1 619	2	安徽	−1 152
3	上海	1 048	3	四川	−1 036
4	北京	795	4	贵州	−824
5	江苏	609	5	广西	−704
6	福建	405	6	湖南	−647
7	天津	245	7	江西	−509
8	新疆	214	8	湖北	−428
9	山东	159	9	黑龙江	−376
10	辽宁	130	10	吉林	−340

　　改革开放初期,流动限制逐步松动,但户籍制度仍严格。根据第三次人口普查显示,全国流动人口仅657万,占当时总人口的0.66%。当时,人口流动以就近迁移为主:农村剩余劳动力主要向邻近小城镇转移,从事建筑业、服务业等。1992年市场经济体制确立,加之东部沿海开放加速,流动人口突破1亿(1995年)。根据第五次人口普查显示,流动人口达1.44亿,占总人口的11.6%。这个阶段,中西部地区人口大范围向长三角、珠三角等区域集中。中国加入WTO以后,经济进入飞速增长阶段,人口流动进一步加速,第六次人口普查流动人口达2.61亿,第七次人口普查升至3.76亿,占总人口26.6%。2010年以来,跨省流动人口减缓,省内流动持续加强(2020年省内流动占58.7%),这一阶段也是我国各省强省会战略推进较快的阶段,中西部大量城市群得到长足发展。

　　另外值得注意的是,1998年以后我国的住房制度经历了从住房实物福利分配制度到住房分配货币化的重大变化,尤其是2000年后,住房消费在居民消费支出中出现了重大"跳跃"。此外,由于劳动力向东部核心城市的大规模流动,导致当地的住房需求和房价的大幅上涨。2005年全国大城市房价已呈现显著分化,上海、杭州、广州、深圳、北京、天津等均在均价前十行列。其中,上海、杭州、广州、深圳、北京房价均突破5 000元/平方米,深圳以7 200元/平方米位居前列(见表3—2)。

2015年,随着去库存政策(如降准、降息、棚改货币化)落地,楼市开启新一轮上涨。深圳、北京、上海等一线城市成为资本追逐热点,房价再一次出现了快速上涨。在房价的指导下,中心城市居住开始向城市外围转移,更多的人成为阿朗索模型中的"通勤者",还有部分人群受制于区域中心城市高昂生活成本开始向二线和三线城市移民。

表3—2　　　　国内重点城市群核心城市房价对比:2005—2023年

城市	2005年均价(元/m²)	2023年均价(元/m²)	涨幅(倍)
深圳	7 200	63 000	8.75
北京	6 800	66 000	9.7
上海	6 700	71 000	10.6
广州	5 500	42 000	7.64
杭州	5 300	36 000	6.79
天津	4 800	19 500	4.06

从上述对中国地区差距和城市空间演化的一般性事实描述中,我们可以归纳出改革开放后中国的工业化和城市化大致经历了三个阶段:

20世纪90年代初期以前,由于计划经济体制在要素流动和行政管理上造成的区域阻隔仍未消除,这一时期中国的城市化特征是各地出现了以地方乡镇企业带动兴起的制造业小城镇,劳动力转移特征是离土不离乡,就地转移和跨部门转移,因此,这段时期地区收入差距减小。在这个阶段,经济活动的空间运动除了传统理论强调的空间集聚的自我强化机制,还出现了产业集聚的自我强化机制。这种产业集聚的自我强化机制可以说明在区域阻隔的条件下,即使运输成本很高,没有劳动力的跨区域流动,也有可能出现劳动力的跨产业流动,而随着运输成本的逐步降低,这种产业集聚的自我强化机制将进一步加强。

20世纪90年代以后,随着区域分割的逐步打破,伴随着外国直接投资和先进制造业向沿海集聚和劳动力的跨区转移,企业和人口在城市(地级城市)集聚。其主要原因在于以下几点:第一,制成品的支出份额上升。收入用于制成品的份额越大,集聚地区的市场相对容量越大,市场规模效应越强。第二,制造业的规模经济程度扩大。产品替代弹性越小,规模经济越大,集聚越稳定。第三,运输成本下降。较低的运输成本鼓励企业和工人选择更利于产品市场进入的区位,这使得该区位又能吸引更多的企业和工人。第四,对城市部门足够的劳动供给弹性,从而使城市极能从周边乃至其他区域吸引到其他城市的特别是来自农业的剩余劳动力。这四个因素一起说明了 20 世纪 90 年代我国制造业向东南沿海少数大城市集中的集聚效应。

2000 年以后,随着我国加入 WTO,改革开放进一步深化,经济全面加速,人口流动进入爆发式增长阶段,人口与经济的空间集聚快速演化。由于我国城市用地制度和住房制度的改革以及城市的拥挤效应,沿海的大城市土地价格和房价上涨迅速,东部地区由城市向城市群转变。这个阶段的一方面就是中国城市用地制度改革和住房制度由福利化向货币化的改革,使得住房支出出现了一个明显的"跳跃";另一方面随着城市规模的扩张,与之相伴的交通拥挤和环境污染等城市病不断滋生和发展。由此,各种制约城市规模扩张的因素开始发挥作用,集聚经济逐步转向集聚不经济,扩散效应促使经济活动向周边移动,要素发生扩散。特别是这一阶段也使中国交通和通信基础设施得到了飞速发展,运输成本明显下降,加之区域市场一体化快速提高,更是促使了城市空间的扩散。具体表现为中心城市空间出现多极化和城市群规模结构扁平化。

二、长三角与珠三角城市群的专业化与多样化经济

(一)专业化与多样化的衡量和计算

1. 集聚经济衡量方法

最简单的衡量城市的专业化是看给定部门在当地就业中所占的份额。因为不同的城市专业化在不同的部门,要比较城市间的专业化程度,就要通过比较每个城市中份额最大的就业部门。如果我们定义 s_{ij} 是部门 j 在城市 i 中的就业份额,针对个体城市的专业化指数为:

$$ZI_i = \max_j(s_{ij})$$

为获得不同城市间的专业化的横行比较,我们需要的是相对专业化(而非绝对专业化)水平,因此定义相对专业化指数为:

$$RZI_i = \max_j(s_{ij}/s_j)$$

其中,s_j 是产业 j 在全系统中所占的份额。

对多样化最常见的是采用赫希曼—赫芬达尔指数(HHI 指数)的倒数,HHI 指数是对所有部门就业份额平方的加总,用其倒数衡量的多样化指数为:

$$DI_i = 1/\sum_j s_{ij}^2$$

定义相对多样化指数为:

$$RDI_i = 1/\sum_j |s_{ij} - s_j|$$

2. 数据说明及计算结果

本书所使用的数据主要来源为 2015—2019 年《中国城市统计年鉴》中的长江三角洲 16 个城市及珠江三角洲 9 个城市统计资料。此外,从反映城市功能和本书考察目的出发,本书所采取的都是市辖区数据。

本书采用上述方法对长三角和珠三角的 25 个城市的专业化指数、多样化指数和相对专业化指数、相对多样化指数都进行了计算。

表 3—3　长三角与珠三角 25 个城市相对专业化与多样化指数(2008 年与 2019 年)

城市	2008 年 专业化指数	2008 年 多样化指数	2019 年 专业化指数	2019 年 多样化指数
上海	1.94	4.98	3.17	1.86
南京	1.52	4.46	2.32	3.70
无锡	1.43	2.65	1.64	2.17
常州	1.66	3.82	1.52	2.51
苏州	1.66	1.75	2.03	1.46
南通	8.21	3.70	3.43	1.19
扬州	4.57	1.88	2.88	1.58
镇江	3.34	3.26	5.27	2.96
泰州	2.27	3.26	3.09	1.39
杭州	2.33	4.02	1.71	4.37
宁波	1.30	3.63	1.49	3.08
嘉兴	1.48	2.63	1.96	1.70
湖州	2.71	3.73	3.45	3.42
绍兴	5.89	1.46	3.03	1.52
舟山	2.25	3.19	4.16	1.60
台州	3.28	2.57	2.19	2.70
广州	1.835	4.31	2.02	1.89
深圳	1.715	6.24	2.18	6.91
珠海	4.961	2.61	2.31	6.48
佛山	1.895	3.67	1.50	3.37
江门	1.346	3.65	4.25	3.92
肇庆	1.595	3.79	10.56	1.93
惠州	1.578	1.82	2.16	2.56
东莞	3.052	1.52	1.58	1.91
中山	1.496	3.00	1.49	2.24

专业化指数和多样化指数反映的是城市自身就业在各行业之间的配置,而相

对专业化指数和相对多样化指数则反映了该城市就业配置与其他城市之间的关系。通过分析相对专业化及多样化指数计算结果，我们得出以下结论：

第一，从城市规模与专业化或多样化的联系来看，两个城市群的城市总体符合世界城市的一般规律，即大城市更为多样化。但对比2008年与2019年的相关数据，我们发现个别大城市的多样化指数出现了下降趋势，上海、广州尤其明显，过去十年这两个城市产业结构做了较大的调整，制造业比重占比持续下降，是主要原因。

第二，从城市多样化指数看，两个城市群内部均表现出多中心特征。长三角地区中上海、南京和杭州三个城市多样化指数比较突出，表现出中心城市的多功能特征，而在珠三角地区的广州和深圳具有同样的特征。具体来看，上海和深圳分属两个区域的多样化程度最高的城市，两者作为国内重要的金融和贸易中心，多样化功能的形成有政府的引导，但更重要的是市场的作用。而南京、杭州和广州三个省会城市的行政功能很大程度上推动了其中心地位的形成。

第三，从城市专业化指数看，人口在50万～100万规模的城市的专业化指数相对较高，如江苏的南通、扬州、泰州，浙江的湖州、绍兴、舟山，广东的珠海和东莞等。但是苏州、无锡、宁波等人口规模接近200万左右的城市的专业化指数相近或小于区域中心城市，珠三角的江门和中山也表现出类似特征。分析实际经济现状，我们发现这几个城市都是县域经济相对发达的城市，郊县经济产业增长快于市区，城市表现出扩散现象。但其与上海等区域中心城市相比，规模与功能有限，中心功能又主要局限在消费和行政等产业上，也就表现出多样化与专业化指数"双低"的现象，形成了凹陷。

第四，从时间趋势看，2015—2019年期间，两个城市群专业化指数呈现出微弱的增长趋势，多样化指数则呈现出微弱的下降趋势（见表3—4）。长三角和珠三角作为国家改革开放先发地区，目前区域内多数城市2012年以后产业结构调整加快，大量中低端产业开始向中西部和东南亚转移，尤其中美贸易摩擦加剧的背景下，对外转移的趋势大大加快。长三角和珠三角中心城市着力发展总部经济、服务产业和高端产业，相关核心和配套产业则迁移至区域内三、四线城市和郊县，一般制造业和各种劳动密集型产业及其配套产业向中西部和东南亚转移。两个城市群的城市都进入了专业化提升、多样化趋弱的阶段，城市群内部产业分工越来越明显，特色产业集聚态势越来越明显。例如，生物医药和半导体产业表现出高度集聚态势。但从绝对值看，珠三角地区无论多样化指数还是专业化指数都相对高于长三角地区，比较两个城市群的实际，这种现象与两个城市群的规模有关，长三角城市群规模上明显大于珠三角，珠三角内部多个城市下属只有一两个县市，而长三角的地级市明显具有更大的腹地范围。长三角城市群内部的各城市的规模也大于珠三角地区,城市群内部分工更加完备,这可能是两者集聚指数差异的来源。

表3—4　　　　长三角与珠三角城市群专业化与多样化指数的变动趋势

年份		2015	2016	2017	2018	2019
专业化指数	长三角	2.52	2.90	2.38	2.70	2.71
	珠三角	3.55	3.67	3.57	3.83	3.12
多样化指数	长三角	2.42	2.39	2.42	2.33	2.14
	珠三角	3.63	3.45	3.50	3.31	3.47

(二)专业化、多样化对城市集聚经济的相对贡献

1. 计量模型及变量

按照上述理论分析,无论是专业化还是多样化,都会产生城市集聚经济,这也正是城市呈现出专业化和多样化差异的原因。然而,从政策制定者角度,仍面临如何选择城市发展道路的问题,这需要我们进一步衡量二者的相对贡献。我们从经济总量在城市间的相对集聚角度对二者的贡献进行比较。一个城市的生产总值所占份额上升了,就说明经济活动在该城市的集聚程度更高。

我们设定的计量模型为:

$$rdpr_{it} = \beta_0 + \beta_1 rzi_{it} + \beta_2 roadr_{it} + \beta_3 hiter_{it} + \beta_4 firmr_{it}$$
$$+ \beta_5 wager_{it} + \beta_6 mpr_{it} + \mu_{it} \qquad (3-1)$$

$$rdpr_{it} = \beta_0 + \beta_1 rdi_{it} + \beta_2 roadr_{it} + \beta_3 hiter_{it} + \beta_4 firmr_{it}$$
$$+ \beta_5 wager_{it} + \beta_6 mpr_{it} + \mu_{it} \qquad (3-2)$$

其中,$rdpr_{it}$是各城市在各年度的地区生产总值占所有城市生产总值的比重,这是我们用来度量城市集聚经济的变量。我们的数据来自《中国城市统计年鉴》中2016—2020年长三角和珠三角16个城市的面板数据。变量说明如下:

rzi_{it}和rdi_{it}是前面测算出的各城市各年度的相对专业化指数和相对多样化指数。

$roadr_{it}$是年末实有城市道路面积同城市平均水平的比重,作为城市基础设施的代理变量。新经济地理框架下,运输成本是影响集聚最重要的因素。无论是马歇尔外部性还是雅各布斯外部性,良好的城市基础设施都有助于降低运输成本,促进生产者之间、消费者之间以及生产者与消费者之间的交流外部性,因此我们预计这个变量前系数为正。

$hiter_{it}$是普通高等学校教师数同城市平均水平的比重,作为人力资本相对优势的代理变量。我们同大多数国内外学者一样,认为人力资本相对优势有助于技

术溢出从而促进集聚。之所以用该变量而非通常所使用的受教育年限或者成人识字率等,原因除了数据获取困难外,还有两条:一是我们认为由于我国城市中义务教育制度普及更好,受教育年限或成人识字率不足以反映城市间的教育水平的差异;二是高等学校在产学研中都扮演着越来越重要的作用,我们采用该指标可以反映技术孵化器对集聚的影响。我们预计这个变量前系数为正。

$firmr_{it}$ 是工业企业数同城市平均水平的比重。我们用该指标来衡量生产者集聚所产生的资金外部性和技术外部性带来的集聚经济,尽管在理论上,过多的企业会产生较高的拥堵成本从而产生集聚不经济。但是鉴于我国还处在城市化和工业化初期,我们仍然预期其系数为正。

$wager_{it}$ 是职工平均工资同城市平均水平的比重,我们用该指标来衡量消费者就业行为,也即上文中所说的劳动市场外部性对就业行为的影响。无论是专业化劳动市场还是多样化劳动市场,较高的工资可以反映这种外部性对劳动者的吸引力,因此我们预期其系数为正。

mpr_{it} 是城市内部市场潜力同城市平均水平的比重。我们用该指标来衡量消费者消费行为对城市总集聚经济的影响。其计算是用社会消费品零售总额除以城市内部距离。内部距离计算公式为 $d_r = 2/3\sqrt{area_r/n}$,我们预期其系数为正。

2. 计量结果及其解释

表 3—5　　　　　　　　专业化与多样化对集聚经济的贡献

解释变量	长三角		珠三角	
rdi	−0.065		0.298**	
rzi		0.018*		−0.053
$roadr$	0.120*	0.128*	0.163**	0.160*
$hiter$	0.133**	0.155**	0.011	0.005
$firmr$	0.025**	0.0423**	0.007*	0.056***
$wager$	−0.136**	−0.128**	−0.058**	−0.074***
mpr	−0.067***	0.069	0.101**	0.129**
$cons$	−0.866***	−0.917**	−1.01***	−0.722*
adj.R^2	0.783	0.883	0.846	0.786
观测值	80	80	45	45

注:(1) *** 表示在1%水平上显著,** 表示在5%水平上显著,* 表示在10%水平上显著。
(2)因为 Hausman 检验数据的关系,上述回归结果均为随机效应模型。

计量分析结果表明我们所选择的变量对城市间经济集聚有着显著的解释力。我们可以确认以下几点：

第一，就本节关注的相对专业化指数（RZI）和相对多样化指数（RDI）而言，多样化对城市空间集聚的作用不确定。2015年之前，长三角各城市之间的房价差异并不是非常显著，多样化地推动了人口向上海、杭州和南京等城市的集聚。2015年之后，随着房价的快速分化，上海、杭州、南京、苏州等区域中心城市的产业结构在快速发生变化，大量制造业向外迁移，多样化出现了减弱，人口也出现了迁移，但同期核心城市经济比重却在持续增强。在珠三角的分组样本中，多样化指数前的系数都为正，这表明珠三角多样化外部性对城市集聚具有显著效应，这与深圳和广州的城市规模持续放大的情形相对一致。专业化与城市集聚的关系也没有确定的方向性，在长三角专业化是集聚的表现，与城市集聚正相关；珠三角则具有负向关系，但不显著，这个有待确定。

多样化外部性有两个主要来源：一是产业间的知识溢出；二是公共产品和市场的规模收益递增。这都与城市规模扩张紧密相连，对经济活动向城市空间的集聚具有显著作用。而专业化经济外部性也即马歇尔外部性有助于特定产业的聚集，但是对经济活动在城市的集聚作用要依据情况而定。在城市发展和形成的早期，显然产业聚集是一个明显的动力，但是当拥挤成本增加到一定水平时，又会引起扩散。特别是在交通发达的今天，工作与居住空间分离的阻碍大大下降，产业区与城市生活区分离形成了大量通勤族。这种情况下，专业化外部性对城市集聚的作用也表现出不确定性。

第二，产业外的规模经济对于城市集聚经济的作用是显著的。企业在区位上的集中对于城市的发展具有明显的正效应，而且目前无论是长三角企业还是珠三角企业的集聚都具有集聚经济效应。工业企业数变量的系数符号为正证实了这一结论。

第三，理论上更好的工资和市场潜力将促进集聚，但是回归结果与此相左。出现这种现象，我们认为这与我们的样本选择有关，我们选择用市辖区的GDP占全市GDP的比重来表示经济活动向城市中心的集聚水平，而这一指标在长三角和珠三角的多数城市表现出下降的趋势；此外，市辖区的工资和市场潜力则在不断上升，这也在统计上形成了二者负相关关系。对这一结论的一个现实解释就是郊县经济比重的快速增长。近年来，随着市中心地区土地价格和工资价格持续上涨，加之政府引导工业企业不断向郊县搬迁，市中心主要发挥服务和居住功能。与郊县以投资推动的快速增长不同，市区注重内生增长的服务产业增速相对缓慢。这样的一个阶段恰恰印证了我们上文关于专业化与多样化的转化的讨论，城市由专化转向多样化的过程会表现出扩散特征。这种扩散可能与市区土地成本和劳动成本上升等拥挤效应有关。长三角与珠三角两个地区目前都处于从外向型出口加工为主的经济模式向服务经济转型的阶段,随着转型的逐步推进,服务经济带来多样化外部性将持续增长,工资和市场潜力与城市集聚也将转化为正关联。但两个地区相比较,经济起步较早的珠三角地区的市场潜力指数对城市集聚具有正效应,工资系数大于长三角地区,这也表明目前珠三角城市在多样化方面要强于长三角地区,与上文讨论结果一致。

第四,道路代表的基础设施和高校教师比重代表的教育水平能够促进城市集聚,这与一般经验文献的实证结果是一致的。基础设施和教育水平都具有很强的公共产品特性,具有规模收益递增的特性,也是城市集聚外部性的一个重要组成。无论是长三角还是珠三角地区与城市集聚都表现正相关。比较两个地区系数,长三角地区系数要大于珠三角地区,这表明长三角的城市增加公共设施投入比珠三角城市有更好的效果。

参考文献

[1] 周兵,蒲勇健. 一个基于产业集聚的西部经济增长实证分析[J]. 数量技术经济研究,2003,(8):143—149.

[2] 罗勇,曹丽莉. 中国制造业集聚程度变动趋势实证研究[J]. 经济研究,2005,(8):45—56.

[3] 范剑勇. 产业集聚、劳动生产率与区域差距[J]. 经济研究,2006,(11).

[4] 范剑勇,石灵云. 地方化经济与劳动生产率:来自制造业四位数行业的证据[J]. 浙江社会科学,2007,(5).

[5] 范剑勇. 产业结构失衡、空间集聚与中国地区差距变化[J]. 上海经济研究,2008,(2):3—13.

[6] 陈良文,杨开忠. 生产率、城市规模与经济密度:对城市集聚经济效应的实证研究[J]. 贵州社会科学,2007,(2):67—75.

[7] 王小鲁,夏小林. 优化城市规模推动经济增长[J]. 经济研究,1999,(9):22—29.

[8] 李胜会. 基于空间经济学视角的地区差距及影响因素研究——以广东省为案例的实证分析[J]. 产业经济研究,2008,(5):39—45.

[9] 吴林海,陈继海. 集聚效应、外商投资与经济增长[J]. 管理世界,2003,(8):136—143.

[10] 张艳,刘亮. 经济集聚与经济增长——基于中国城市数据的实证分析[J]. 世界经济文汇,2007,(1):49—56.

[11] 吴玉鸣. 县域经济增长集聚与差异:空间计量经济实证分析[J]. 世界经济文汇,2007,

(2).

[12]贾威,王二响.中国经济增长的多重集聚效应——对中国经济差异的实证研究[J].管理探索,2009,(1):37—46.

[13] Baldwin, R. E. and Martin, P. Agglomeration and Regional Growth[C]. In Henderson, V. J. & Thisse, J.-F. (Eds.). *Handbook of Regional and Urban Economics*, 2004, Vol. 4: Cities and Geography. Elsevier, North-Holland.

[14] Barro, R. J. and Lee, J. W. International Comparison of Educational Attainment[J]. *Journal of Monetary Economics*, 1993, 32(3): 363—394.

[15] Barro, R. J. and Lee, J. W. International Data on Educational Attainment[J]. *Oxford Economic Papers*, 2001, 53(3): 541—563.

[16] Bertinelli, Luisito, Black, Duncan. Urbanization and Growth[J]. *Journal of Urban Economics*, 2004, 56(1): 80—96.

[17] Blundell, R. and Bond, S. Initial Conditions and Moment Restrictions in Dynamic Panel Data Models[J]. *Journal of Econometrics*, 1998, 87(1): 115—143.

[18] Bond, S., Hoeffler, A. and Temple, J. GMM Estimation of Empirical Growth Models[R]. CEPR Discussion Paper.

[19] Bowsher, C. G. On Testing Overidentifying Restrictions in Dynamic Panel Data Models[J]. *Economics Letters*, 2002, 77(2): 211—220.

[20] Brülhart, M. and Mathys, N. Sectoral Agglomeration Economies in A Panel of European Regions[J]. *Regional Science and Urban Economics*, 2008, 38(4): 348—362.

[21] Brülhart, M. and Traeger, R. An Account of Geographic Concentration Patterns in Europe[J]. *Regional Science and Urban Economics*, 2005, 35(6): 597—624.

[22] Dekle, R. and Eaton, J. Agglomeration and Land Rents: Evidence from the Prefectures[J]. *Journal of Urban Economics*, 1999, 46(2): 200—214.

[23] Duranton, G. From Cities to Productivity and Growth in Developing Countries[J]. *Canadian Journal of Economics*, 2008, 41(3): 689—736.

[24] Duranton, G. and Overman, H. G. Testing for Localization Using Microgeographic Data[J]. *Review of Economic Studies*, 2005, 72(4): 1077—1106.

[25] Easterly, W. and Levine, R. Africa's Growth Tragedy: Policies and Ethnic Divisions[J]. *Quarterly Journal of Economics*, 1997, 112(4): 1203—1250.

[26] Fujita, M. and Krugman, P. R. When is the Economy Monocentric? von Thünen and Chamberlin Unified[J]. *Regional Science and Urban Economics*, 1995, (25): 505—528.

进一步阅读的文献

1. 陆铭,向宽虎,陈钊. 集聚经济:理论演进与中国实践[J]. 经济研究,2019,(5).
2. World Bank. Unlocking Agglomeration:Digital Tools for Inclusive Growth[R]. World Bank,2023.
3. 刘毓芸,徐现祥,连玉君. 数字技术与城市集聚:来自中国工业企业的微观证据[J]. 经济研究,2023,(4).
4. 何好俊,祝树金,肖皓. 碳中和目标下的产业集聚与绿色技术创新[J]. 经济研究,2023,(4).
5. 刘毓芸,徐现祥,连玉君. 高铁网络、城市层级与产业集聚重构[J]. 经济研究,2022,(2).

思考题

1. 城市集聚经济的来源和机制是什么?
2. 中心城市在城市群中的角色是什么?
3. 城市群的空间结构是如何演变的?
4. 技术联系在城市集聚中的作用是什么?
5. 劳动力流动对城市空间演化的影响有哪些?
6. 地方政府竞争对城市群一体化进程的影响是什么?

第四章

空间集聚：要素流动、要素集聚与城市土地利用效率

本章重点
- 要素集聚的内涵、动因及影响因素
- 要素集聚、城市空间扩张及土地利用
- 要素集聚与土地利用效率的实证检验

区域经济的发展离不开各种生产要素，而通过生产要素合理的配置才能达到资源优化的目的以及获得最大化产出效应。在市场一体化程度不断提高的今天，通过各种生产要素在区域之间的流动，实现各种生产要素的空间集聚，进而达到规模及集聚效应，具体表现为区域内的资本、技术、管理、品牌、专利、跨国经营网络等要素集聚到特定空间，使这些空间成为区域经济体系的中心环节。所以说，要素集聚实际上就是劳动力、资本、知识、技术、制度、政策等经济要素在特定区域空间内相互联系、相互作用的过程，是要素相互合作及产生效率的过程。

第一节 要素集聚的内涵、动因及途径方式

一、要素集聚的内涵及特征

要素通过流动实现在特定空间的集聚，具有以下特征：

第一，要素集聚是各种要素相互作用实现增值的过程。它不是简单把外部要素聚集起来，而是通过要素间协同作用和合作，实现要素的价值。特定要素必须与其他经济要素相结合，方可体现其经济价值。一个孤立的要素既无可能主动集聚，

也无可能被动集聚。只有多重要素的相互结合、相互作用才能促使要素的流动与集聚。

第二,要素集聚是一个持续发展的过程。经济发展持续要求要素的流动,集中也要表现出连续性,只是不同时间的集聚形式、集聚内容有所差别。

第三,要素集聚具有偏向性。要素集聚的偏向性源于要素的流动性差异,那些流动性越高的要素越容易集中,如资本、技术、高素质劳动力等要素,显然比土地和一般劳动力等特定要素更容易在特定空间集聚。通常那些流动性较强的要素在经济活动中具有较强的支配能力,而不易流动的要素则大多处于被支配地位。由此导致高端要素相对集聚空间对低端要素集聚空间的中心地位。

第四,要素集聚方式具有多样性。与要素集聚方式相连的要素的流动形式,随着经济发展,要素流动的形式和内容不断丰富,越来越趋于多样化。尤其是通信和交通技术高度发达的今天,要素集聚方式仍在不断创新和发展。

二、要素集聚的动因分析

要素参与经济活动的主要目的是为了实现自身价值的最大化。要素向特定空间集中,必然是出于追寻更高的价值实现的动机。因此,促使要素空间集聚的动因既有主观因素也有客观因素。

首先,要素具有向优势区位流动的积极动因。要素的空间运动总是表现出两种形式:一是空间扩散,二是空间集聚。在实际经济活动中,优势区位的要素集聚是最基本的运动形式,这就是要素集聚的优势区位规律。各种要素向优势区位集中,其本质是生产要素向地域经济的增长点或发展极的集中。要素的空间运动表现出"集聚—扩散—再集聚—再扩散"的循环特征。Krugman 的"中心—外围"理论显示,两个区域初始要素分布相同,但当经济活动向一个地区偏向时,这个区域便成为要素集聚的核心,该区域表现出市场规模扩大、工资水平上升等优势特征,进一步吸引更多的要素集聚过来,产生累积循环效应。

要素优势区位集聚规律揭示了利益最大化主导下的要素空间流动特征。要素的寻优流动实质上是市场经济主导下的利益选择与比较的结果。在实际的经济生活中,总是那些具有要素集聚优势的区域经济成长较快,并持续吸纳更多的要素进入,形成累积循环,而另外的地区则存在要素的流出,降低地区经济成长的潜力。

经济发展必然伴随着各生产要素从外围区向中心区的净转移,在二元经济结构中表现得尤为明显。在二元经济结构下,如果区域间市场壁垒减少或消失,要素的流动性将显著提高,要素会快速向那些具有优势的区位集中,这些地区经济将获得全面发展。由此规律将导出以下的政策主张:在经济发展初期,政府应当优先发展条件较好的区域,以寻求较好的投资效率和较快的经济增长速度,然后通过扩散效应带动其他地区的发展,但当经济发展到一定水平时,也要防止累积循环因果造成贫富差距的扩大,政府必须制定一系列特殊政策来刺激落后地区的发展,以缩小经济差异。而我国改革开放以来的发展实际也充分验证了这一规律。

其次,区域间的要素禀赋差异和要素稀缺性形成集聚的客观动因。要素集聚受要素数量、质量和集聚成本的影响。要素的稀缺程度影响要素价格,从而影响要素集聚的规模和方向。要素一般是从相对丰富的地区流向相对稀缺的地区。根据新古典增长理论,进口可以解决要素瓶颈。因为一个区域不可能完全拥有生产所需的全部要素,稀缺要素可以通过进口来解决。内生增长理论认为,进口贸易不仅可以提供运用新知识的各种资源,而且可以促进生产率的进一步提高,特别是高新技术产业的引进,可以促进技术改进和知识积累,逐步形成动态收益。新古典贸易理论认为,要素的进口带来要素的增加,使区域生产可能性边界外移。而外移的偏向性则取决于要素增加的类型。在图 4-1 中,如果假设没有要素集聚(要素移动),某区域只生产两种产品:资本密集型产品(W_k)和劳动密集型产品(W_l),生产可能性边界是 PPF_1。如果存在要素集聚,该区域大量引进外资,即外区域资本供给增加。根据特定要素理论,该区域会增加资本密集型产品的生产,使生产可能性边界外移(PPF_2),且偏向于资本密集型产品,出现偏向性扩张。因此,资源供给变化对生产可能性的偏向性效应是导致区域间贸易的关键。一个区域会生产并出口那些在生产中使用了该区最丰富的生产要素的产品,从而获得比较优势。

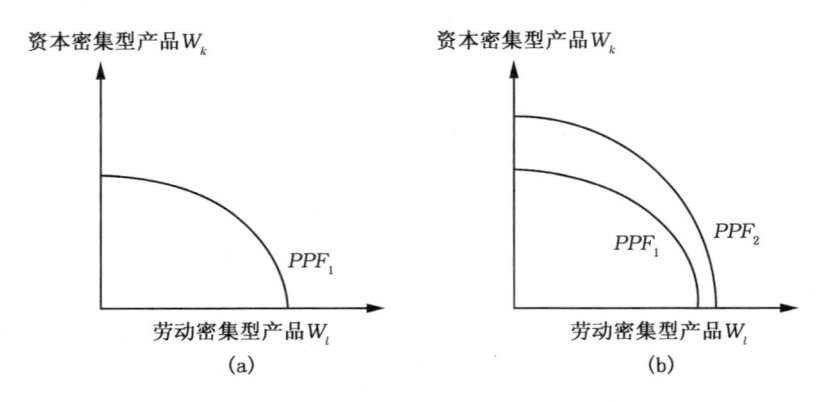

图 4-1 要素禀赋与生产可能性边界要素

最后,区域市场消费偏好的客观差异。根据跨时贸易理论,从消费的角度看,有些国家倾向于当前消费,有些国家则倾向于未来消费。在资源有限且没有区域间借贷的情况下,一个区域当前和未来消费的组合只能在本国的生产可能性边界上。倾向于当前消费的国家,其未来消费的相对价格就高。如果存在区域间借贷,一个区域可以通过跨时贸易,实现或达到超前消费。当然超前消费是有代价的,这个代价就是利息。当一个区域借款时,它就得到在当前购买一定量消费品的权利,并承诺未来偿还可以购买更多消费品的金额(本金加利息)。进行跨时贸易可以获得跨时比较优势。偏向于未来消费的国家,会把当前的资源转移出去,售让给其他国家。

三、要素集聚的途径与方式

要素集聚主要有"自然集聚"与"人为集聚"两种。"自然集聚"指一个区域由于具备初始的资源禀赋,从而拥有吸引资源的能力,如地理位置、优异的自然环境、丰富的矿产资源以及优良的宏观经济环境。"人为集聚"指政府、企业和其他相关组织,通过主动挖掘、吸引、管理以及对退化资源处置来吸引资源。[①] 不管是"自然"集聚还是"人为"集聚,强调的都是引起资源流动的动因。而从要素流动的角度来看,要素集聚的途径主要有以下几种:贸易、移民和金融。贸易是产品和要素流动传统途径,而移民则是劳动要素流动的主要途径,银行和金融市场则是资本流动途径。

第二节 要素集聚的影响因素

要素是资源,要素的流动和集聚也就是资源在空间上的配置,市场和制度(计划)是资源配置中的主要方式,而生产技术则是影响资源配置的根本所在。所以说,影响要素集聚的主要因素包括制度、市场和技术。

一、市场是影响要素集聚的主导因素

市场是资源配置的主导方式,也是要素集聚的主导因素。供求机制、价格机制、竞争机制和风险机制等市场机制共同发挥作用,调节要素在空间的流动与集聚。要素价值最大化是要素集聚的动因,而各种市场机制则是调节和制约这种最大化行为的重要手段。

贸易是物质生产要素流动的基本途径,贸易的发生始于市场需求。特定空间市场需求是要素向该地区集聚的始发条件。价格和数量是市场的两个重要变量,这也是直接调节要素流动和集聚的重要信号。要素易于从价格低的空间流向价格回报高的空间;要素易于向市场规模大的地区集中。但推动要素流动的原动力是市场主体逐利行为。市场机制则约束和引导市场的主体,使之能够及时地、主动地

---

① 于永达. 集聚优势[M]. 北京:清华大学出版社,2006:55.

调整自己的经济行为,这种引导只是为了保证要素流向正确的区域。依照新古典经济的基本理论,在完美市场条件下,要素的空间配置将实现最优化,但实际经济生活中由于信息不对称、公共产品和外部性等市场缺陷,导致要素并不能实现完美流动和集聚,可能造成某些空间要素过度集聚和浪费,部分空间和地区存在严重短缺。

二、制度是促进要素集聚的重要因素

本书沿用制度经济学的界定,认为制度是指规范主体行为的规则和约束,具体而言有正式制度和非正式制度。不论哪种形式,制度都是影响要素流动和集聚的一个重要因素。但在一定意义上,制度也是一种要素。空间之间制度差异会引起要素流动和促进要素集聚,但是特定制度在特定空间的存在和集聚也是一种要素集聚。制度可以保障市场运行的秩序,为市场主导的要素集聚提供保障。一切与市场运行有关的制度是约束市场行为的准则,也是市场机制有效发挥的安全保障。在实际经济生活中,所有与经济运行有关的正式和非正式的法律和道德准则都属于此范畴。制度具体如何影响要素集聚,可以从以下两个方面进行分析。

首先,正式的法律条文和政府行为对要素集聚的主动干预。制度是一种特别的要素,政府为了实现要素向特定空间的集聚,往往是通过预先的制度要素集聚来达到目的。这些政策都是吸引外来要素流入本地区的积极干预。但是另一方面,地方保护主义政策阻碍了区域间的要素流动,又制约了要素集聚。如区域间要素流动障碍,则会阻碍要素集聚。当区域间市场壁垒减少或消除时,相应特定区域市场需求也会发生变化,要素流动加剧,经济集聚和扩散行为也会增加。政策作为一种临时性制度,或者说是权宜性制度,短期内会促进要素的顺利集聚,但不能作为长期的制度性措施。改革开放以来,中国东部沿海地区经济率先发展,中央政府所赋予的优惠政策起到了重要作用。因为,在改革初期,中国在有资源但缺少利用资源的机制、有市场潜力但没有启动起来的情况下,只能通过"政策"在局部范围创造有利条件,通过发展出口加工工业实现"体外循环",推进技术、管理的扩散和国内市场的培育,实现从局部到整体的发展过程。从严格意义上讲,这些优惠政策不能反映市场的真实要求。这种权宜性制度安排有利于外商降低投资风险以获取商业利润,为境内外资源配置创造条件,并且能够通过制度适应性变迁,推动经济体制改革与制度接轨。正因为如此,经济特区与经济技术开发区等都是从政策优惠起步走向制度规范的。一方面,政策优惠的不确定性使境外投资者无法形成稳定预期与获取长期收益;另一方面,政策优惠的目标指向使之在产生激励效应的同时,也带来了抑制效应,由此导致内外资企业之间不公平竞争,降低市场效率。我们知道,在

"政策"推动发展的过程中,由于政策要素的倾斜性(即非均衡性)导致的地区发展不平衡越来越受到关注。这就是市场机制的公平性与政策偏向性的矛盾。

其次,非正式的制度会对要素集聚产生隐性干预。非正式制度,又称非正式约束、非正式规则,是指人们在长期社会交往过程中逐步形成,并得到社会认可的约定俗成、共同恪守的行为准则,包括价值信念、风俗习惯、文化传统、道德伦理、意识形态等。在非正式制度中,意识形态处于核心地位。因为它不仅可以蕴涵价值观念、伦理规范、道德观念和风俗习性,而且还可以在形式上构成某种正式制度安排的"先验"模式。非正式制度和正式制度一样对要素流动和集聚影响具有两面性。特定社会文化有利于要素集聚形成。当经济主体之间社会文化接近,有共同的价值观,彼此信任和理解,通常会降低市场的交易成本,形成非交易的相互依赖关系,从而使外部利益内部化,形成共同利益。这样一种社会氛围往往有利于要素集聚的形成,"第三意大利"和浙江县域产业集群的形成正是得益于当地独特的社会文化。相反的社会文化资本,则可能影响要素流动和贸易的产生,阻碍要素的集聚。

三、技术是推动要素集聚的关键因素

技术本身作为一种生产要素,同时也是要素集聚的手段,会改变要素集聚方式、规模与效率。众所周知,没有航海技术的改进,就没有新航线的开辟和探索,也就不会发现新大陆,国际贸易、世界市场就不会被那么快地建立起来,美国也很难迅速地崛起并发展,整个世界经济发展的进程就会被大大推迟或放缓。蒸汽机带来工业革命,互联网导致信息经济突飞猛进,大大强化了国际要素交流的规模和速度。无论是工业革命还是所谓的新经济,都是以技术进步为先导带动资源配置方式、规模和效率的变化与提高。同时,国家和地区要素集聚能力与效率,在很大程度上也取决于它所具有的技术创新能力,以及用什么样的技术手段去配置资源。需要强调的是,以互联网为代表的信息革命,带动了外包和离岸经营的迅猛发展,从而推动了要素境外集聚的规模和速度。

Frobel 认为,技术进步使距离和地理位置对于生产的重要性减少了;技术进步、企业组织的改进使得复杂的生产过程可以分解为基本的简单步骤,受教育很少的人也可以很快学会。技术推动了国际分工向更专业化的方向发展,形成了价值链分工,出现了"订单制造",即外包的兴起和发展。因此,20世纪后半期科技的迅猛发展,特别是以电子信息为代表的计算机、光纤通信、航空航天、信息软件的发明与运用,使生产制造具有了高度的分离性,国际分工走向了价值链分工趋势。

技术也被认为是一个国际化公司开辟海外市场的保障性条件。例如,以计算机为基础的虚拟通信技术的发展允许虚拟一体化,允许一个全球化公司在物理意

义上变得更为分散。如在母公司或位于世界上任何一个地方的子公司内办公的人都能快速及时地访问数据库和计算机生成的票据。目前，功能卓越的、相对低廉的国际化通信使大型保险业、银行业和软件公司成为"充数者供应处"，即把计算机有关的任务传送给全球范围内廉价而有技能的劳动力。

四、影响要素集聚的其他因素

如果前面讨论的是影响要素集聚的宏观因素的话，我们也应该考虑影响要素集聚的一些具体因素。影响要素集聚的因素在不同的历史时期是不一样的。例如，历史上商业繁荣的地区基本在沿海、沿江或河流的口岸，因为在科技水平较低的情况下，与外界交流最直接、最便捷的就是这些港口地区了。同样，受交通条件的限制，工厂也都建在原料基地。因此，在那个时期，地理位置就显得非常重要。随着科学技术和交通运输水平的发展，企业在要素集聚过程中，首先考虑的不再是地理位置，而是经营环境，包括自然环境、经营环境（包含安全因素）和盈利性原则等。

一般地，如果具备如下一项或数项条件，外部要素才可能被吸引：(1)自身有优势资源。例如，本地有石油，却无资本与技术，只要有开发意愿和合适的收益预期，投资和开发技术不求自来。改革开放以来，我国利用低的劳动力成本和土地成本优势集聚了大量外部资源。(2)自然环境宜人。某地风光宜人、环境优美，可能吸引大量高级要素如画家、作家、学者等追求休闲与灵感者。(3)有良好的人文环境或文化氛围。某地历史悠久、文化积淀深厚，高质量高校云集，自然就能吸引到大批求学者前来留学，人力资本积聚的同时货币资本随之而来。(4)税收成本低、基础设施健全等。对要素所有者而言，所有这些条件，归根到底就是尽可能低成本、高收益、安全性强。

第三节 要素流动、要素空间集聚及城市土地利用

一、要素流动与要素集聚及集聚效应

资本、技术、劳动力作为经济增长与发展的三大要素，其流动存在内在的联系机制。当然在区域经济发展的不同阶段，每种要素对于经济增长的贡献程度并不相同，其所占的地位也就不同，一般认为，在区域经济发展的初期阶段，由于国家经济总量及人均国民收入水平较低，难以形成储蓄—资本的有效机制，使得区域经济的发展特别是落后地区或落后国家的经济发展处在经济增长的初期阶段，区域经济发展的主要生产要素则依赖于其丰富的劳动力资源（包括技能与非技能劳动力

资源,其中主要是非技能劳动力资源),从而为本地区的经济发展提供资本原始积累,也即在该阶段,劳动力资源将是推动区域经济增长的主要源动力,依赖廉价劳动力而进行的生产并以相应的产品参与区域内外贸易也就成为落后地区经济发展的路径选择。劳动力的流动使得区域经济增长的要素进行重新配置,进而引导以利益最大化为目标的厂商为追求资源丰富及相对廉价的区域,最终形成劳动力流动—资本流动的劳动力与资本要素之间的作用机制。

随着劳动力集聚及生产的外部性、递增收益与集聚经济等概念的引入,我们可以重新思考劳动力流动与资本流动之间的内在关联。但是,同新古典经济学的观点一致的是,劳动力的流动追求的是区域间收入水平的差异,随着劳动力从低工资的区域流向高工资的区域,劳动力供给增加,如果没有资本的同向流入,那么,必然出现资本—劳动力生产要素比率及资本边际收益下降的局面,那么,劳动力流动的确会降低区域的收入水平差异。但如果随着劳动力供给的增加,正如马歇尔在探讨规模经济与外部经济所讨论的那样,同时使企业能够消除劳动力市场中出现短缺的可能性,并形成了特定技能的劳动力市场,使得企业能够及时获得劳动力的供给,并形成稳定的劳动力流入渠道及外部的劳动力市场压力,使得就业的劳动力具有提高效率的动机,并减少了偷懒的可能,也即为递增收益与集聚经济的产生提供了可能。并且,如果考虑存在因生产规模扩大而产生的递增收益因素,例如,随着劳动力的增加而导致的分工等原因使得生产效率提高,这时,资本的边际收益并不因劳动力的增加而降低,甚至还可能出现快于劳动力增加的速度状况。因此,只要劳动力增加能够产生递增收益,劳动力的流动与资本的流动就可能出现同向的状况。

此外,生产的外部性或与需求效应相对应的地理接近性以及产业集聚状况所导致的需求稳定性,同样也是劳动力与资本同向流动的一个重要原因。由于企业上下游之间的配套协作关系及对应的中间需求与市场接近性和相对的稳定性使得上下游企业之间容易形成相对稳定的长期合作关系,而这种最小化外部市场风险的目标追求使得企业即使是在劳动力增加而使其边际生产率及资本边际收益率出现递减的状况时也可能不会转移资本,相反还可能增加资本,形成资本—劳动力的生产要素配置比例,避免因劳动力流动及相应劳动力增加所可能产生的资本边际收益递减的状况,这同样形成资本与劳动力的同向流动效应。因为,如果企业因边际生产率与资本边际收益递减而将企业进行区位转移或实施资本与劳动力的逆向转移,那么,在另外一个区域设置企业或进行投资必然使企业不仅增加了上下游之间产品配套的运输成本,同时增加了进行联络的信息成本,也即增加了交易成本。同时,也使该企业孤立于其他企业之外。距离上的相对排斥性,可能会减少企业之间的相互交流、合作及围绕产品创新而需要的近距离氛围,从而导致企业之间无形的隔阂,而这对于资本的边际收益来讲同样是不利的。

劳动力的流动也是需求的流动,劳动力不仅是劳动者,同时也是消费者,劳动力的流动和集聚则为企业提供了产品需求市场。正如上文所论证过的那样,劳动力的流动乃至集聚不仅增加了本地的消费需求总量,而且也增加了消费产品的品种数量,这是劳动力生产要素投入增加的必然结果,劳动力增加及其需求总量和品种数量的增加必然要求资本供给的增加,以满足本地市场的需求,这也是导致劳动力与资本同向流动的一个重要原因。因此,劳动力流动与产业集聚所形成生产的外部性、劳动力总量增加所形成的市场需求效应与企业追求上下游合作对象之间的稳定关系以减少市场不稳定所形成的风险,则是劳动力与资本要素同向流动也即要素集聚的理论基础。

因劳动力流动引起的人力资本区域转移,同样会产生人力资本转移的外部效应,这主要是指劳动力流动所产生的技术、知识外溢效用。不论是因直接投资引起的劳动力及人力资本输出,还是由于收入差距原因而导致的技术人员的自愿流动,都可能涉及由于劳动力的流动而产生技术或知识外溢效应的状况。这主要是因为技术及知识是依附于劳动力身上的一种无形资本,它的可积累性和可投资性也体现在其载体——人力资源的配置上。如果不允许劳动力的自由流动及没有能为流入地区利用的现实途径,那么,体现在劳动力身体之上的人力资本以及技术信息和知识也就无法实现外溢效应。其实,关于技术的外溢效应在新增长理论中早就有所涉及,并强调了外溢效应所引发的外部性及区域经济增长差距的扩大。理查德·卡文斯(Richard Caves,1974)首先指出了此问题,并对此进行了研究,而瓦尔兹(Walz,1997)的研究则表明,通过劳动力流动而产生的知识及技术信息在区域间的转移,是发展中国家或落后地区形成产业集聚、生产率增加等促进经济增长与发展的一个关键。由于劳动力的流动而产生的技术知识跨区域转移,进而产生技术的外部效应,从而促进了劳动力流入地区的经济增长,能够在多大程度上促进劳动力流入地区经济的发展,则要考虑产生知识技术外溢效应的许多因素及其影响强度,因为有不同因素共同影响到劳动力流动所产生的知识技术外溢性,如流入地区的技术接受能力、企业员工素质等。

其实,由于技术知识的地方性特征,使得通过劳动力的流动而产生的技术知识溢出效应成为经济发展落后地区获得先进技术与知识的一条重要途径。科勒(Wolfgang Keller,2000)从R&D的支出对周边国家产生的影响角度分析了技术扩散的距离特征,其研究发现,技术知识是地方化而非全球性的,来自国外的技术溢出效应随着距离的增加而减少。以美国为例,与其距离每增加10%,相应国家的生产率平均降低0.14%,对距离的平均生产率弹性大约为-1%~-2.4%[①],从而导致了以技术创新为特征的高科技行业生产及创新活动的地方化或集聚特征。因此,可以通过劳动力的流动代替技术的流动,进而实现技术的区域扩散和技术收敛。

随着对外直接投资的不断加强,劳动力流动状况与技术外溢效应也在不断增强,同时,劳动力市场中的劳务结构也逐渐从传统型劳动力向技术型劳动力转换。而区域之间技术竞争的加剧,使得跟随技术输出的劳动力流动也将不断扩大,这不仅提供了本地区总体收入水平,同时也增强了本地区的需求效果,从而使产业链条在区域内延伸,进而为本地区的经济发展与产业集聚提供了机遇。由于技术型劳动力流入地区主要是发展较为迅速的地区或者说发达地区,这些地区通过技术型劳动力的流入,不仅能够解决发达地区经济及产业结构调整而出现的劳动力供给不足问题,而且还省却了技术型劳动力所需的投资,使得技术型劳动力流入地区能够享受到技术型劳动力自身所产生的经济效应,同时还能够享受到其所产生的外部经济效应。

直接投资所引发的技术外溢效应主要表现为以下几种情况:一是外部企业进入对本区域企业所形成的内在压力,这会对本区域的企业产生技术提高与充分发挥企业现有生产效率的动机,从而促进其进行技术投资与技术创新,而劳动力特别是技术型劳动力与管理型劳动力的流动将是其必要条件;二是外部企业的进入及其本地化的发展战略,必然促使这些企业增加对本地劳动力的吸纳及进行培训与教育的投资,使得本地区的劳动力能够获得并掌握其先进技术与管理经验,同时,本土化的企业发展战略也促使企业必须与上下游配套企业进行技术方面的合作与交流,甚至需要上下游配套企业能够参与到该企业的技术开发中去,形成技术合作的平台,而这同样需要劳动力的流动来实现;三是由于知识的非垄断性或非专有性及非排他性特征,使得技术型劳动力的流动成为生产技术外溢效应的一条重要路径,即使是专利技术也有时间限制,并且通过技术型劳动力面对面的接触而进行的信息交流,使得劳动力流动所产生的技术外溢情况更加明显,这自然会促进区域的技术扩散和经济增长。

二、要素高密度集聚、城市空间扩张与土地利用政策

从理论上说,如果有一个良好运作的统一的全国土地市场,亨利·乔治定理就能保障城市内外的土地利用都是有效率的。所有与土地利用相关的成本都能被城市治理者识别并且准确定价,所有的土地使用者都会为此付费,因此,这些成本都会内化

---

① 参阅 Wolfgang Keller, Geographic Localization of International Technology Diffusion, NBER Working Paper, 2000。

在土地使用者的微观决策之中,完全理性的土地使用者基于成本分析使自己的效用最大化或利润最大化,"看不见的手"会自然而然地产生最有效率的市场均衡结果。但在现实中,这种良好运作的城市土地市场制度往往也是稀缺的,这导致了额外的城市集聚中的土地成本。政府在城市土地市场中的介入是为了校正市场失灵、解决外部性或福利重新分配(Dowall 和 Clark,1991),但是政府干预的失误往往会适得其反。对于任何一个市场,运作良好的先决条件都是清晰的产权。但是在转型国家中,土地产权的界定是极其困难的,再考虑到普遍存在的各种利益集团为获得土地开发权的寻租,经济因素和政治因素共同决定了在实践中,各种形式的地租(或是为使用土地所支付的各种费用)并没有反映真实的成本。由此产生了双重后果:城市土地利用的无效率和城市住房市场的扭曲。在城市的核心区域,高密度区域和没有充分利用土地的区域同时并存,这同时也影响到了城市发展或住房建设的土地供给。

2000—2020 年间中国 GDP 年均复合增长率约 9%,城市化率从 36% 升至 64%,超过 3 亿农村人口进入城市,年均新增城镇人口超 2 000 万,这为城市土地扩张提供强大的内生动力。与此同时,土地出让金占地方财政收入比例长期超 40%(部分城市超 60%),形成"地价—房价"联动机制。地方政府通过控制供地节奏、设置竞拍规则间接推高成本。一线城市住宅用地供应不足(如北京、上海年均供地仅完成计划的 60%~70%),而商业地产、工业用地挤占住宅空间,加剧住房短缺预期。加之金融刺激,中国 M2/GDP 比值从 2000 年的 135% 升至 2020 年的 215%,流动性过剩推动资产价格普涨。房地产作为传统避险资产,吸纳大量社会资金。

考虑到住房消费在消费者(也是劳动力)区位选择中的重要作用,这种由于市场扭曲所造成的房价上涨过快显然会影响人口或经济活动在城市中的集聚程度和集聚收益。为了获取城市集聚收益,而减少集聚成本的一种途径就是城市地理边界的向外扩张,由此产生了另一种形式的成本——蔓延成本。

随着城市人口的增加、收入的增加和下降的运输成本,城市的边界会自然而然地向外扩张。纯粹由这些原因引起的城市向外扩张并不会引起我们的担忧。然而,如果是由于上文所分析过的城市内部的市场失灵导致了城市的向外扩张,那么这种扩张本身就是一种无效率的行为。此外,也可能存在三种市场失灵因素会扭曲城市的向外扩张过程:一是对开辟新的空间的收益计算不当;二是计算拥挤的社会成本不当而过度通勤;三是计算由此产生的基础设施投资不当(Brueckner,2000)。

私人汽车保有量的持续增长(全球年均增速 3.1%)与交通基建扩张(中国高速公路里程增长 4.5 倍),进一步推动城市空间低密度、跳跃式扩张。尽管学界对"城市蔓延"的定义仍存在争议,但其核心特征——低密度的城市边缘无序扩展、自然空间碎片化、社会成本外部化——已在全球形成共识(Ewing 等,2020)。在

2000—2020年间,美国凤凰城中心城区人口增长9%,但建成区面积扩张42%,人均道路面积增加35%(Arizona State University研究);在2000—2018年间,中国杭州建成区面积扩张210%,而常住人口仅增长83%,土地城镇化速度是人口城镇化速度的2.5倍(Li等,2021)。

就本节所关注的城市集聚的土地成本而言,Johnson(2001)从土地利用形态归纳的城市蔓延特征是有借鉴意义的:低密度的土地开发;单一的土地使用功能彼此分离;蛙跳式(leapfrog)或零散地扩展形态;带状商业开发(strip retail development);依赖小汽车交通的土地开发;以牺牲城市中心的发展进行城市边缘地区的开发;就业岗位的分散化;农业土地和开敞空间(open space)的消失;零散破碎的行政管理。对城市蔓延的研究表明,它既有正面效应,也有负面效应。正面效应(Glaseser和Kahn,2004)包括:由于城市空间扩大,房价更便宜,消费者的居住面积更大了,这意味着其效用的提升;此外,小汽车交通是能够根据时间调整的交通方式,这意味着其灵活性和自由度的增加。负面效应包括(Bruchell等,1998,转引自马强,2007):增加公共投入和私人成本;更高的汽车使用率、行程距离以及燃料消耗;与人口增长不成比例的农田和环境敏感区的土地消耗;环境污染;人口与就业岗位在空间分布上的不平衡导致内城(城市中心)持续衰落。

美国人均耕地面积是中国的10倍,20世纪90年代以来开始逐渐反省城市蔓延所带来的负面影响。而人多地少的中国却是在同一时期开始了城市人口和用地的快速扩张。Wang和Otsubo(2002)的相关研究表明,中国27个大城市的面积在1986—1996年10年间年平均增长了4.2%,沿海城市的增长速度还要高一些,达到了4.9%。根据自然资源部《全国国土变更调查报告》(2000—2020),中国城市建成区面积年均扩张率达6.7%,是1990—2000年5.2%的1.3倍。建设用地总量增长142%,而同期城镇人口仅增长84%,土地城镇化速度是人口城镇化速度的1.7倍(Li等,2021)。

中国城市空间的快速扩张并不是单一现象。2000年以后,城市化进程中两个重要的表征——城市中人口的增长和机动化水平的提高——在中国出现了"井喷式"的发展特征。中国城市在从低水平的城市化和半机动化向高水平的城市化和机动化跃升的过程中出现了粗放式的土地资源和能源利用方式。我们认为,即使是美国这样人均资源占有量丰富和科技水平先进的国家都难以负担这样的城市集聚成本,中国更应该正视粗放式的土地资源和能源利用方式所带来的巨大成本。

城市人口快速扩张,房地产投资急速增长,房地产开发投资占GDP比重从2000年的5%上升至2020年的14%,挤压了其他产业发展的资源。2000—2020年,全国耕地减少1.14亿亩,其中42%被转化为建设用地。珠三角湿地消失率从

1990—2000 年的 9% 激增至 2000—2020 年的 17%。在社会运营方面,也存在大量隐性成本。比如,北京五环外常住人口占比从 2000 年的 23% 升至 2020 年的 41%,但教育/医疗资源覆盖率不足核心区 30%。中国用 40 年时间完成了欧美 200 年的城镇化进程,但代价是压缩了代际生态承载力。2000 年后城市扩张的"高速度—低效度"特征,已使人均建设用地逼近 150m²(超过发达国家平均水平),警示未来需从"规模扩张"转向"存量提质"。

蔓延的另一个代价是耗费了更多的公共财政支出。机动化的快速增长势必要求更多的道路和桥梁建设,从而导致了公共财政的投资偏移。城市蔓延与机动化共振催生的"基建依赖症",使公共财政陷入"投资—拥堵—再投资"的恶性循环。尽管道路基建投入持续加码,却未能缓解通勤困境,反而加剧财政负担与城市运行低效。据统计,2010—2020 年,中国城市道路与桥梁建设投资年均增长 12.7%,占市政基建总投入的 48%~53%,而公共交通(含地铁/BRT)投资占比仅从 7% 提升至 15%。2020 年汽车保有量达 2.8 亿辆,较 2000 年增长 13 倍,带动道路养护成本年均递增 18%,远超同期 GDP 增速。另一方面,北京、深圳、上海、广州、杭州等城市的道路堵塞却愈加严重。超大城市通勤距离延长 40%,年均交通拥堵损失超万亿。

中国城市扩张正经历着空间结构与社会治理的双重裂变。一方面,开发区、大学城等"飞地"加速吞噬城郊土地;另一方面,"开发商办社会"模式重构了基层治理逻辑,其代价远超单一的土地资源浪费。国家级开发区从 2007 年的 54 家增至 2020 年的 230 家,平均每个开发区规划面积从 15km² 扩张至 42km²(自然资源部,2020)。城市蔓延已从物理空间扩张演变为治理体系危机。数据显示,每新增 1km² 开发区,需配套投入市政资金约 12 亿元,而实际产出效率不足理论值 55%(同济大学新城发展研究中心,2021)。72% 的新建社区采用"物业+社区"混合管理模式(民政部基层政权建设报告),导致公共服务供给碎片化,产生了大量物业纠纷及教育资源争议。

面对上述城市集聚特别是城市蔓延所产生的诸多与土地相关的成本,西方学者在 20 世纪 90 年代提出了一种新的城市发展理念——精明增长(smart growth)。关于理性增长的目的,纳尔逊(2007)提出既要使土地利用负面效应最小,也要使正面效应最大。因此,提出了理性增长的五个目的:第一,如果不能改进,则要保护公共财物,如空气、水和有重要意义的景观;第二,如果不能阻止,则要使土地利用的不良影响最小,例如,在规划的社区新开发的地方建垃圾场对社区有不良影响;第三,使土地利用的正面影响最大,如邻里学校对居民区开发的影响;第四,使公共财政负担最小,理性增长应该是以每单位最小的开发成本来提供公共设施和服务;第五,促进社会平等,理性增长应该在小范围内使工作—住房比例达到平衡,提供工作、购物、服务和休闲的平等机会。加拿大维多利亚交通政策学会(Victoria Transport Policy Institute)则将这种理念具体化为一种政策,认为"理性增长"是一项将交通和土地利用综合考虑的政策,例如,鼓励在现有城市范围内进行土地再利用,而反对小汽车交通导向的城市边缘地区的土地开发。理性增长能够提高土地的交通可达性,使交通出行选择方式更加多样化,有利于创造更具"适居性"的社区,减少公共支出。总之,理性增长是一项与城市蔓延针锋相对的城市增长政策(Victoria Transport Policy Institute,2003,转引自马强,2007)。

近年来,随着全球变暖的加剧和数字技术的高速迭代,当代精明增长理论已突破传统"控蔓延—促集约"的初级框架,演变为融合气候韧性、数字治理与空间正义的新的城市空间理论。从以往的"保护公共财物"扩展为"构建生态服务系统",比如美国波特兰市通过多中心绿道网络,将洪水调节能力提升至2007年前的3倍;温哥华TOD社区碳减排量达42%,远超传统郊区开发模式。另外就是数字经济赋能:首尔数字包容性规划使低收入群体享受公共服务效率提升58%;杭州城市大脑通过交通—用地耦合模型,优化土地混合利用度,使高峰拥堵指数下降18%。雄安新区是典型的新一代精明增长的案例,蓝绿空间占比超50%,通过海绵城市建设实现年径流总量控制率95%,BIM+GIS全周期管理,使基础设施投资效率较传统模式提升30%。

精明增长3.0正在重塑城市发展的底层逻辑,其核心已从"控制蔓延"转向"创造价值"。数据显示,采用精明增长策略的城市,单位GDP建设用地消耗量平均下降43%,居民生活满意度提升28%(世界银行城市效率数据库)。未来城市竞争的本质,将是精明增长算法与空间治理体系的深度较量。

第四节 中国要素集聚与城市土地利用效率的实证分析

一、基本模型

本书参考Ciccone(1996)给出的基于经济密度的函数,来分析要素集聚与单位土地产出水平之间的内在关系。假定每个地区内部的非农产业的投入要素在非农用地空间是均匀分布的,我们用$q(l_{it}, Q_{it}, A_{it})$表示$t$时期$i$地区单位面积内使用了数量为$l$的投入要素的非农产业产出。其中,$Q_{it}$与$A_{it}$分别为$t$时期$i$地区的非农产业总产出和非农用地总面积,$Q_{it}/A_{it}$则被用来反映该地区的经济集聚水平及其对产出的外部性。假设产出对产出密度和要素投入的弹性系数分别为$(\lambda-1)/\lambda$和α,其中$\lambda>1, \alpha\in(0,1)$。由此,定义如下单位空间产出函数:

$$q(l_{it}, Q_{it}, A_{it}) = l^{\alpha} \left(\frac{Q_{it}}{A_{it}}\right)^{(\lambda-1)/\lambda} \quad (4-1)$$

根据 Cobb-Douglas 生产函数，式（4—1）可以改写为：

$$q_{it} = \Omega_i \left[\left(\frac{N_{it} H_{it}}{A_{it}}\right)^{\beta} \left(\frac{K_{it}}{A_{it}}\right)^{1-\beta}\right]^{\alpha} \left(\frac{Q_{it}}{A_{it}}\right)^{(\lambda-1)/\lambda} \quad (4-2)$$

式（4—2）中 Ω_{it} 是希克斯中性的技术变化系数；N_{it} 和 K_{it} 分别代表 t 时期 i 地区非农产业所雇用的劳动和资本数量，H_{it} 反映劳动力质量。由于假定地区非农用地上劳动和资本要素是均匀分布的，故 i 地区的总产出可以表示为：

$$Q_{it} = A_{it} \Omega_{it} \left[\left(\frac{N_{it} H_{it}}{A_{it}}\right)^{\beta} \left(\frac{K_{it}}{A_{it}}\right)^{1-\beta}\right]^{\alpha} \left(\frac{Q_{it}}{A_{it}}\right)^{(\lambda-1)/\lambda} \quad (4-3)$$

变换式（4—3），得到如下单位面积产出函数：

$$q_{it} = \Omega_{it}^{\lambda} \left[\left(\frac{N_{it} H_{it}}{A_{it}}\right)^{\beta} \left(\frac{K_{it}}{A_{it}}\right)^{1-\beta}\right]^{\alpha\lambda} \quad (4-4)$$

令 $n_{it} = \frac{N_{it}}{A_{it}}$，$k_{it} = \frac{K_{it}}{A_{it}}$，代入式（4—4）可得：

$$q_{it} = \Omega_{it}^{\lambda} \left[(n_{it} H_{it})^{\beta} (k_{it})^{1-\beta}\right]^{\gamma} \quad (4-5)$$

式（4—5）给出了基于要素密度的单位非农用地产出，n_{it} 和 k_{it} 分别表示非农劳动密度和资本密度，γ 反映要素集聚对经济发展的外部性。若模型中 γ 值大于 1，单位面积产出是规模报酬递增的，则表明集聚对单位面积产出有外部正效应；反之，则表明拥挤使得单位面积产出出现了规模报酬递减，集聚带来的负外部性显现。

二、数据说明

计量分析的数据是基于中国 30 个省份 1985—2007 年总计 690 个观测值。数据来源于《中国统计年鉴》和《全国人口普查数据》相关各期。计量模型中的变量定义如表 4—1 所示。

表 4—1　　　　　　　　　　　变量定义

变量	定义
y	单位面积非农用地产出：非农总产出/非农用地
L-density	劳动密度：非农就业人数/非农用地
C-density	资本密度：资本存量/非农用地
Education	劳动者受教育水平：大专文化程度以上人口占初中文化程度以上人口的比例

非农总产出是第二、第三产业的增加值之和，并根据相应指数平减为 1985 年不变价。资本投入采用地区资本存量指标，根据永续盘存法计算。初始资本存量、2000 年以前的价格指数和资本形成指数来自张军、吴桂英和张吉鹏（2004）的结

果,但对部分地区数据进行了调整。2001年以后的数据,参照张军等(2004)的计算方法,用历年固定资产形成总额和固定资产价格指数补齐。非农产业就业人数采用地区第二、第三产业年末从业人员指标。

虽然从业人员数据提供了劳动力的增长,但却不包含任何有关劳动者质量的信息,即劳动质量随时间、地区变化的信息。对此,本书选择目前相对普遍的做法,用教育获得作为衡量地区劳动质量的指标。我们用各地区具有大专以上文化程度的社会人口占初中文化程度以上人口的比例作为从业人员教育获得的替代指标。《中国统计年鉴》和《中国人口统计年鉴》提供了1996—1999年和2002—2007年的抽样数据,第三、第四和第五次人口普查提供了1982年、1990年和2000年的数据。而1985—1989年和1991—1995年采用线性插值法补齐。

单位面积非农用地产出、劳动密度和资本密度的计算,都依赖于非农用地面积指标,所以土地指标的选取对提高估计精确度至关重要。实际中有建成区和城市建设用地两个替代指标,而建成区与城市建设用地相比更能反映非农经济活动的实际土地利用情况。因城市建设用地统计指标缺失,本书选择1985—2007年的各省建成区面积指标作为非农用地替代指标。另外,我们用面板模型估计中国的单位面积产出函数,地区间的差异会进一步减小其造成的估计误差。地区单位面积产出是当年的第二、第三产业增加值除以当年的非农用地面积,单位是万元/每平方公里·年;劳动密度和资本密度分别是当年的非农产业从业人员数和资本存量分别除以当年的非农用地面积。

我国地区间的社会经济地理环境差别巨大,这也具体表现为土地利用效率和要素集聚水平悬殊地区差异。就2006年产出密度而言,在30个地区中,均值为2 630.69万元/每平方公里·年,标准差为710.32,最大为上海,达到16 520.35万元/每平方公里·年,最小为新疆和青海,分别仅为540.99万元/每平方公里·年和563.6万元/每平方公里·年;就劳动密度而言,其均值为789.03万人·年/平方公里,标准差为575.68,最大也为上海,达2 836.92万人·年/平方公里,最小为西藏,达142.44万人·年/平方公里。具体见表4—2。

表4—2　　　　　　　　　2006年主要变量的统计描述

	观察数	均值	标准差	变异系数	最小值	最大值
产出密度	30	2 630.69	3 067.57	1.17	540.99	16 520.35
劳动密度	30	789.03	575.68	0.73	142.44	2 836.23
资本密度	30	5 277.02	8 009.53	1.52	667.16	34 216.92

注:产出密度和资本密度的单位均为万元/每平方公里·年,劳动密度的单位为万人·年/平方公里。

劳动密度和资本密度的差异，是直接造成地区产出密度差异的重要原因。从各指标的差异程度看，产出密度和资本密度的变异系数较大，分别为1.17和1.52，劳动密度变异系数为0.73。综合而言，中国地区间的资本密度差异要显著高于劳动密度差异，这也间接反映出中国地区间产业结构和发展阶段的巨大差异。

三、静态分析与结论

式(4—5)给出了一个可计量的单位面积产出函数，将其对数线性化，可得如下静态面板计量模型：

$$y_{i,t}=\eta_i+\theta L_{i,t}+\phi C_{i,t}+\delta E_{i,t}+\varepsilon_{i,t} \tag{4—6}$$

式(4—6)中的 η_i 为共同截距项，用以反映地区效应，其中，ε_{it} 为其余未观察因素。$L_{i,t}$ 表示地区非农产业劳动密度；$C_{i,t}$ 表示地区单位面积内所使用的资本要素；$E_{i,t}$ 反映劳动质量信息，用劳动者受教育情况来代替。静态估计结果如表4—3所示。

表4—3　　　　　　中国单位面积非农产出生产函数的估计结果

		不含分阶段虚拟变量		包含虚拟变量	
		Ⅰ(FE)	Ⅱ(RE)	Ⅰ(FE)	Ⅱ(RE)
就业密度弹性 θ		0.384 8***	0.388 5***	0.385 1***	0.393 0***
资本密度弹性 ϕ		0.762 9***	0.759 0***	0.749 5***	0.738 6***
Dummy 1998				0.445 3*	0.440 5***
Dummy 1998×$\ln l_{it}$				−0.114 7***	−0.113 6***
Dummy 1998×$\ln k_{it}$				0.039***	0.039 9***
常数项 cons		−1.09***	−1.08***	−1.076 6***	−1.053 5***
obs		660	660		
R^2	within	0.976 9	0.976 8	0.979 1	0.979 1
	between	0.806 1	0.806 8	0.798 3	0.800 4
	overall	0.878 4	0.878 8	0.878 3	0.879 7
Hausman	Chi2		14.94		153.18
	Prob>Chi2		0.000 6		0.000 0

注：*** 表示在1%水平上显著，** 表示在5%水平上显著，* 表示在10%水平上显著。

表4—3中是对中国总体的单位面积产出函数的估计结果。它包含两组模型，一组加入了考虑1998年统计调整的分段虚拟变量，另一组是不含虚拟变量模型。我们分别对两组模型作了FE和RE两个估计。两组模型Hausman检验，均拒绝

了 RE 估计。

在不考虑阶段差异模型的 FE 估计结果中,有效就业密度和资本密度的弹性的估计值分别为 0.384 8 和 0.762 9,规模弹性 γ 的估计值为 1.147 7,表明总体上中国集聚经济效应表现为正的外部性。正如前文所述,结果只能说明集聚经济效应是否存在,而不能明确地指出中国单位面积产出的规模报酬递增的来源。但这并不妨碍我们对中国集聚经济引起的规模报酬递增作出理论解释。我们认为中国的集聚经济效应,既有地方化经济或城市化经济的作用,也有基于产业关联的厂商内部规模报酬递增。中国改革开放 30 年来,产业集聚程度不断提高,城市化水平不断提高,地区经济一体化程度不断提高,从原先的二元结构明显的农业大国,逐步向制造业大国转变。在这一转变过程中,由于原先的经济集聚水平较低,理论上中国经济中就业密度和资本密度的提升带来规模报酬递增是符合理论预期的。

不含虚拟变量模型的 FE 估计结果,也表明中国集聚经济具有正外部性。需要指出的是,1998 年以后集聚所引起规模报酬递增有所下降。1998 年之前,单位面积产出对就业密度和资本密度的弹性分别为 0.381 9 和 0.762 9,规模弹性约为 1.14;1998 年以后就业密度的产出弹性减少了 0.108 8,资本密度的产出弹性增加了 0.036 7,规模弹性 γ 的估计值约为 1.07,下降约 0.07。规模弹性的下降表明集聚经济效应存在递减。这可能是由于随着集聚程度的提高,拥挤带来的负外部性逐步显现,抵消了集聚所引致的节约和规模报酬递增。而在中国经济发展的实际中,拥挤造成的负效应也在逐步显现。目前,中国部分地区商务成本的上升,一定程度上正是由此引起的。而 1998 年以后就业密度规模弹性的下降,主要有就业统计数据调整和中国经济结构调整两方面的原因。但我们认为后者是主因。1998 年以后中国国有企业改革力度加大,FDI 规模的持续快速增加,资本投入增长较快。与 1998 年以前相比,资本密度与就业密度的相对比例进一步扩大了。

表 4—4 给出了中国分地区单位面积非农产出模型的估计结果。从表中我们可以发现,多数地区的规模弹性 γ 的估计值大于 1,集聚经济效应为正。但是东北地区的几个省份的估计值并不显著,且规模弹性估计值小于 1。

表 4—4　　　　　　　　中国要素密度的产出弹性的省际差异

地区分类	地区	就业密度 $\log n_{it}$	资本密度 $\log k_{it}$	规模弹性 γ	R^2
直辖市	北京	0.65*	0.46***	1.11	0.987 8
	天津①	0.42*	0.93***	1.11	0.995 9
	上海	0.59**	0.78***	1.36	0.995 6

① 此处是在加虚拟变量分段后的估计结果。

地区分类	地区	就业密度 $\log n_{it}$	资本密度 $\log k_{it}$	规模弹性 γ	R^2
东北	内蒙古	−0.19	1.00***	0.81	0.992 3
	辽宁	−0.32	1.01***	0.69	0.978 4
	吉林	−0.25*	1.09***	0.83	0.994 4
	黑龙江	0.12	1.1***	1.22	0.996 8
东部沿海	江苏	0.32***	0.72***	1.04	0.998 4
	浙江	0.33***	0.84***	1.17	0.999 1
	福建	0.63***	0.54***	1.17	0.996 6
	山东	0.57***	0.61***	1.18	0.995 2
	广东	0.42***	0.72***	1.14	0.997 5
中西部	河北	1.11**	0.35***	1.47	0.995 3
	山西	0.34***	0.72***	1.05	0.996 0
	江西	0.46***	0.36***	0.81	0.994 8
	河南	0.81***	0.49***	1.3	0.995 8
	湖北	0.75***	0.50***	1.25	0.996 6
	湖南	0.78***	0.50***	1.28	0.998 5
	广西	0.95***	0.24***	1.19	0.993 3
	海南	0.37*	0.83***	1.2	0.991 4
	四川	0.81***	0.53***	1.35	0.993 6
	贵州	0.50***	0.79***	1.29	0.991 0
	云南	0.71***	0.50***	1.21	0.992 2
	西藏①	0.52***	0.99***	1.5	0.998 4
	陕西	0.84**	0.53**	1.38	0.987 2
	甘肃	0.43***	0.81***	1.24	0.997 3
	青海	0.42***	0.79***	1.21	0.992 4
	宁夏	0.81***	0.46***	1.27	0.996 8
	新疆	0.24**	0.81***	1.05	0.998 6

注:(1)*** 表示在1%水平上显著,** 表示在5%水平上显著,* 表示在10%水平上显著。

(2)广东、福建、浙江、江苏四个东南沿海省份,加入了以1992年为节点的分阶段时间虚拟变量,反映1992年前后的环境和技术差异。

(3)2001年以后西藏受青藏铁路建设影响较大,加入了分阶段虚拟变量以及其与资本的交互项。

从规模弹性的地区差异来看,可以分为三类情况:一是有15个省份集聚效应显著高于全国水平,这些地区的规模弹性γ的估计值多在1.20以上,主要包括河北、河南、安徽、湖北、湖南、海南、四川、陕西等中西部省份;二是约有11个省市规模弹性估计值,介于1~1.20之间,主要包括北京、天津、陕西、山东、江苏、浙江、福

---

① 由于青藏铁路提高了非农用地面积数值,但当地实际的经济集聚程度并没有大的变化,所以此处是2002年前的估计结果。

建、广东等地区;三是有 4 个地区的规模弹性估计值小于 1,主要包括辽宁、吉林、内蒙古等地区。上述分析结果表明,中西部地区的集聚经济效应要强于东部沿海地区。这似乎与东部地区产出和要素集聚程度明显高于中西部不一致。对此矛盾,我们认为这是集聚效应随着要素密度的上升逐步递减在空间维度上的表现。中西部的一些省份原先农业在国民经济中占比较大,非农产业规模较小,要素集聚程度不高。而东部地区在改革初始工业基础相对雄厚,城市化水平较高,非农产业生产要素密度较高。与改革初始比较,中西部地区改革开放以来非农产业要素密度上升幅度及其带来的集聚效应,明显要大于东部沿海地区。而且理论上随着集聚水平的提高,拥挤所造成的负效应会逐步递增,抵消集聚的正外部性。初始水平的差异和集聚经济效应共同促成了中国地区间集聚经济差异。当然,中国地区间集聚经济所引致规模弹性差异,也再次印证了前述关于集聚效应随着要素密度的上升会逐步递减的推论。

从劳动密度和资本密度的弹性的地区差异来看,我们发现东部沿海地区的资本密度的弹性要高于中西部地区,相反中西部地区的劳动密度弹性估计值高于东部沿海。这种差异其实与地区发展阶段有关。东部沿海地区工业化和城市化水平均高于中西部,不少地区已经进入工业化后期,而且也是国内外资本要素相对集中的地区,资本和技术密集产业占比不断上升。相比之下,中西部地区正处于工业化中期和城市化加速阶段,劳动密集型产业的占比要高于东部沿海。需要指出的是,三个直辖市就业密度的弹性也相对较高,这与近年来大力发展服务业的经济政策有关。

有例外要说明的是,东北地区改革前作为中国老工业基地,工业化和城市化水平较高,且当地企业以国有重工业企业为主。改革开放以来,在经济发展相对缓慢和国企体制改革双重作用下,当地形成大量失业下岗人员,总的劳动就业密度不升反降。因此,这些地区劳动密度的弹性的估计值并不显著,而且总的规模弹性也小于 1。

四、动态分析与结论

由于静态模型只考虑当期的劳动密度和要素密度等因素的影响,并没有考虑到那些促使土地产出效率增长的长期性因素。要素密度提高,所带来的土地产出率提高,有一定程度是由这些长期因素的作用产生的。而依照集聚经济相关理论,要素密度提高不仅仅提高了单位面积土地投入,更重要的是要素集聚带来的集聚经济效应。在一定阶段内,随着要素密度的提高,集聚经济将有持续性。处理这种持续性的计量方法是在方程中增加滞后项。我们得到以下动态模型:

$$y_{i,t} = \eta_i + \bar{\omega} y_{i,t-1} + \theta_1 L_{i,t} + \theta_2 L_{i,t-1} + \phi_1 C_{i,t} + \phi_2 C_{i,t-1} + \delta E_{i,t} + \varepsilon_{i,t} \quad (4-7)$$

我们之所以选择如上的模型形式,一是因为目前能为集聚经济动态分析提供指导的理论较少;二是因为 AD(1,1)模型反映了最普遍的动态过程。根据式(4—7)的回归结果可判断空气质量是否存在路径依赖现象:如果 $\bar{\omega} > 0$,则存在路径依赖现象,而且根据回归结果我们可以计算出调整到均衡状态的时间为 $1/\bar{\omega}$。需要指出的是,我们不仅要研究集聚过程中的短期动态,还要分析要素集聚与土地产出效率增长的长期均衡关系。在式(4—7)中,这种均衡关系由以下方法界定:

$$\theta_{LR} = \theta_1 + \theta_2/(1-\bar{\omega}) \text{ 和 } \phi_{LR} = \phi_1 + \phi_2/(1-\bar{\omega})^{①} \quad (4-8)$$

而在式(4—7)估计中,我们需着重控制滞后的单位面积产出的内生性问题。固定效应估计和随机效应估计在此时得出的结果都是有偏的,因为滞后解释变量($y_{i,t-1} - y_{i,t-2}$)会与其他解释变量相关,这需要我们用工具变量来进行处理。在估计类似式(4—8)的方程时,比较普遍的做法是采用 Arellano 和 Bond(1991)提出的广义矩估计方法(GMM),即 DIF-GMM 估计(first-differenced GMM)。基于一阶差分变量的 DIF-GMM 估计,通过选择用一组滞后解释变量作为可能内生变量的工具变量。但 DIF-GMM 在小样本估计中的表现平平,估计量较易受弱工具变量的影响而产生有限样本偏误(finite-sample bias)。而 Arellano 和 Bover(1995)进一步提出了另一种相关的动态面板估计技术,即 SYS-GMM 估计量(system GMM)。SYS-GMM 估计量结合了差分方程和水平方程,此外还增加了一组滞后的差分变量作为水平方程相应变量的工具。Blundell 和 Bond(1998)证明 SYS-GMM 在小样本估计中比 DIF-GMM 有更好的表现。本书将用如上方法对方程进行估计,并汇报估计结果。另外,考虑到估计量的渐近性和样本偏误,只报告基于两步 GMM 估计量的估计结果。

(一)动态面板估计结果:总体效应

具体见表 4—5。表 4—5 给出了全国的土地产出效率动态面板回归结果。我们首先在列(1)和列(2)中报告了混合最小二乘法和简单的固定效应模型的估计结果,然后在列(3)中我们列示了 DIF-GMM 的回归结果。但 DIF-GMM 估计结果未能通过基于混合最小二乘法和固定效应模型估计的"边界检验",而在列(4)中的 SYS-GMM 的估计结果要优于 DIF-GMM 估计。回归结果表明,我国城市用地经济效益确实存在路径依赖现象,上一期的城市用地经济效益对当期土地经济效益存在正的影响。另外,已知 $1/\bar{\omega}$ 表示回到均衡状态的时间,可以发现这种持续性并不是很明显(1/0.963=1.04),即上一期土地产出效益增长只能对未来一年内的经

---

① 参考 Marius Brülhart 和 Nicole A. Mathys(2008)的做法与解释。

济集聚水平和产出效益产生影响。

表4—5　　　　　　　中国非农用地单位面积产出的动态模型估计结果

被解释变量:土地产出效率	(1) OLS	(2) FE	(3) DIF-GMM	(4) SYS-GMM
土地产出效率初值/y_1	0.989*** (0.006)	0.909*** (0.016)	0.865*** (0.053)	0.963*** (0.131)
劳动密度/L	0.111*** (0.017)	0.090*** (0.018)	0.089*** (0.022)	0.101 (0.081)
劳动密度/L_1	−0.105*** (0.018)	−0.089*** (0.018)	−0.076*** (0.023)	−0.099 (0.078)
资本密度/C	0.775*** (0.024)	0.806*** (0.025)	0.798*** (0.032)	0.794*** (0.094)
资本密度/C_1	−0.783*** (0.025)	−0.757*** (0.027)	−0.746*** (0.033)	−0.780*** (0.125)
受教育水平/E	−0.002 (0.006)	0.013* (0.009)	0.041* (0.021)	0.002 (0.049)
Cons	0.001 (0.007)	0.007 (0.012)		−0.004 (0.066)
Obs	690	690	690	690
R-squared	0.992 3	0.986		
Hansen test(p-value)			0.001	0.923
AR2 test(p-value)			0.194	0.188
LR 劳动密度　$(\theta_1+\theta_2)/(1-\bar{\omega})$	0.565	0.016	0.097	0.036
LR 劳动密度　$\theta_1+\theta_2$	0.006	0.001	0.013	0.001
LR 资本密度　$(\phi_1+\phi_2)/(1-\bar{\omega})$	−0.656	0.534	0.385	0.376
LR 资本密度　$\phi_1+\phi_2$	−0.007	0.048	0.052	0.014

注:(1)*** 表示在1%水平上显著,** 表示在5%水平上显著,* 表示在10%水平上显著;
(2)固定效应模型中所报告的拟合优度为总体拟合优度;
(3)括号中为参数标准差。

估计结果还表明,不论是劳动密度还是资本密度,都对土地产出效率在长期内有一个持续性的正效应。劳动密度和资本密度的弹性估计值分别为0.036和0.376。两者权衡比较,可以发现资本密度增加对提高土地产出效益具有更好的效用。理论上,在现代化生产中资本贡献本身就大于劳动,而且资本的价值体现在整个折旧期内,折旧期越长其作用周期也越长,所以长期内提高资本密度要比提高劳动密度带来更好的土地产出效益,这也符合资本技术的替代率随生产发展不断提高的生产规律。近年来,我国城市劳动密度要远低于资本密度的增长速度,长期内有利于土地产出效益的进一步增长。另外,表中受教育水平的估计参数尽管为正(受教育水平越高,非农用地效益越好),但并不是很显著。我们尝试用平均受教育年限等其他指标做替代,也得到了类似的结果。我们认为这与我国所处的发展阶段有关,作为后发国家加大投入的数量性增长方式见效快,所以我国非农产业扩张主要依赖于要素投入的增加集聚,相反,劳动质量提高在全国经济发展中所起的作用并不是非常明显。而且我国地区间的高素质劳动力也存在明显的区域集中趋势,部分地区劳动素质改善并不明显,这也使得受教育水平对非农用地生产率的影响并不显著。

(二)动态面板估计结果:地区效应

具体见表4—6。

表4—6　　　　　中国分地区单位面积产出的动态面板估计[①]

被解释变量:土地产出效率	东部	中部	西部
	DIF-GMM	SYS-GMM	SYS-GMM
土地产出效率初值/y_1	0.806*** (0.064)	1.032*** (0.016)	0.976*** (0.014)
劳动密度/L	0.182*** (0.056)	0.443*** (0.038)	0.062*** (0.017)
劳动密度/L_1	−0.170** (0.060)	−0.460*** (0.032)	−0.037* (0.025)
资本密度/C	0.752*** (0.057)	0.517*** (0.075)	0.801*** (0.067)
资本密度/C_1	−0.597*** (0.061)	−0.528*** (0.080)	−0.795*** (0.070)
受教育水平/E	0.014 (0.023)	−0.002 (0.019)	0.007 (0.021)
Cons		0.013 (0.022)	0.009 (0.022)
Obs	253	184	253
Hansen test(p-value)	0.9	0.054	0.63

---

① 东部包括北京、上海、天津、辽宁、河北、山东、江苏、浙江、福建、广东、海南;中部包括黑龙江、吉林、山西、河南、湖北、湖南、安徽、江西;西部包括四川(含重庆)、陕西等其他省市。

续表

被解释变量：土地产出效率		东部	中部	西部
		DIF-GMM	SYS-GMM	SYS-GMM
AR2 test(p-value)		0.23	0.400	0.33
LR 劳动密度	$(\theta_1+\theta_2)/(1-\bar{\omega})$	0.499	0.542	0.027
	$\theta_1+\theta_2$	0.012	−0.017	0.025
LR 资本密度	$(\phi_1+\phi_2)/(1-\bar{\omega})$	0.799	0.332	0.006
	$\phi_1+\phi_2$	0.155	−0.011	0.005

注：(1)*** 表示在1％水平上显著，** 表示在5％水平上显著，* 表示在10％水平上显著；
(2)固定效应模型中所报告的拟合优度为总体拟合优度；
(3)东部地区的 SYS-GMM 估计结果未能通过 Hansen-test，此处报告 DIF-GMM 估计结果；
(4)如上估计均采用一阶段估计。

表4—6给出了中国分区域单位面积非农产出模型的估计结果。结果显示，东、中、西土地产出效益增长均存在明显的路径依赖现象。而且东部地区土地效益增长中路径依赖最为明显(1/0.806=1.25)，西部次之(1/0.976=1.03)，中部最弱(1/1.032=0.96)。这种持续性影响的差异，可以部分解释我国东、西部地区城市经济发展差距的持续扩大。在全球化的经济背景下，东部地区良好的区位条件和良好经济基础形成的初始优势，而较之中西部更为明显的"路径依赖"会带来要素的进一步集聚并放大这种优势，使得东、中、西地区差距更加明显。

从表4—6可以发现，我国东、中、西要素集聚对非农用地产出效益的长期影响存在明显差异。东部地区劳动密度和资本密度对非农用地产出效益的长期弹性分别为0.499和0.799，中部为0.542和0.332，西部为0.027和0.006。分地区而言，东部目前是我国劳动密度和资本密度产出弹性较高的地区，进一步提高要素密度仍然具有规模经济（总弹性大于1），而且提升资本密度比提升劳动密度带来的收益更大；中西部增加城市人口提升劳动密度比提升资本密度带来的产出收益更为明显。这种地区间要素作用差异既与地区所处经济发展阶段有关，也与不同地区城市空间利用状况有关。东部目前正处于工业化中后期甚至向后工业社会转型的发展阶段，较高的资本密度使得土地产出收益较高。中西部地区处于工业化中期，正不断承接东部转移的劳动密集型产业，加快劳动集聚更加有利于城市空间效率的提升。另外，东部地区城市较高人口和劳动密度带来拥挤成本正在逐步显现（商务成本上升），所以提高资本密度更加有利于城市空间效率的提高；中西部地区城市空间人口密度和劳动密度相对较低，集聚经济不明显，加快人口和劳动集聚既有利于产出增加,也有利于资本密度提高。比较而言,东部和中部地区要素密度弹性值要显著大于西部地区,这也意味着在东部和中部地区,长期内提升城市空间要素集聚水平对城市空间产出效益增长效应要好于西部地区。西部地区城市规模增长的相对落后,抑制了要素集聚优势的形成与发挥。从人力资本水平看,东部地区要明显好于中西地区。

参考文献

[1]刘修岩. 集聚经济、公共基础设施与劳动生产率[J]. 财经研究,2010,(11):26-35.

[2]金煜,陈钊,陆铭. 中国的地区工业聚集:经济地理、新经济地理与经济政策[J]. 经济研究,2006,(4):79-89.

[3]柯善咨,姚德龙. 工业集聚与城市劳动生产率的因果关系和决定因素——中国城市的空间计量经济联立方程分析[J]. 数量经济技术经济研究,2008,(12):43-55.

[4]陈良文,杨开忠. 经济集聚密度与劳动生产率差异[J]. 经济学(季刊),2008,(10):99-114.

[5]范剑勇. 产业集聚与地区间劳动生产率差异[J]. 经济研究,2006,(11):72-81.

[6]陈莹,刘康,郑伟元等. 城市土地集约利用潜力评价的应用研究[J]. 中国土地科学,2002,16(4):26-29.

[7]杨树海. 城市土地集约利用的内涵及其评价指标体系构建[J]. 经济问题探索,2007,(1):7-30.

[8]林坚,陈祁晖,晋璟瑶. 土地应该怎么用——城市土地集约利用的内涵与指标评价[J]. 中国土地,2004,(11):4-7.

[9]周蓓,李艳娜. 我国特大城市地域扩展中用地效益的初步研究[J]. 经济地理,2003,23(5):640-644,650.

[10]罗罡辉,吴次芳. 城市用地效益的比较研究[J]. 经济地理,2003,23,(3):367-370,392.

[11]邱道持,薛俊菲,廖和平. 小城镇土地利用经济评价探讨——以重庆市北碚区为例[J]. 西南师范大学学报(自然科学版),2001,26(5):616-621.

[12]刘力,邱道持,粟辉等. 城市土地集约利用评价[J]. 西南师范大学学报(自然科学版),2004,29(5):887-890.

[13]张雯. 美国的精明增长发展计划[J]. 现代城市研究,2001(5):19-22.

[14]韩笋生,秦波. 借鉴"紧凑城市"理念,实现我国城市的可持续发展[J]. 国外城市规划,2004,19,(6):23-27.

[15]孟晓晨,赵星烁. 中国土地利用总体规划实施中主要问题及成因分析[J]. 中国土地科学,2007,21(3):19-25.

[16]丁成日.中国城市的人口密度高吗?[J].城市规划,2004,28(8):43—38.

[17]毛蒋兴,闫晓培等.20世纪90年代以来我国城市土地集约利用研究评述[J].地理与地理信息科学,2005,(2):48—52.

[18]杨红梅,邱道持等.基于因子分析的城市土地集约利用比较研究[J].西南师范大学学报(自然科学版),2006,(1):165—169.

[19]龚义,吴小平,欧阳安蛟.城市土地集约利用内涵界定及评价指标体系设计[J].浙江国土资源,2002,(1):46—49.

[20]韦东,陈常优等.影响城市土地集约利用的因素研究———以我国30个特大城市为例[J].国土资源科技管理,2007,(2):12—16.

[21]张侠,张卓冰,彭补拙.城市土地利用研究——以广西梧州市为例[J].经济地理,2001,21(4):472—477.

[22]Ciccone,A. Agglomeration Effects in Europe[J]. *European Economic Review*,2002,46:213—227.

[23]Ciccone,A. and Hall,R. E. Productivity and the Density of Economic Activity[J]. *American Economic Review*,1996,86:54—701.

[24]Henderson,J. V. Marshall's Scale Economies[J]. *Journal of Urban Economics*,2003,53:1—28.

[25]Moomaw,R. L. Firm Location and City Size:Reduced Productivity Advantages as a Factor in the Decline of Manufacturing in Urban Areas[J]. *Journal of Urban Economics*,January 1985,17(1):73—89.

[26]Segal,D. Are there Returns to Scale in City Size?[J]. *Review of Economics and Statistics*,1976,58:39—50.

[27]Svikauskas,L. The Productivity of Cities[J]. *Quarterly Journal of Economics*,August 1975,89(3):393—413.

[28]Wolfgang,K. *Geographic Localization of International Technology Diffusion*[M]. NBER Working Paper,2000.

进一步阅读的文献

1. 范剑勇. 集聚与经济增长[M]. 上海:格致出版社,2010.

2. 格莱泽,爱德华·L. 城市的胜利[M]. 刘润泉译. 上海:上海人民出版社,2012.

3. Autor,D.,Dorn,D.,Katz,L. F.,Patterson,C.,and Van Reenen,J. Digital Platforms and Urban Agglomeration Economies[J]. *Quarterly Journal of Economics*,2023.

4. Zhang,X.,and Li,Y. Agglomeration,Innovation,and Regional Growth:Evidence from Chinese Cities[J]. *Journal of Economic Geography*,2022.

5. Garcia-Lopez, M., and Rodriguez-Pose, A. Policy Instruments and Agglomeration Economies: Lessons from International Experiences[J]. *Economic Geography*, 2023.

6. World Bank. Digital Economy and Urban Agglomeration in Emerging Markets[R]. World Bank, 2023.

思考题

1. 要素集聚的内涵与特征是什么？
2. 简述要素集聚的动因。
3. 解释要素集聚的主要途径与方式。
4. 分析市场、制度和技术在要素集聚中的作用。
5. 论述要素流动、要素空间集聚与城市土地利用之间的关系。
6. 延伸分析中国要素集聚与城市土地利用效率的现状及问题，并提出改进建议。

第五章

空间集聚:产业集聚与产业间协同集聚

本章重点
- 产业集聚成因
- 中国制造业及生产性服务业
- 制造业与生产性服务业协同集聚水平的变动趋势

空间集聚可以从三个层次上来了解其含义:从微观层面看,主要是劳动力、资本等生产要素在特定地区上集聚;从中观层面看,空间集聚是指相同的产业在特定地区上集聚,可以看成是要素集聚的外在表现;从宏观层次看,除了将产业集聚理解为空间集聚的一部分,城市、城市群也可以看成是各种产业、城市基础设施在一个较大地域范围的集聚。从这个角度考虑,空间集聚概念就是由要素集聚、产业集聚、城市、城市群这样一个越来越大的集聚综合体组成,要素集聚、产业集聚、城市和城市群是一个逐渐演化的过程。本章切换到中观视角,关注产业集聚现象,重点分析制造业集聚、生产性服务业集聚以及两者间协同集聚情况。具体安排如下:第一节剖析产业集聚的内涵、成因及影响,第二节总结 2004—2022 年中国制造业集聚特征,第三节分析 2004—2022 年中国生产性服务业集聚的变化趋势,最后一节考察制造业和生产性服务业之间的协同集聚状况。

第一节 产业集聚的内涵、成因及影响

一、产业集聚的内涵和特征

产业集聚(industrial agglomeration)是指产业在空间上集中分布的情形。通常情

况下，在一个适当的区域范围内，同一产业的若干企业，以及为这些企业配套的上下游企业高度集中，产业资本要素在空间范围内不断汇聚，便形成了产业集聚。

产业集聚具有以下特征：

(1) 地理集中性。大量企业高度集中在特定地理空间是产业集聚的基础特征，比如昆山电子产业、景德镇陶瓷产业。企业集中意味着劳动力的集聚、知识的集聚，通过大量生产要素资源在相对较小的地理空间内高度集中、频繁互动，形成产业活动的空间集聚效应，促进整体经济效率提升。

(2) 产业关联性。产业集聚区内企业之间往往具有一定程度的产业关联，既有同类企业之间产业协作（横向产业关联），也有上下游企业之间分工合作（纵向产业关联）。不同企业通过供需关系、市场共享、技术合作等多种形式，建立紧密联系，构成稳固的价值链网络，能够有效抵御外部市场风险冲击。

(3) 资源共享性。集聚企业共享区域内各方面资源，最明显的资源包括一系列基础设施，比如交通设施、通信基础设施，相对隐性的资源是区域内特殊优惠政策。由于大量企业在地理空间内集中，自发形成了区域内部的劳动力市场和创新生态环境，同样由产业集聚区内企业共享。

(4) 根植性。产业集聚区内企业的经济活动扎根于当地的政治、经济、文化环境，通过与当地社会系统长期密集互动，产业集聚区逐渐形成具有本地特色的产业氛围。

二、产业集聚的成因分析

对于产业集聚成因的认识，经济学界经历了古典经济学、新古典经济学和新经济地理学三个阶段。古典经济学强调区域自然禀赋优势吸引大量企业集中在当地，新古典经济学突出外部经济发挥的作用，通过劳动力池、共享中间投入品、知识溢出渠道提升区域经济效率，吸引企业向该区域集中，而新经济地理学注重地区间运输成本的影响，在循环累积因果机制作用下，运输成本下降会推动产业由平均分布转为集中分布。

古典经济学认为自然资源禀赋优势是产业集聚的重要基础，一个地区如果拥有丰富的自然资源，如矿产、土地，企业出于节省运输成本的目的，会自发集中在自然资源丰裕的地区。实际上，自然资源禀赋优势塑造出各个区位的比较优势，各个企业作为市场主体，为了实现自身利益最大化，对比不同区位的比较优势而进行空间选址布局的过程构成了产业集聚的微观基础，企业选址在当地的动机来自追逐自然资源禀赋优势所蕴含的经济收益。

自然禀赋优势固然对企业具有巨大的吸引力，然而并不能解释所有的产业集聚现象,很多产业集聚区本身不具备显著的自然资源优势,仍然能够集中大量企业。为了解释这些现象,新古典经济学转换研究视角,以企业间经济联系作为切入点,从外部经济角度分析产业集聚的成因。马歇尔区分了内部规模经济、外部规模经济,他认为规模报酬递增有两种不同的形式:第一种是企业层面的规模报酬递增。厂商自身生产规模的扩大,使得其生产的产品平均成本下降,这是内部规模经济。第二种是社会层面或外部层面的规模报酬递增。区域内部的各个企业通过共享劳动力市场、基础设施等方式,使得单个企业生产的产品平均成本下降,这是外部规模经济。马歇尔认为,社会层面或外部层面规模报酬递增形成的外部经济效应会给区域内企业带来额外的经济收益,吸引企业向该区域集中,也就是说,产业集聚的成因在于外部经济效应,具体表现为劳动力池、共享中间投入品、知识外溢。

(1)劳动力池。区域内企业所雇佣的工人共同组成劳动力储备池,当区域内某个企业需要招募新员工时,可以非常方便地在这个劳动力储备池中寻找合适的人员。劳动力池能够降低企业寻找工人的搜寻成本,提高劳动者技能与企业岗位所需技能之间的匹配度,促进区域内企业的生产效率提升。

(2)共享中间投入品。中间投入品既是产业链上游企业最终生产的产品,也是产业链下游企业生产过程中使用的生产要素。大量相同行业的产业链下游企业集中在特定地理空间,共同向产业链上游企业采购相同的中间投入品,付出的单位成本通常会更低,原因在于上游企业生产中间投入品往往存在规模经济效应,下游企业对中间投入品的总需求量大时单位产品的平均成本会下降。产业集聚内企业通过共享中间投入品,降低了单个企业的生产成本。

(3)知识外溢。企业集中在特定区域,地理上的邻近使得各个企业员工之间面对面交流变得更加容易、频繁,通过相互交换知识,有助于激发出新的思想,加快新产品生产进程,创造出生产原有产品的新方法等,推动企业生产效率提升。

以 Krugman 为代表的新经济地理学继承新古典经济学的研究视角,关注企业间经济联系,不过强调从运输成本角度解释产业集聚现象。通过理论模型推演和数值模拟揭示出,伴随地区间运输成本下降,初始拥有微弱经济优势的地区会在供给与需求相互促进形成的循环累积因果机制下,产生滚雪球效应,微弱的经济优势得到持续强化,不断吸引企业在该地区集聚,产业从平均分布转向集中分布。换句话说,地区间运输成本降低推动产业变为集中分布。

三、产业集聚对城市发展的影响

通常产业集聚对城市发展有积极影响,但是当产业集聚水平超过一定限度时,集聚不经济会对城市发展产生消极影响。

(一)产业集聚对城市发展的积极影响

产业集聚能够吸引生产要素在城市集聚,推动城市化进程。从经济发展的阶段看,产业集聚并不是一开始就发生的,而是当经济发展到一定阶段,企业间由于可以分享劳动力储备、共享中间投入品、利用知识外溢等优势,才开始逐渐由分散状态自发地集聚在一起。产业集聚的过程就是劳动力、资本等生产要素在一定的地域空间集聚的外在表现。通过产业的集聚,大量的劳动力、资本在该地区集聚。同时,产业的发展离不开相关的配套服务,这将吸引物流、餐饮等第三产业的入驻,这些第三产业的用工需求将吸引周边的剩余劳动力进入该地区,有效地实现了把一部分农村剩余劳动力转化为城镇居民,推动城市人口的不断增长。

产业集聚能够提高城市竞争力。产业集聚最主要的功能是实现产业间分工与协作,通过将产业链中的不同流程分配给不同企业,充分发挥企业在该领域的优势,提高整个产业链的运作效率,从而达到提升整个区域竞争力的目标。产业集聚能够带来企业多项成本的降低。

第一,生产成本。企业间由于相对比较集中,同时又在功能上存在分工和互补的关系,对于一些原材料有共同的需求,通过集体购买、集体议价能够减少原材料成本;同时,大部分企业处于产业链的上下游,一部分企业的产品往往就是另一部分企业的投入品,通过不同产业的集聚,企业能够就近购买一些中间产品,减少生产成本。

第二,劳动力成本。在产业集聚区,集聚着拥有不同技能的劳动力,减少了企业为寻找与之匹配的劳动力的时间,降低了搜寻成本,劳动力之间的就业竞争使得雇佣劳动力的成本相对较低。

第三,信息成本。各企业在地缘上的邻近,又与功能比较完善的专业市场并存,企业通过观察市场的变化,借助丰富的人际关系网络,能够迅速捕捉市场信息,将大大降低企业搜寻信息的成本。

企业通过降低以上成本,将节约的资金转化为投入,提高产业集聚区的竞争实力。通常来说,产业集聚有一种"自我强化"机制,产业集聚将提升产业集聚区的竞争力,反过来这势必吸引更多的产业在此集聚,形成一个良性循环,当然前提条件是该区域的企业没有超过最大容量,否则将产生集聚不经济效应。另一方面,相关产业的集聚,利用规模优势逐渐提高产业集聚区的竞争实力,最终能够建立区域性的品牌,如嵊州的领带、晋江的鞋业、义乌的小商品等,提高区域的知名度,从而提高城市的竞争力。城市竞争力的提升,意味着城市控制资源能力的加强,能够带动经济的稳定增长,而经济的增长将提供更多的就业机会和社会福利,吸引大量的劳动力进入竞争力强的城市。

产业集聚能够降低城市化的成本。据统计,通过鼓励产业集聚,土地将节约30%,能源利用率提升40%,行政管理费用节省20%以上,城市的主要功能是提供基础设施和公共服务。一般来说,城市提供的交通、医疗等公共物品都有一个最低规模,只有在该地区服务的对象超过最低规模,才会在该地区建设相应的基础设施,显然集聚的产业比分散的产业更有可能超过最低规模,同时由于产业集聚,使得公共物品的利用更有效率。另一方面,城市化的过程使居民生活质量得到不断改善。通过相关产业在特定地区集聚,有助于将城市的生产功能和生活功能有效分离,提高了城市布局的合理性,改善了居民生活的质量。

(二)产业集聚对城市发展的消极影响

产业集聚的动力主要是追求规模经济和范围经济带来的成本下降以及分享外部性。但是,产业集聚有一个最大限度。超过这个限度,产业在一定的地域空间上集聚,不但不能获得成本的下降,反而因为该地域上集聚太多的产业,导致企业间显得拥挤,产生集聚不经济现象,这不仅影响到产业集聚区成长,而且会对城市发展产生消极影响。产业在一定的地域集聚,将会对周边地区有一个"极化效应"。由于产业集聚区的高集聚性,周边要素纷纷向该区集聚。虽然产业集聚区得到了长足的发展,但是周边地区处于一个贫瘠的状态,大量要素流失,一定程度上剥夺了这些地区的发展。当然,产业集聚区除了对周边地区有一个"极化效应",同时还存在一种扩散效应,即产业集聚区内的生产要素会向周边流动,对周边经济施加积极影响。所以说,在产业集聚区发展的过程中,就是在极化效应和扩散效应相互交错中,主要看哪种效应更强一点,相应将决定区域间是平衡发展还是不平衡发展。缪尔达尔对此持悲观看法,"自由市场力量的作用使经济向区域不均衡方向发展是一个内在的趋势",此外,"这种趋势越强化,农村也就越穷"。他认为极化效应起主导作用。同时,根据城市偏离理论,城市在发展的过程中,通常会把大量资源集中发展特定地域,造成重点地区得到发展,但这是以牺牲城市其他地方的发展为代价,导致城市其他地区发展仍然处于停滞甚至后退的状态。因此,一味强调某些产业发展而不注重平衡其他产业,往往会牺牲其他地区的发展机会,制约城市的整体发展。

第二节 中国制造业集聚水平及变动趋势

一、引言

上一节从理论层面分析产业集聚的内涵和特征、成因以及对城市发展的影响,本章剩余部分使用实际数据考察中国产业集聚的发展状况,以期形成对产业集聚更全面的认识。

本节使用相关数据测算 2004—2022 年中国制造业集聚程度,并分析其中的变化趋势。具体而言,首先介绍衡量产业集聚程度的方法,其次对样本数据和计算过程进行说明,最后分析 2004—2022 年中国制造业集聚程度的变动趋势。

二、产业集聚程度测度方法

衡量单个产业的集聚水平,有许多指标,比如行业集中度、赫芬达指数、空间基尼系数、EG 指数等。本书主要使用行业集中度、泰尔指数、EG 指数来衡量中国制造业集聚程度,下面详细介绍各个指标的计算方法。

(一)行业集中度

在各种测度产业集聚水平的方法中,行业集中度是最简单、最常用的计算指标,是衡量某一市场竞争程度的重要标志。行业集中度是指某一产业规模最大的 n 个企业有关数值(如销售额、就业人数、资产总额)占整个市场或行业的份额,该指数直观反映了某个行业的集中程度。

本书主要关注特定行业规模最大的 n 个省份就业人数占整个行业的份额,计算公式为:

$$CR(n) = \frac{\sum_{i=1}^{n} e_i}{E} \tag{5-1}$$

其中,$CR(n)$ 表示某产业中规模最大的前 n 个省份的行业集中度,数值越大代表行业集中度越高,e_i 是某产业中第 n 位省份的就业人数,E 是某产业的全部就业人数。

(二)泰尔指数

泰尔指数是一种对不平等的测度指数,经济学中经常被用来测度地区差距。本书使用泰尔指数,测度制造业在中国各个省份之间不平等分布的情况,反映制造业的产业集聚程度,数值越大表示产业集聚程度越高。泰尔指数的优点在于可分解性,总指数 T 可以进一步分解为区域(比如东部区域、中部区域、西部区域、东北区域)之间的不平等指数 T_b 和区域内部各省份之间的不平等指数 T_w 之和,区分出两者对总指数的贡献程度。

根据 Combes 等(2008),泰尔指数计算方法如下:

$$T = \sum_{i=1}^{n} s_i \ln \frac{s_i}{t_i} \ , \ s_i = \frac{e_i}{E}, t_i = \frac{a_i}{A} \tag{5-2}$$

其中，T 是泰尔指数，s_i 是省份 i 某产业的就业人数 e_i 占该产业全部就业人数 E 的份额，t_i 是省份 i 总就业人数 a_i 占全国总就业人数 A 的份额。实际上，泰尔指数反映出以各个省份就业人数分布为基准，某产业在各个省份分布的不均衡情况。

$$T = T_b + T_w \tag{5-3}$$

$$T_b = \sum_{r=1}^{R} p_r \ln \frac{p_r}{q_r}, \quad p_r = \frac{\sum_{i \in r} e_i}{E}, \quad q_r = \frac{\sum_{i \in r} a_i}{A} \tag{5-4}$$

$$T_w = \sum_{r=1}^{R} p_r T_r, \quad T_r = \sum_{i \in r} \frac{s_i}{p_r} \ln \frac{s_i/p_r}{t_i/q_r} \tag{5-5}$$

T_b 测度某产业在中国各个区域之间不平等分布的情况，p_r 是区域 r 某产业的总就业人数 $\sum_{i \in r} e_i$ 占某产业全部就业人数 E 的份额，q_r 是区域 r 总就业人数 $\sum_{i \in r} a_i$ 占全国总就业人数 A 的份额。对比 T 和 T_b 的计算公式，可以发现 T_b 是在区域层面上使用泰尔指数计算公式测度的不平等分布情况。

T_w 测度某产业在各个区域内部省份之间的不平等分布情况，计算公式是以各区域某产业就业人数份额 p_r 为权重，加权平均各个区域内部省份之间的不平等指数 T_r。

（三）EG 指数

Ellison 和 Glaeser(1997)基于企业区位选择概率模型，将赫芬达指数和空间基尼系数进行有机结合，构建出 EG 指数，测度产业集聚程度。由于 EG 指数具有扎实的经济模型基础、兼顾企业规模和区域差异影响等特点，受到学者们的广泛使用。

假设某国家可以划分为 n 个地区，该国家的某产业有 J 个企业，这些企业分布在 n 个地区之中，则衡量该产业集聚程度的 EG 指数计算公式为：

$$\gamma = \frac{G - (1 - \sum_{i=1}^{n} x_i^2) H}{(1 - \sum_{i=1}^{n} x_i^2)(1 - H)}, \quad G = \sum_{i=1}^{n}(s_i - x_i)^2, \quad H = \sum_{j=1}^{J} z_j^2 \tag{5-6}$$

其中，γ 是 EG 指数，数值越大代表该产业的集聚程度越高，G 是空间基尼系数，H 是赫芬达指数，反映该产业内企业规模分布，s_i 是地区 i 某产业的就业人数占该产业全部就业人数的份额，x_i 是地区 i 就业人数占全国总就业人数的份额，z_j 是该产业内企业 j 就业人数占该产业全部就业人数的份额。

三、数据说明

衡量产业集聚程度，通常使用就业人数、总产值、增加值等指标，考虑到数据的可获取性和连续性，本节使用就业人数来衡量各个产业的集聚程度，数据来自《中国工业统计年鉴》、中国工业企业数据库、ESP 数据库。《中国工业统计年鉴》列出了历年制造业各个二位数行业规模以上企业在 31 个省份的就业人数，部分年份未披露若干行业各省的就业人数，使用中国工业企业数据库相关数据补齐，最终得到 2004—2022 年（缺少 2010 年、2012 年、2017 年数据）各个省份制造业二位数行业的就业人数。由于中国工业企业数据中 2010 年质量不佳、2012 年缺少湖南省各行业就业人数以及《2018 中国工业统计年鉴》未出版，此处构建的数据集缺少 2010 年、2012 年、2017 年数据。

四、2004—2022 年中国制造业集聚程度分析

本部分测度 2004—2022 年中国制造业集聚程度，并分析相应的变动趋势，勾勒出制造业发展的基本图景。首先，利用泰尔指数和 EG 指数测度、分析制造业整体的集聚程度。其次，协调国民经济行业分类 2002 年、2011 年、2017 年标准，确定 27 个基本稳定的制造业二位数行业，运用 EG 指数衡量、分析这些行业 2004—2022 年集聚程度的变动趋势，并进一步使用行业集中度指标分析制造业二位数行业在各个地区的集中情况。

（一）制造业总体情况

使用泰尔指数测算 2004—2022 年制造业整体的集聚程度，并将总指数 T 分解为区域间泰尔指数 T_b 和区域内各省份间的泰尔指数 T_w，探究制造业集聚主要来自区域间分布的不平衡还是区域内各省份间分布的不平衡。

根据式（5—2）、式（5—4）、式（5—5），计算出 2004—2022 年中国制造业的泰尔指数 T、区域间泰尔指数 T_b、区域内各省份间的泰尔指数 T_w，详细结果见图 5—1、图 5—2。此处，将 31 个省份分别归入东部、中部、西部、东北四大区域①，考虑到数据可得性，使用省份 i 规模以上工业企业总就业人数 a_i 占全国规模以上工业企业总就业人数 A 的份额表示 t_i。

图 5—1 显示，2004—2022 年中国制造业集聚程度呈现波动下降趋势，2006 年达到峰值（泰尔指数 T 为 0.011 8），随后逐步下降，2015 年到达谷底（泰尔指数 T 为 0.008 8），2016—2022 年有所回升，然而 2022 年集聚程度（泰尔指数 T 为 0.009 9）也仅恢复到 2009 年水平，大致是 2006 年峰值的 84%。可能原因是 2002 年中国加

---

① 东部区域包括北京、天津、河北、山东、江苏、上海、浙江、福建、广东、海南 10 个省份，中部区域包括山西、河南、安徽、江西、湖北、湖南 6 个省份，西部区域包括内蒙古、新疆、甘肃、陕西、宁夏、青海、西藏、四川、重庆、贵州、云南、广西 12 个省份，东北区域包括辽宁、黑龙江、吉林 3 个省份。

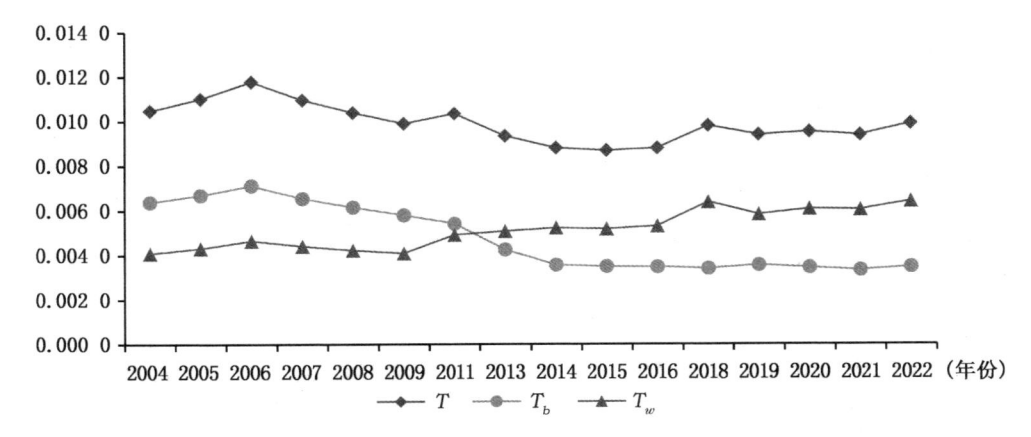

数据来源：根据历年《中国工业统计年鉴》、中国工业企业数据库、ESP 数据库相关数据计算得到，下同。

图 5—1　2004—2022 年中国制造业泰尔指数

入世界贸易组织，进出口贸易强劲增长，吸引制造业企业向地理区位优势明显的东部各省份集聚，获取集聚收益，推高制造业整体的集聚水平。随着 2008 年国际金融危机爆发，为避免经济大幅下降，中央政府出台大规模的经济刺激政策，各级地方政府转变原来的发展模式，大力实行土地金融，成立地方融资平台，以土地为抵押物，从银行获取海量资金，通过各种补贴、优惠政策吸引制造业企业回流。其次，由于东部区域集聚了大量企业，劳动力成本、土地成本持续攀升，使得一部分企业出于降低成本考虑，逐渐向中西部区域转移。最后，随着交通基础设施改善，地区间运输成本下降。这些因素共同推动制造业企业由集聚走向分散，整体集聚程度呈现下降趋势。在土地金融模式下，地方政府为当地融资平台提供隐性担保，导致地方政府隐性债务节节攀升。面对可能引发的金融风险，2015 年中央政府提出供给侧结构性改革，注重提高经济效率，逐步开始严格管控地方政府债务，整治僵尸企业，力图推动经济实现高质量发展。在此背景下，前期不顾当地产业基础、盲目靠补贴发展的势头得到一定遏制，企业经营逐渐回归到市场逻辑，收缩战线，调整区域布局，向优势地区集中，使得制造业整体集聚水平有所恢复。

泰尔指数的突出优点在于，可以将总指数分解为区域间泰尔指数 T_b、区域内各省份间的泰尔指数 T_w，前者刻画出制造业在东部、中部、西部、东北四大区域间分布的不平等程度，后者反映制造业在区域内各省份间的不平等分布，能够进一步探寻制造业在全国各省份不平等分布的来源。

图 5—1 中展示了 2004—2022 年 T_b、T_w 的变动趋势，不难发现制造业在四大

区域间分布的不平等程度 T_b 明显下降，可能原因是国家实施的区域协调发展战略、鼓励中西部地区承接产业转移政策在一定程度上缓解了制造业在区域间的不平等分布状况。然而，区域内各省份间的泰尔指数 T_w 呈现出波动上升的趋势，表明区域内部省份间制造业不平等分布的情况越发突出，各个省份发展出现了明显分化，在 2022 年达到峰值（区域内各省份间的泰尔指数 T_w 为 0.006 4），是 2004 年最低值（T_w 为 0.004 1）的 1.56 倍，说明现阶段制造业企业更加注重各个省份自身的发展优势。

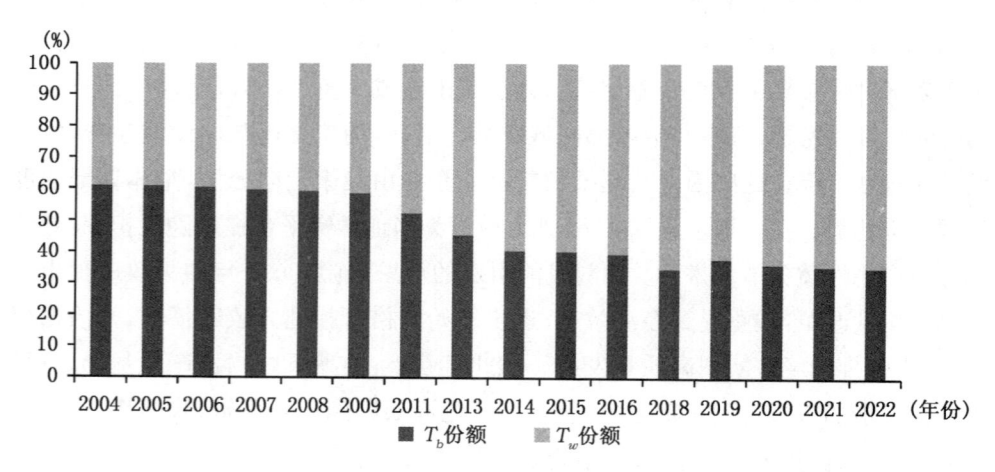

图 5—2 刻画出 2004—2022 年区域间泰尔指数 T_b、区域内各省份间的泰尔指数 T_w 对总泰尔指数 T 贡献的份额。在 2004—2011 年，制造业在各省份的不平等分布主要来自四大区域间制造业分布的不平等，区域间泰尔指数 T_b 贡献份额为 52%～61%，表明该阶段地理区位优势是影响制造业企业发展的重要因素。从 2013 年开始，形势发生了翻转，区域内各省份间制造业的不平等分布成为制造业整体不平等分布的主要来源，区域内各省份间的泰尔指数 T_w 贡献份额达到 54%～65%，而且呈现出波动上升趋势，说明区域内部不平等程度更为突出，区域内部各省份间的优势差异已经取代区域间优势差异，深刻影响制造业企业发展，似乎暗示着当前阶段各个省份只有形成独特的竞争优势，才能推动当地制造业企业持续发展壮大，原来对其他省份发展模式简单复制的做法发挥出的效果在逐渐减弱。

图 5—2　区域间泰尔指数 T_b、区域内各省份间的泰尔指数 T_w 贡献份额

上文使用泰尔指数衡量制造业在中国集聚的程度，下面变换视角，使用 EG 指数从另一个侧面分析 2004—2022 年中国制造业集聚水平。与泰尔指数不同，EG 指数不仅考虑地区差异，而且注重企业规模差异产生的影响，视角更为丰富。

根据式（5—6），计算出 2004—2022 年中国制造业各个二位数行业的 EG 指

数,参照 Lu 和 Tao(2009),使用各个二位数行业总就业人数占制造业全部就业人数份额为权重,将二位数行业 EG 指数进行加权平均,得到当年制造业整体的 EG 指数,数据见图 5—3。

需要说明的是,计算 x_i 时,使用省份 i 制造业总就业人数占全国制造业全部就业人数的份额来衡量。计算赫芬达指数时,需要用到制造业二位数行业各个企业的就业人数占该行业总就业人数份额的数据,而《中国工业统计年鉴》并没有列出各个企业的就业人数数据,在中国工业企业数据库中虽然列出了各个企业详细数据,但是缺少 2015 年以后数据,本文借鉴 Combes 等(2008)采用的方法,使用年鉴公布的各个二位数行业企业单位数大致测算赫芬达指数[①],虽然结果达不到 Ellison 和 Glaeser(1997)设想的精确度,但并不妨碍对各行业产业集聚水平进行评估和分析。

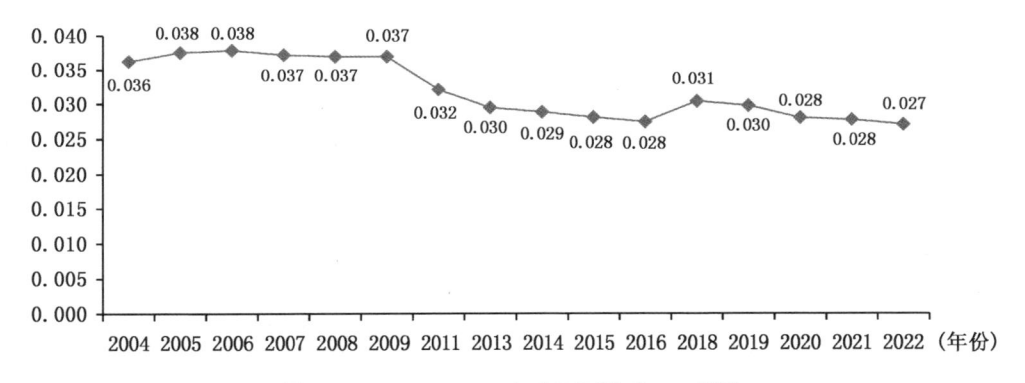

图 5—3　2004—2022 年中国制造业 EG 指数

从图 5—3 中可以发现,2004—2022 年中国制造业 EG 指数同样呈现出波动下降的趋势,2004—2006 年持续上升,在 2006 年达到峰值(EG 指数为 0.037 9),随后开始下降,与上文泰尔指数 T 呈现的图景类似。2011 年、2013 年制造业集聚程度降幅较大,2016 年达到谷底(EG 指数为 0.027 6),后面年份虽然有所波动,但基本保持在 0.028 左右,2022 年 EG 指数为 0.027 2,仅为 2006 年峰值的 72%,呈现出产业分散化的苗头。

Ellison 和 Glaeser(1997)将 EG 指数数值分为三个区间:第一个区间是地方化程度低($\gamma<0.02$),第二个区间是地方化程度中等($0.02\leqslant\gamma\leqslant0.05$),第三个区间是地方化程度高($\gamma>0.05$)。从数值看,2004—2022 年中国制造业 EG 指数都是处于第二区间,地方化程度中等。表 5—1 列出 2004—2022 年制造业各个二位数行业

---

① 某个行业企业单位数为 c,假设每个企业具有相同规模,则赫芬达指数 $H=1/c$。

当年 EG 指数在三个区间的行业数量,地方化程度低的行业数量呈现上升趋势,地方化程度中等、高的行业数量呈现下降趋势,印证了前面分析中制造业 EG 指数表现出下降趋势的图景,大量二位数行业 EG 指数处于地方化程度中等区间,使得制造业整体 EG 指数也呈现出地方化程度中等的态势。

表 5—1　　2004—2022 年中国制造业各个二位数行业 EG 指数区间分布

年份	地方化程度低 行业数量 γ<0.02	地方化程度中等 行业数量 0.02≤γ≤0.05	地方化程度高 行业数量 γ>0.05	行业总数
2004	8	14	8	30
2005	7	15	8	30
2006	7	15	8	30
2007	6	16	8	30
2008	5	16	9	30
2009	6	16	8	30
2011	13	9	8	30
2013	10	14	7	31
2014	10	16	5	31
2015	12	14	5	31
2016	13	12	6	31
2018	12	12	7	31
2019	12	12	7	31
2020	12	13	6	31
2021	11	14	6	31
2022	12	12	7	31

总体而言,不论是泰尔指数还是 EG 指数,数据都表明 2004—2022 年中国制造业集聚水平呈现波动下降趋势,2006 年达到峰值,此后产业集聚程度明显下滑,说明中国制造业正在经历从集聚走向分散。2013 年以前,制造业地理分布不平等主要来源于四大区域间产业分布不平等,2013—2022 年制造业分布不平等主要是由区域内部省份间分布不平等推动,区域内省份间差异已经取代区域间差异,成为制造业地理集中的主导因素。

(二)制造业二位数行业产业集聚情况

制造业门类庞杂,包含诸多二位数行业,除了从总体上考察制造业集聚水平,有必要进一步细致考察各个二位数行业的产业集聚程度,便于掌握制造业基本发展情况。下文从 EG 指数和行业集中度两个指标,考察 2004—2022 年基本稳定的 27 个制造业二位数行业在时间和空间上产业集聚程度的变化趋势。

由于 2004—2022 年国民经济行业分类发生了变化,先后使用过三套标准,分别是国民经济行业分类 2002、国民经济行业分类 2011、国民经济行业分类 2017,每次标准调整会将不少制造业二位数行业内部的四位数行业进行调入、调出、分解、合并,即使是制造业二位数行业也经历过行业合并[①]、行业拆分[②],使得不同年份各个行业之间不能直接比较。为了考察 2004—2022 年整个周期内制造业二位数行业大致情况,协调三套标准,确定 27 个基本稳定的制造业二位数行业[③],分析各个行业不同年份间变动趋势。其中,纺织业及纺织服装、服饰业合并了纺织业和纺织服装、服饰业两个二位数行业,文教、工美、体育和娱乐用品制造业及其他制造业合并了文教、工美、体育和娱乐用品制造业和其他制造业两个二位数行业,橡胶和塑料制品业合并了橡胶制品业和塑料制品业两个二位数行业,交通运输设备制造业合并了汽车制造业和铁路、船舶、航空航天和其他运输设备制造业两个二位数行业,而金属制品、机械和设备修理业来自原来多个二位数行业,不容易进行协调,文中没有将其纳入考察范围。

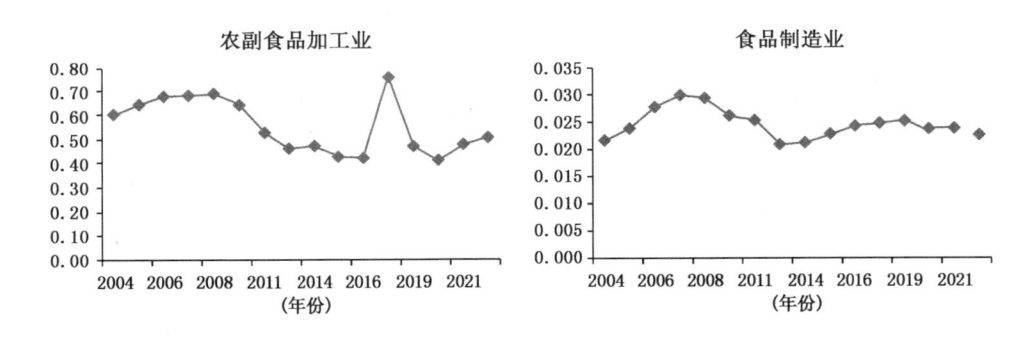

---

① 比如,国民经济行业分类 2011 将原来的 29 行业橡胶制品业、30 行业塑料制品业合并为新的 29 行业橡胶和塑料制品业。
② 比如,国民经济行业分类 2011 将原来的 37 行业交通运输设备制造业拆分为新的 36 行业汽车制造业和 37 行业铁路、船舶、航空航天和其他运输设备制造业两类。
③ 27 个行业包括农副食品加工业,食品制造业,酒、饮料和精制茶制造业,烟草制品业,纺织业及纺织服装、服饰业,皮革、毛皮、羽毛及其制品和制鞋业,木材加工和木、竹、藤、棕、草制品业,家具制造业,造纸和纸制品业,印刷和记录媒介复制业,文教、工美、体育和娱乐用品制造业及其他制造业,石油、煤炭及其他燃料加工业,化学原料和化学制品制造业,医药制造业,化学纤维制造业,橡胶和塑料制品业,非金属矿物制品业,黑色金属冶炼和压延加工业,有色金属冶炼和压延加工业,金属制品业,通用设备制造业,专用设备制造业,交通运输设备制造业,电气机械和器材制造业,计算机、通信和其他电子设备制造业,仪器仪表制造业,废弃资源综合利用业。

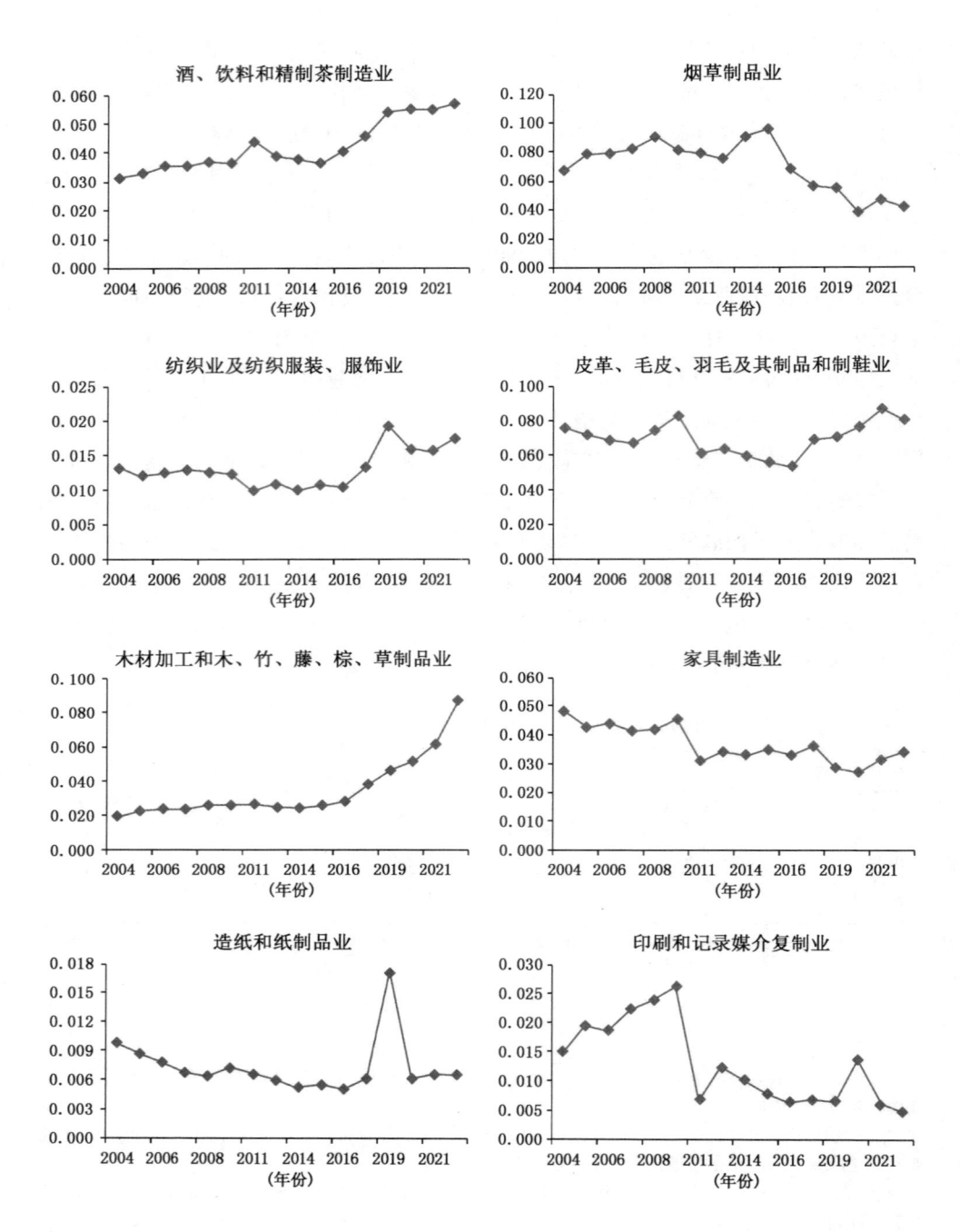

酒、饮料和精制茶制造业

烟草制品业

纺织业及纺织服装、服饰业

皮革、毛皮、羽毛及其制品和制鞋业

木材加工和木、竹、藤、棕、草制品业

家具制造业

造纸和纸制品业

印刷和记录媒介复制业

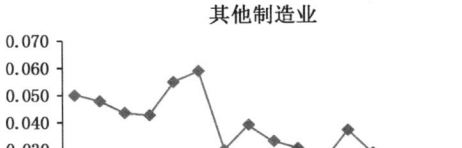

图 5-4　2004—2022 年劳动密集型行业 EG 指数

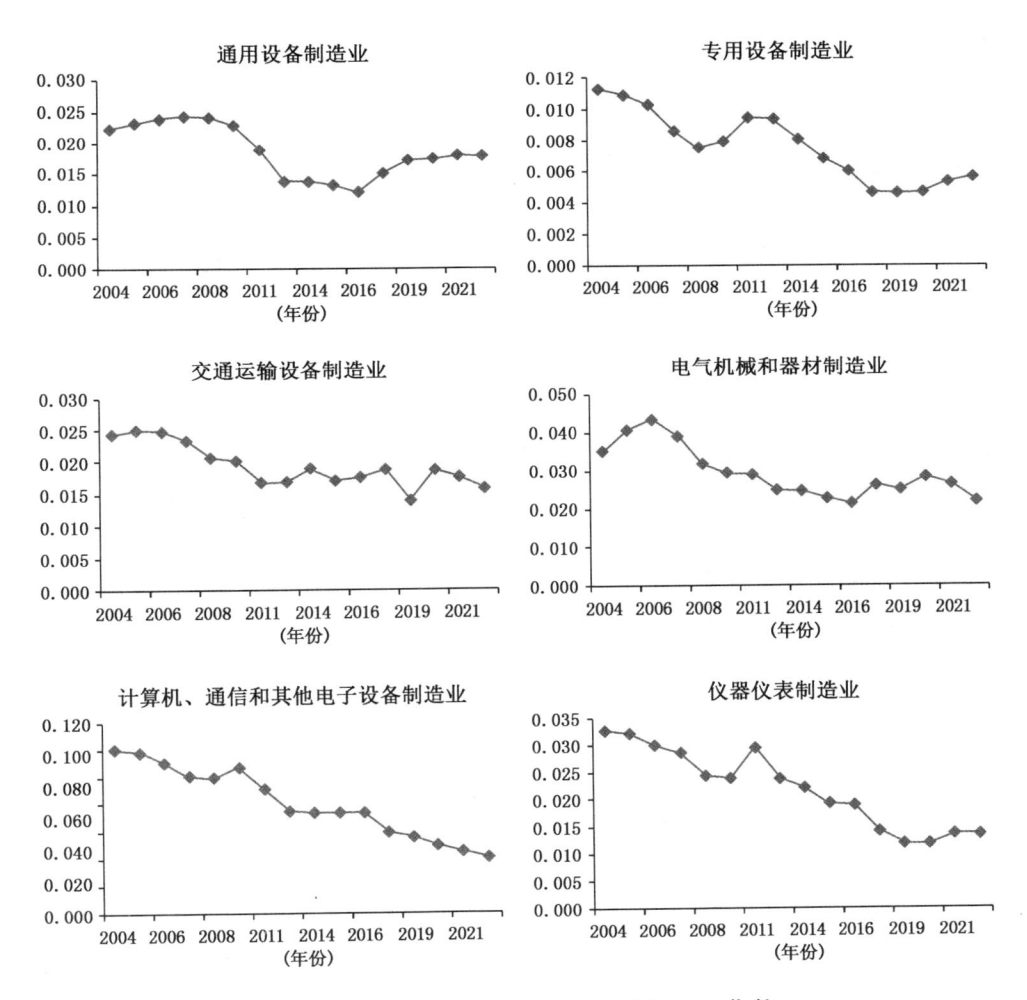

图 5-5　2004—2022 年技术密集型行业 EG 指数

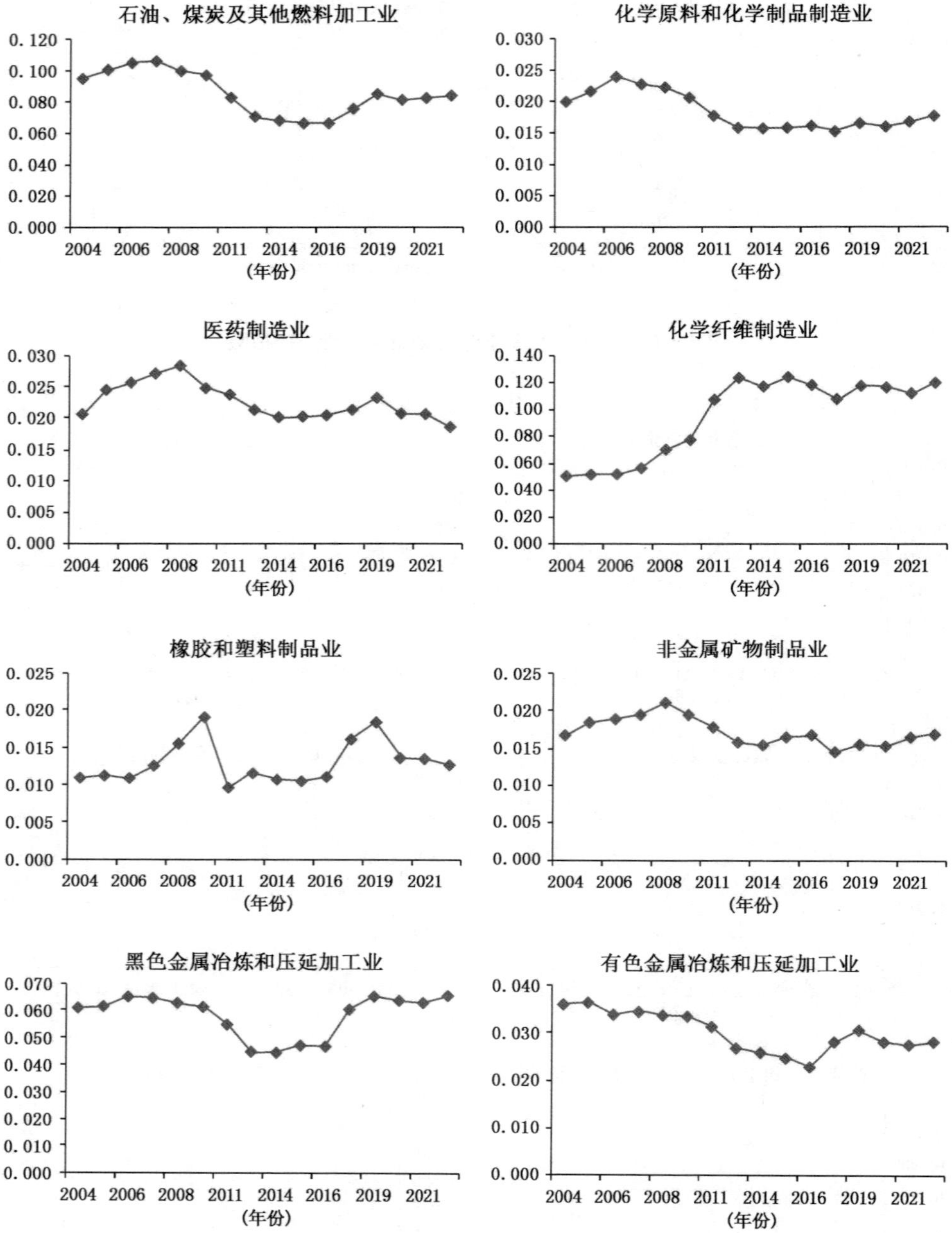
石油、煤炭及其他燃料加工业
化学原料和化学制品制造业
医药制造业
化学纤维制造业
橡胶和塑料制品业
非金属矿物制品业
黑色金属冶炼和压延加工业
有色金属冶炼和压延加工业
2004 2006 2008 2011 2014 2016 2019 2021
(年份)

金属制品业　　　　　　　　废弃资源综合利用业

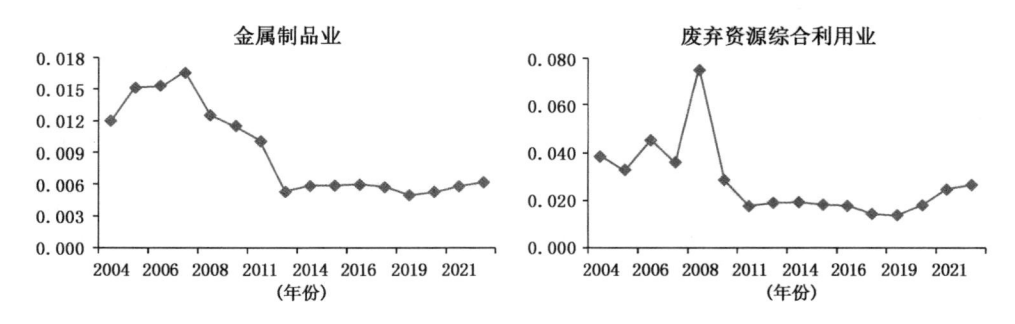

图 5-6　2004—2022 年资本密集型行业 EG 指数

图 5-4～图 5-6 是 2004—2022 年 27 个行业 EG 指数变化图。参考中国金融四十人论坛研究报告划分标准,将这些行业划分为三类,分别是劳动密集型行业(11 个)、技术密集型行业(6 个)、资本密集型行业(10 个)。[①] 大部分行业的产业集聚程度呈现波动下降态势,与制造业总体情况类似,三分之二的行业(18 个)2022 年 EG 指数小于 2004 年,尤其是技术密集型行业,降幅十分明显,计算机、通信和其他电子设备制造业,仪器仪表制造业两个行业 EG 指数最低值仅为最高时期的三分之一左右,可能原因在于这些行业属于高科技产业,各地方政府响应中央精神,出台一系列政策大力发展高科技产业,尤其是各种人才优惠措施,积极争取行业技术人才定居当地,导致产业分布趋向平均化,拉低了相关产业的集聚度。资本密集型行业产业集聚程度虽然同样经历阶段性下降,但是近几年不少行业集聚程度在缓慢回升。资本的本质是逐利,在注重经济效率的当下,资本密集型行业中大量资本更加集中到竞争优势明显的省份,推动行业整体集聚水平上升。劳动密集型行业情况比较多变,既有产业集聚程度显著下降的行业,比如印刷和记录媒介复制业 2022 年 EG 指数降到整个周期最低值(0.004 9),仅为峰值水平(0.026 2)的 19%,也有集聚程度围绕中值上下波动的行业,皮革、毛皮、羽毛及其制品和制鞋业就是这种情形,还有集聚程度节节攀升的行业,如木材加工和木、竹、藤、棕、草制品业从 2004 年(0.019 5)大幅上涨到 2022 年(0.086 6),增长了 3.4 倍,背后重要的

---

① 劳动密集型行业包括 11 个行业,分别是 L1 农副食品加工业、L2 食品制造业、L3 酒、饮料和精制茶制造业、L4 烟草制品业、L5 纺织业及纺织服装、服饰业、L6 皮革、毛皮、羽毛及其制品和制鞋业、L7 木材加工和木、竹、藤、棕、草制品业、L8 家具制造业、L9 造纸和纸制品业、L10 印刷和记录媒介复制业、L11 文教、工美、体育和娱乐用品制造业及其他制造业。技术密集型行业包括 6 个行业,分别是 T1 通用设备制造业、T2 专用设备制造业、T3 交通运输设备制造业、T4 电气机械和器材制造业、T5 计算机、通信和其他电子设备制造业、T6 仪器仪表制造业。资本密集型行业包括 10 个行业,分别是 K1 石油、煤炭及其他燃料加工业、K2 化学原料和化学制品制造业、K3 医药制造业、K4 化学纤维制造业、K5 橡胶和塑料制品业、K6 非金属矿物制品业、K7 黑色金属冶炼和压延加工业、K8 有色金属冶炼和压延加工业、K9 金属制品业、K10 废弃资源综合利用业。

推动因素来自广西集中了越来越多的行业就业人员,从2016年的10.7%全行业就业人员攀升至2022年的24.6%,主要得益于广西拥有丰富的森林资源,上述产业得到显著发展。

对比27个行业2004—2022年产业集聚程度变化,有4个行业呈现出波动上升的态势,除了木材加工和木、竹、藤、棕、草制品业(劳动密集型行业),还有酒、饮料和精制茶制造业(劳动密集型行业),纺织业及纺织服装、服饰业(劳动密集型行业),化学纤维制造业(资本密集型行业)三个行业,主要驱动因素是个别省份就业人数份额显著上升推高了行业整体集聚程度,比如化学纤维制造业中2004年江苏集聚了24.5%本行业就业人员,2015年上涨为36.3%,全行业超过三分之一的就业人员在江苏。2015年化学纤维制造业EG指数达到0.124 3,是2004—2022年27个行业EG指数最高值(见表5-2),相当于最低值(2009年专用设备制造业0.004 6)的27倍。进一步可以发现,2004—2022年整个样本期内有3个行业始终处于地方化程度高区间($\gamma>0.05$),4个行业始终处于地方化程度中等的区间($0.02\leqslant\gamma\leqslant0.05$),5个行业始终处于地方化程度低的区间($\gamma<0.02$),详见表5-3。

表5-2　　　　2004—2022年27个行业EG指数统计描述

样本数	最大值	平均值	中位数	最小值	标准差
432	0.124 3	0.035 2	0.025 1	0.004 6	0.026 8

数据来源:作者计算得到。

表5-3　　　　2004—2022年EG指数区间始终不变的行业

地方化程度始终高($\gamma>0.05$)	皮革、毛皮、羽毛及其制品和制鞋业(EG指数范围0.053 4~0.086 3)
	石油、煤炭及其他燃料加工业(EG指数范围0.067~0.107)
	化学纤维制造业(EG指数范围0.050 8~0.124 3)
地方化程度始终中等($0.02\leqslant\gamma\leqslant0.05$)	食品制造业(EG指数范围0.020 8~0.029 8)
	家具制造业(EG指数范围0.027 4~0.048 3)
	电气机械和器材制造业(EG指数范围0.021 5~0.043 6)
	有色金属冶炼和压延加工业(EG指数范围0.023~0.036 5)
地方化程度始终低($\gamma<0.02$)	纺织业及纺织服装、服饰业(EG指数范围0.01~0.019 2)
	造纸和纸制品业(EG指数范围0.005 1~0.017 1)
	专用设备制造业(EG指数范围0.004 7~0.011 3)
	橡胶和塑料制品业(EG指数范围0.009 7~0.019 1)
	金属制品业(EG指数范围0.005~0.016 6)

数据来源:作者整理得到。

通过 EG 指数变化趋势，可以看到各个行业在时间维度上集聚程度的变动情况，下面使用行业集中度指标观察各个行业在空间维度上发展态势，主要关注规模最大的 5 个省份就业人数占整个行业的份额（简称 CR5）和各个产业在中国四大区域（东部、中部、西部、东北）、四大城市群（京津冀、长三角、珠三角、成渝）的就业人数份额。

表 5-4 是 2004 年 27 个行业中规模最大的 5 个省份所占份额情况，表 5-5 是 2022 年数据。从 2004 年数据看，63% 行业（17 个）CR5 超过 50%，前五位省份已经集中了本行业一半以上的就业人员，说明大部分制造业二位数行业呈现出明显的集聚态势。其中，CR5 前三位行业分别是 L6 皮革、毛皮、羽毛及其制品和制鞋业（86%），L11 文教、工美、体育和娱乐用品制造业及其他制造业（80%），T5 计算机、通信和其他电子设备制造业（79%），这些行业中其他 26 个省份拥有的就业人员不到全行业的四分之一，行业高度集中在少数几个省份，尤其是 T5 计算机、通信和其他电子设备制造业，L11 文教、工美、体育和娱乐用品制造业及其他制造业中，广东一个省的行业就业人数份额已经达到 46%、36%，是 2004 年 31 个省份各行业就业份额排名（从高到低）第一、第二名，第三名同样是广东（L8 家具制造业广东省份额为 36%），广东凭借优越的地理区位、市场环境、政策优势，吸引众多企业入驻，市场表现突出。

相比于 2004 年，2022 年中 CR5 超过 50% 的行业比例下降到 56%（15 个），前三位行业分别是 K4 化学纤维制造业（79%），L6 皮革、毛皮、羽毛及其制品和制鞋业（77%），L11 文教、工美、体育和娱乐用品制造业及其他制造业（73%），集中度低于 2004 年前三位行业，31 个省份各行业就业份额前三的集中度同样在下降，分别是 T5 计算机、通信和其他电子设备制造业（广东 35%），K4 化学纤维制造业（江苏 34%），L11 文教、工美、体育和娱乐用品制造业及其他制造业（广东 32%），呼应了上文中发现 2004—2022 年制造业各行业集聚程度表现出波动下降态势的特点。

在行业、省份层面产业集中分布程度表现出一定的持续性。虽然经历了 18 年，2004 年 CR5 前三位行业中有 2 个（L6 皮革、毛皮、羽毛及其制品和制鞋业，L11 文教、工美、体育和娱乐用品制造业及其他制造业）仍然是 2022 年 CR5 前三位行业，2004 年 CR5 最后三位行业中有 1 个同样是 2022 年 CR5 后三位行业，即 K8 有色金属冶炼和压延加工业（2004 年 CR5 36%，2022 年 CR5 41%），而在 2004 年 31 个省份各行业就业份额排名前三中有 2 个（T5 计算机、通信和其他电子设备制造业广东，L11 文教、工美、体育和娱乐用品制造业及其他制造业广东）也是 2022 年前三位，说明劳动力池、共享中间投入品、知识溢出等经济力量能够长时间持续吸引同一产业内各个企业在地理区位上集中分布。

表 5—4　　2004 年制造业 27 个行业在各省份集中度

行业	第一位省份及百分比	第二位省份及百分比	第三位省份及百分比	第四位省份及百分比	第五位省份及百分比	CR5
L1	山东 27%	河南 8%	江苏 6%	广东 5%	辽宁 5%	51%
L2	山东 15%	广东 9%	河南 9%	福建 6%	河北 6%	45%
L3	山东 14%	四川 9%	江苏 7%	河南 7%	安徽 6%	42%
L4	云南 13%	河南 9%	贵州 8%	湖北 7%	安徽 6%	44%
L5	江苏 20%	浙江 17%	广东 15%	山东 12%	福建 5%	69%
L6	广东 35%	浙江 19%	福建 19%	山东 7%	江苏 6%	86%
L7	江苏 13%	山东 10%	浙江 10%	吉林 10%	广东 9%	53%
L8	广东 36%	浙江 14%	福建 7%	山东 7%	上海 6%	70%
L9	山东 17%	广东 16%	浙江 10%	河南 8%	江苏 7%	57%
L10	广东 24%	浙江 9%	江苏 8%	北京 8%	上海 7%	56%
L11	广东 36%	浙江 14%	福建 11%	山东 10%	江苏 8%	80%
T1	江苏 17%	浙江 17%	山东 11%	上海 7%	广东 6%	57%
T2	江苏 13%	山东 12%	广东 10%	河南 8%	浙江 7%	49%
T3	浙江 10%	江苏 10%	湖北 7%	山东 7%	重庆 7%	41%
T4	广东 34%	浙江 15%	江苏 13%	山东 7%	上海 6%	74%
T5	广东 46%	江苏 17%	上海 6%	浙江 6%	福建 4%	79%
T6	广东 32%	浙江 14%	江苏 10%	上海 7%	福建 6%	68%
K1	山西 23%	山东 10%	辽宁 8%	黑龙江 7%	河北 5%	53%
K2	江苏 12%	山东 12%	广东 6%	湖南 6%	浙江 6%	42%
K3	山东 9%	江苏 8%	河南 7%	浙江 7%	广东 7%	38%
K4	江苏 25%	浙江 21%	山东 9%	辽宁 8%	河南 6%	68%
K5	广东 25%	浙江 13%	江苏 11%	山东 9%	福建 7%	67%
K6	山东 13%	广东 10%	河南 8%	江苏 7%	河北 6%	44%
K7	河北 14%	辽宁 11%	江苏 8%	山西 7%	山东 6%	46%
K8	河南 8%	甘肃 8%	山东 7%	广东 7%	江苏 7%	36%
K9	广东 25%	江苏 15%	浙江 13%	山东 8%	上海 7%	69%
K10	浙江 24%	广东 19%	湖北 9%	上海 7%	江苏 6%	65%

注：各个行业具体名称详见第 143 页脚注，下同。

表 5—5　　2022 年制造业 27 个行业在各省份集中度

行业	第一位省份及百分比	第二位省份及百分比	第三位省份及百分比	第四位省份及百分比	第五位省份及百分比	CR5
L1	山东 18%	湖南 8%	福建 7%	河南 7%	广东 6%	46%
L2	广东 11%	山东 9%	湖南 8%	福建 7%	河南 7%	42%
L3	四川 16%	贵州 9%	广东 7%	湖北 5%	福建 5%	43%
L4	云南 13%	广东 11%	河南 8%	湖南 7%	安徽 5%	45%
L5	浙江 19%	江苏 17%	广东 14%	山东 9%	福建 9%	69%
L6	福建 29%	广东 22%	浙江 14%	湖南 7%	江西 5%	77%
L7	广西 25%	山东 13%	江苏 9%	福建 9%	浙江 7%	63%
L8	广东 31%	浙江 19%	四川 7%	福建 7%	江苏 7%	70%
L9	广东 21%	浙江 12%	山东 11%	江苏 8%	福建 8%	59%
L10	广东 24%	江苏 13%	浙江 11%	湖北 5%	四川 5%	58%
L11	广东 32%	浙江 14%	江苏 12%	福建 10%	山东 5%	73%
T1	江苏 20%	浙江 19%	广东 14%	山东 8%	上海 5%	65%
T2	广东 19%	江苏 19%	浙江 10%	山东 9%	湖南 4%	62%
T3	江苏 14%	浙江 11%	广东 10%	山东 7%	重庆 6%	48%
T4	广东 30%	江苏 17%	浙江 16%	安徽 5%	福建 4%	72%
T5	广东 35%	江苏 16%	浙江 7%	四川 4%	江西 4%	67%
T6	广东 21%	江苏 20%	浙江 17%	山东 4%	河南 4%	67%
K1	山东 12%	山西 11%	辽宁 10%	陕西 8%	内蒙古 6%	47%
K2	山东 12%	广东 10%	江苏 9%	湖南 7%	浙江 7%	45%
K3	江苏 11%	山东 10%	浙江 8%	广东 8%	四川 6%	44%
K4	江苏 34%	浙江 29%	福建 9%	河南 4%	四川 3%	79%
K5	广东 28%	浙江 14%	江苏 13%	山东 9%	福建 6%	70%
K6	广东 12%	江苏 7%	山东 7%	湖南 7%	福建 7%	40%
K7	河北 18%	江苏 11%	山东 7%	辽宁 7%	山西 6%	49%
K8	广东 10%	河南 9%	山东 8%	江苏 7%	江西 6%	41%
K9	广东 25%	江苏 14%	浙江 13%	山东 7%	河北 5%	64%
K10	江西 10%	广东 9%	江苏 9%	湖北 6%	浙江 6%	40%

表 5-6 统计出 2004 年、2022 年 27 个行业五省份集中度表中各个省份上榜次数和主要集聚产业，可以发现无论是 2004 年还是 2022 年，广东、江苏、浙江、山东四个省份上榜次数明显高于其他省份，两年主要集聚产业相对稳定，它们是中国制造业集聚的第一梯队，四个省份都是沿海地区发达省份，GDP 处于全国前列，说明产业集聚程度高与经济发达有一定的正相关。2004 年第二梯队包括河南、上海、福建、辽宁、河北、湖北，2022 年则是福建、湖南、四川、河南、江西、湖北，两个年份有一半省份重合，表中其他省份是第三梯队。另外有一点值得注意，表格里只有 25 个省份，有 6 个省份（天津、海南、宁夏、青海、新疆、西藏）没有在制造业 27 个行业中展现出明显的集中分布优势。

表 5-6　　　　2004 年、2022 年制造业 27 个行业高集中度省份分布

2004 年			2022 年		
省份	次数	主要集聚产业	省份	次数	主要集聚产业
江苏	23	化学纤维 纺织 通用设备 专用设备 木材加工	广东	23	电子通信 文教用品 家具制造 电气机械 金属制品
山东	22	农副食品 造纸 食品制造 饮料制造 橡胶塑料	江苏	21	化学纤维 仪器仪表 通用设备 专用设备 纺织
广东	21	电子通信 文教用品 家具制造 电气机械 仪器仪表	浙江	19	化学纤维 纺织 家具制造 通用设备 仪器仪表
浙江	19	交通设备 化学纤维 皮革制品 纺织 通用设备	山东	18	农副食品 木材加工 石油煤炭 化学原料 造纸
河南	10	有色金属 农副食品 食品制造	福建	13	皮革制品 文教用品 化学纤维
上海	8	纺织 通用设备 仪器仪表	湖南	7	农副食品 食品制造 皮革制品
福建	8	皮革制品 文教用品 家具制造	四川	6	饮料制造 家具制造 医药制造
辽宁	4	黑色金属 石油煤炭 化学纤维	河南	6	有色金属 烟草 食品制造
河北	4	黑色金属 橡胶塑料 食品制造	江西	4	有色金属 皮革制造 电子通信
湖北	3	交通设备 烟草 废弃资源	湖北	3	饮料制造 印刷 废弃资源
山西	2	石油煤炭 黑色金属	安徽	2	烟草 电气机械
安徽	2	烟草 饮料制造	山西	2	石油煤炭 黑色金属
重庆	1	交通设备	河北	2	黑色金属 金属制品
云南	1	烟草	辽宁	2	石油煤炭 黑色金属
四川	1	饮料制造	上海	1	通用设备
吉林	1	木材加工	云南	1	烟草
湖南	1	化学原料	内蒙古	1	石油煤炭

续表

2004 年			2022 年		
省份	次数	主要集聚产业	省份	次数	主要集聚产业
黑龙江	1	石油煤炭	广西	1	木材加工
贵州	1	烟草	贵州	1	饮料制造
甘肃	1	有色金属	重庆	1	交通设备
北京	1	印刷	陕西	1	石油煤炭

注：作者整理得到。

进一步考察27个行业在更大地理区域的集中度。表5—7是2004年、2022年各行业在四大城市群（京津冀、长三角、珠三角、成渝[①]）的集中度（即城市群内行业就业人数占全行业就业人数份额）。从2004年到2022年，63%行业（17个）在四大城市群的总集中度有所上升，即使集中度下降的行业中大部分只是小幅波动，仅有4个行业（L6皮革、毛皮、羽毛及其制品和制鞋业，L7木材加工和木、竹、藤、棕、草制品业，T5计算机、通信和其他电子设备制造业，K10废弃资源综合利用业）集中度下降超过10%，说明大量企业向经济活力较强的城市群聚集。在城市群内部，存在明显的分化，仅有7%行业（2个）在京津冀集中度呈现上升态势，而其他三个城市群集中度上升行业的比例都超过50%（长三角59%、珠三角63%、成渝81%），表明各个城市群之间经济活力存在明显差异。

表5—8是2004年、2022年各行业在四大区域（东部、中部、西部、东北）集中度，虽然东部仍然集聚了大量制造业企业，但是相比于2004年，63%行业（17个）2022年在东部的集中度表现出下降的态势，而81%行业（22个）在中部集中度上升，74%行业（20个）在西部集中度上升，使得各个行业在区域间分布趋向平衡，印证了上文中泰尔指数显示区域间产业分布不平等程度在降低。不过，需要注意的是，从2004年到2022年东北区域有89%行业（24个）集中度都在下降，大量制造业企业缩减了在东北区域的布局规模，值得引起当地重视，深入分析具体原因。由于东北区域经济规模有限，该区域各行业集中度下降并没有最终导致2022年四大区域间制造业产业不平等分布的程度高于2004年。

综合来看，2004—2022年大部分制造业二位数行业的产业集聚程度呈现出波动下降趋势，与制造业整体态势类似，有4个行业表现出波动上升特征，分别是酒、饮料和精制茶制造业，纺织业及纺织服装、服饰业，化学纤维制造业。广东、江苏、

[①] 京津冀城市群包括北京、天津、河北，长三角城市群包括上海、江苏、浙江、安徽，珠三角城市群包括广东，成渝城市群包括四川、重庆。

浙江、山东四个经济强省集中了大量制造业企业,是中国制造业集聚的第一梯队。行业、省份层面产业集中分布程度具有一定的持续性,即使经历18年,部分省份、行业还是能继续保持集聚优势。然而,在不同城市群、区域方面,制造业各个行业集中度发生明显分化,从2004年到2022年京津冀城市群93%行业集中度在下降,而其他三个城市群大部分行业集中度都在上升,东部、东北区域超过一半的行业集中度降低,而中部、西部区域正好相反,大量行业集中度在上升,制造业各个行业在四大区域间分布趋向于平衡。

表5—7　　2004年、2022年制造业27个行业在四大城市群集中度

行业	2004年 京津冀	长三角	珠三角	成渝	合计	2022年 京津冀	长三角	珠三角	成渝	合计
L1	6%	13%	5%	5%	29%	5%	13%	6%	7%	30%
L2	11%	18%	9%	4%	43%	8%	16%	11%	8%	43%
L3	9%	20%	5%	10%	44%	5%	13%	7%	18%	43%
L4	5%	14%	4%	6%	29%	4%	13%	11%	6%	34%
L5	6%	43%	15%	2%	66%	2%	41%	14%	2%	60%
L6	4%	29%	35%	2%	69%	2%	21%	22%	3%	47%
L7	4%	30%	9%	2%	45%	2%	20%	5%	4%	31%
L8	7%	26%	36%	3%	71%	5%	31%	31%	8%	75%
L9	7%	21%	16%	4%	49%	5%	25%	21%	7%	57%
L10	13%	26%	24%	4%	67%	6%	31%	24%	7%	68%
L11	4%	28%	36%	1%	69%	2%	30%	32%	2%	67%
T1	8%	42%	6%	4%	60%	5%	48%	14%	4%	71%
T2	9%	27%	10%	5%	51%	7%	36%	19%	4%	67%
T3	9%	27%	6%	11%	54%	8%	34%	10%	10%	61%
T4	5%	35%	34%	2%	76%	4%	40%	30%	4%	78%
T5	6%	30%	46%	3%	84%	3%	29%	35%	7%	74%
T6	7%	31%	32%	3%	73%	6%	43%	21%	4%	75%
K1	9%	10%	3%	2%	25%	9%	7%	4%	2%	22%
K2	9%	24%	6%	7%	46%	6%	23%	10%	6%	44%
K3	12%	22%	7%	7%	47%	11%	26%	8%	8%	53%
K4	4%	49%	4%	3%	61%	2%	65%	3%	4%	74%

续表

行业	2004年					2022年				
	京津冀	长三角	珠三角	成渝	合计	京津冀	长三角	珠三角	成渝	合计
K5	7%	33%	25%	2%	68%	4%	35%	28%	4%	71%
K6	9%	17%	10%	7%	43%	6%	18%	12%	8%	43%
K7	19%	15%	2%	7%	43%	21%	18%	4%	5%	48%
K8	4%	17%	7%	4%	32%	3%	15%	10%	5%	33%
K9	10%	37%	25%	2%	74%	7%	33%	25%	5%	70%
K10	3%	42%	19%	3%	68%	7%	22%	9%	6%	45%
平均	8%	27%	16%	4%	55%	6%	28%	16%	6%	55%

表5—8 　　　　2004年、2022年制造业27个行业在四大区域集中度

行业	2004年				2022年			
	东部	中部	西部	东北	东部	中部	西部	东北
L1	54%	18%	17%	10%	45%	27%	19%	9%
L2	56%	22%	14%	7%	49%	24%	22%	5%
L3	45%	21%	24%	9%	32%	24%	40%	4%
L4	24%	32%	38%	7%	32%	28%	34%	6%
L5	80%	12%	6%	3%	72%	19%	7%	2%
L6	92%	4%	2%	1%	73%	21%	5%	1%
L7	56%	17%	9%	18%	46%	20%	31%	3%
L8	84%	6%	5%	6%	75%	15%	9%	1%
L9	65%	17%	13%	6%	67%	17%	14%	2%
L10	70%	13%	13%	4%	66%	20%	13%	2%
L11	88%	6%	5%	2%	76%	17%	6%	1%
T1	67%	15%	10%	9%	73%	15%	7%	4%
T2	58%	20%	14%	9%	71%	18%	8%	3%
T3	50%	18%	19%	13%	56%	19%	17%	8%
T4	82%	8%	6%	4%	76%	15%	7%	2%
T5	89%	3%	5%	2%	70%	18%	11%	1%
T6	79%	7%	9%	5%	76%	13%	8%	3%
K1	32%	34%	18%	16%	32%	21%	30%	18%

续表

行业	2004 年				2022 年			
	东部	中部	西部	东北	东部	中部	西部	东北
K2	51%	22%	19%	7%	49%	26%	21%	4%
K3	50%	22%	18%	10%	56%	22%	17%	6%
K4	68%	14%	5%	12%	81%	9%	8%	2%
K5	80%	9%	6%	5%	78%	13%	7%	2%
K6	51%	24%	18%	7%	45%	30%	21%	4%
K7	41%	24%	21%	13%	50%	19%	22%	9%
K8	33%	28%	32%	7%	37%	29%	31%	4%
K9	81%	9%	6%	4%	73%	16%	9%	3%
K10	63%	21%	8%	8%	39%	38%	19%	4%
平均	63%	17%	13%	8%	59%	20%	16%	4%

注：由于四舍五入，四大区域加总数据可能不等于100%，下同。

第三节 中国生产性服务业集聚水平及变动趋势

一、引言

过去三十年，中国经济快速发展，逐渐从以工业为主转向以服务业为主，2015年第三产业产值占GDP的比重首次超过50%，服务业发展对中国今后经济发展具有重要影响力，值得深入研究。本节将考察服务业中与制造业紧密关联的生产性服务业发展状况，重点关注生产性服务业集聚程度的变动趋势，并进一步与制造业相关数据进行对比分析。

二、数据说明

生产性服务业是为各类市场主体生产活动提供服务的中间服务部门，国家统计局出台的《生产性服务业统计分类（2019）》对生产性服务业进行过详细分类，考虑到数据可得性和连续性，本书重点关注生产性服务业7个重点行业，包括批发和零售业，交通运输、仓储和邮政业，信息传输、软件和信息技术服务业，金融业，租赁和商务服务业，科学研究和技术服务业，教育，使用城镇单位就业人数指标测算2004—2022年生产性服务业各个细分行业的产业集聚程度，相关数据来自《中国劳动统计年鉴》、ESP 数据库。对上述 7 个重点行业的产业集聚程度进行考察,基本能反映出生产性服务业整体情况。

三、2004—2022 年中国生产性服务业集聚程度分析

与制造业分析框架类似,首先分析生产性服务整体集聚程度,其次分析生产性服务业 7 个重点行业的产业集聚水平在时间、空间维度上变动趋势,方便与制造业情况进行比较,使用的指标包括泰尔指数、EG 指数、行业集中度,计算方法详见本章第二节相关内容。

(一)生产性服务业总体情况

通过泰尔指数 T,测度 2004—2022 年中国生产性服务业整体产业集聚程度,并进一步考察区域间泰尔指数 T_b、区域内各省份间的泰尔指数 T_w 对总指数 T 的影响,找出生产性服务业分布不平等的主要来源渠道。

图 5-7 是 2004—2022 年生产性服务业泰尔指数 T[①]、区域间泰尔指数 T_b、区域内各省份间的泰尔指数 T_w 的变化情况。总体上,中国生产性服务业的产业集聚程度表现出上升趋势,2022 年泰尔指数(0.006 1)是 2004 年(0.000 9)的 6.5 倍,可能原因是生产性服务业中不少行业是知识密集型行业,比如科学研究和技术服务业、租赁和商务服务业,非常依赖于行业专家频繁面对面交流,通过知识外溢创造出新的技术和知识,使得同行业企业倾向于集中分布,以获取集聚收益。随着过去二十年服务业快速发展,大量生产性服务业企业倾向于集中分布,自然推高了整个行业的产业集聚程度。实际上,不仅总泰尔指数 T 呈现出上升趋势,区域间泰尔指数 T_b、区域内各省份间的泰尔指数 T_w 同样呈现出类似变化趋势,这点与制造业情况明显不同,2004—2022 年制造业的区域间泰尔指数 T_b 在缩小,区域间产业分布不平等程度缩小,而区域内各省份间的泰尔指数 T_w 在上升,区域内部各省份产业分布不平等程度加剧,两者间差异可能反映出行业阶段不同,生产性服务业处于快速发展阶段,经济基础好的地区生产性服务业发展更快,加剧了产业在不同地区分布不平等的程度,而制造业经过几十年的发展,已经进入成熟期,产业格局在动态调整中,国家大力推行的区域协调发展政策在一定程度上缓解了制造业在各个区域分布不平等的程度。

[①] 与测度制造业整体产业集聚程度类似,将 31 个省份分别归入东部、中部、西部、东北四大区域,使用省份 i 服务业总就业人数 a_i 占全国服务业总就业人数 A 的份额表示 t_i,各个省份生产性服务业总就业人数由该省份生产性服务业 7 个重点行业的就业人数加总得到。

图 5-7　2004—2022 年中国生产性服务业泰尔指数

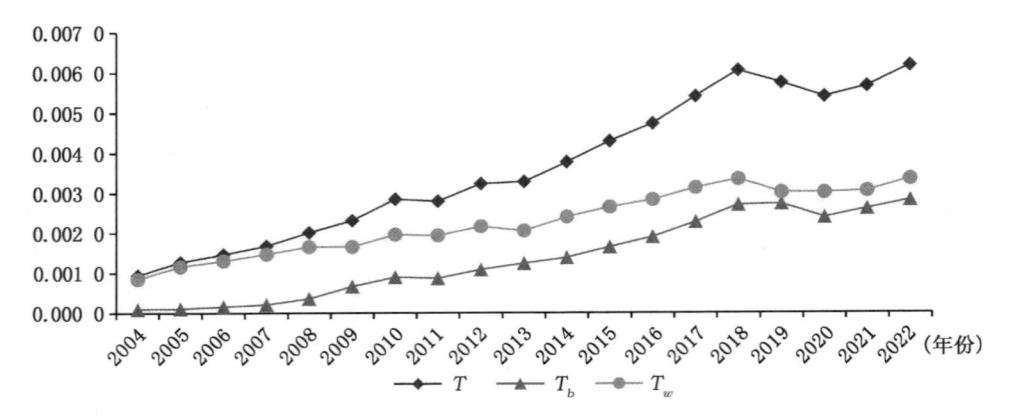

数据来源:根据历年《中国劳动统计年鉴》、ESP 数据库相关数据计算得到,下同。

从生产性服务业分布不平等的来源看,区域内各省份间产业分布不平等是主导因素,区域内各省份间的泰尔指数 T_w 对总泰尔指数 T 的贡献份额为 53%～91%,虽然从 2004 年到 2022 年贡献度在明显下降,但始终超过 50%。另一方面,区域间泰尔指数 T_b 的贡献份额显著上升,2022 年达到 46%,说明四大区域间生产性服务业分布不平等的影响明显加大,通常随着经济的不断发展,当地产业结构会从以第二产业为主逐步转向以第三产业为主,东部区域经济发展水平高于中部、西部、东北区域,生产性服务业得到更快发展,使得产业在区域间不平等分布的程度明显上升,成为生产性服务业在全国不平等分布越来越重要的推动力量(见图 5-8)。

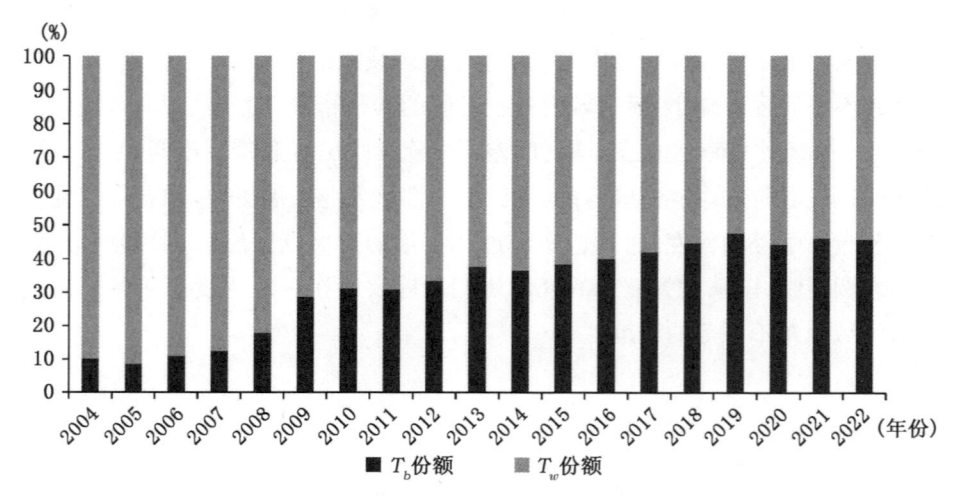

图 5-8　区域间泰尔指数 T_b、区域内各省份间的泰尔指数 T_w 贡献份额

除了使用泰尔指数测度生产性服务业产业集聚程度,还可以利用 EG 指数进行考察。图 5-9 是 2004—2022 年生产性服务业整体 EG 指数,计算方法与衡量制造业整体 EG 指数类似,先计算生产性服务业 7 个重点行业各自 EG 指数[①],再使用该重点行业总就业人数占生产性服务业 7 个重点行业全部就业人数的份额为权重,将 7 个重点行业各自 EG 指数进行加权平均,得到生产性服务业整体 EG 指数。

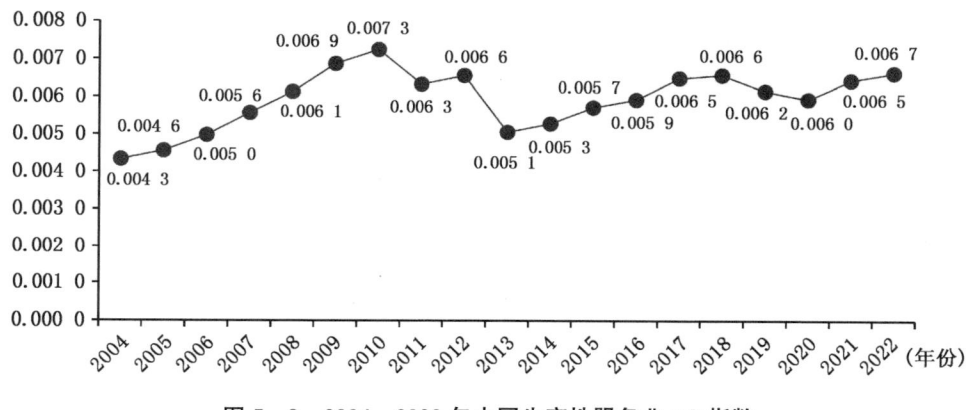

图 5-9 2004—2022 年中国生产性服务业 EG 指数

不难看出,2004—2022 年生产性服务业整体集聚程度表现出波动上升趋势,与泰尔指数反映的现象类似,2022 年 EG 指数(0.006 7)是 2004 年(0.004 3)的 1.6 倍。不过,相比于制造业,生产性服务业整体集聚程度偏低,最高值仅为 0.007 3,只相当于 2004—2022 年制造业整体 EG 指数最低值(0.027)的 27%,可能原因是生产性服务业中有一部分行业属于基础服务业,各个地区都需要,比如交通运输、仓储和邮政业,批发和零售业,使得行业分布较为分散,拉低了整体的集聚程度。

概括来看,2004—2022 年生产性服务业集聚程度呈现出上升态势,区域间产业分布不平等程度、区域内各省份间的不平等程度都在提升,区域内各省份间的不平等程度是推动总体不平等上升的主导因素。与制造业相比,生产性服务业的产业集聚水平偏低。

---

① 计算公式中,x_i 使用省份 i 生产性服务业 7 个重点行业的总就业人数占全国生产性服务业 7 个重点行业的全部就业人数的份额来衡量。

(二)生产性服务业重点行业产业集聚情况

本部分重点考察生产性服务业 7 个重点行业的产业集聚程度,利用 EG 指数、行业集中度两种方法,分析各个行业在时间、空间维度上变化情况。

虽然 2004—2022 年国民经济行业分类标准有所变化,然而生产性服务业 7 个重点行业基本保持稳定,不同年份之间具有可比性。图 5-10 展示出 2004—2022 年这七个重点行业 EG 指数,批发和零售业,交通运输、仓储和邮政业,信息传输、软件和信息技术服务业,金融业,教育呈现出一定程度的波动上升趋势,而租赁和商务服务业,科学研究和技术服务业表现出波动下降态势,尤其是租赁和商务服务业产业集聚程度下降幅度显著,最低值(2019 年 0.009 3)仅是最高值(2009 年 0.036 8)的 1/4,可能原因是随着全国各个地区经济发展水平普遍提高,很多中小城市对于当地提供的会计、审计及税务服务,人力资源服务,安保服务等商务服务需求上升,推动当地相关企业稳步发展,使得租赁和商务服务业整体趋向分散化。

另外,从 EG 指数数值看,7 个行业可以分为两组,一组是样本期内 EG 指数一直低于 0.01 的行业,包括批发和零售业,交通运输、仓储和邮政业,金融业,教育四个行业,这些行业本身提供日常所需的基础服务,行业内企业广泛分布于全国各处,犹如毛细血管般深入各个地区,使得行业整体集聚程度始终处于低位。另一组包括信息传输、软件和信息技术服务业,租赁和商务服务业,科学研究和技术服务业三个行业,相比于前一组,样本期内这些行业的产业集聚程度大部分明显更高。与制造业不同,样本期内生产性服务业大部分行业(5 个)始终处于地方化程度低的区间($\gamma < 0.02$),具体行业是批发和零售业,交通运输、仓储和邮政业,金融业,科学研究和技术服务业,教育。

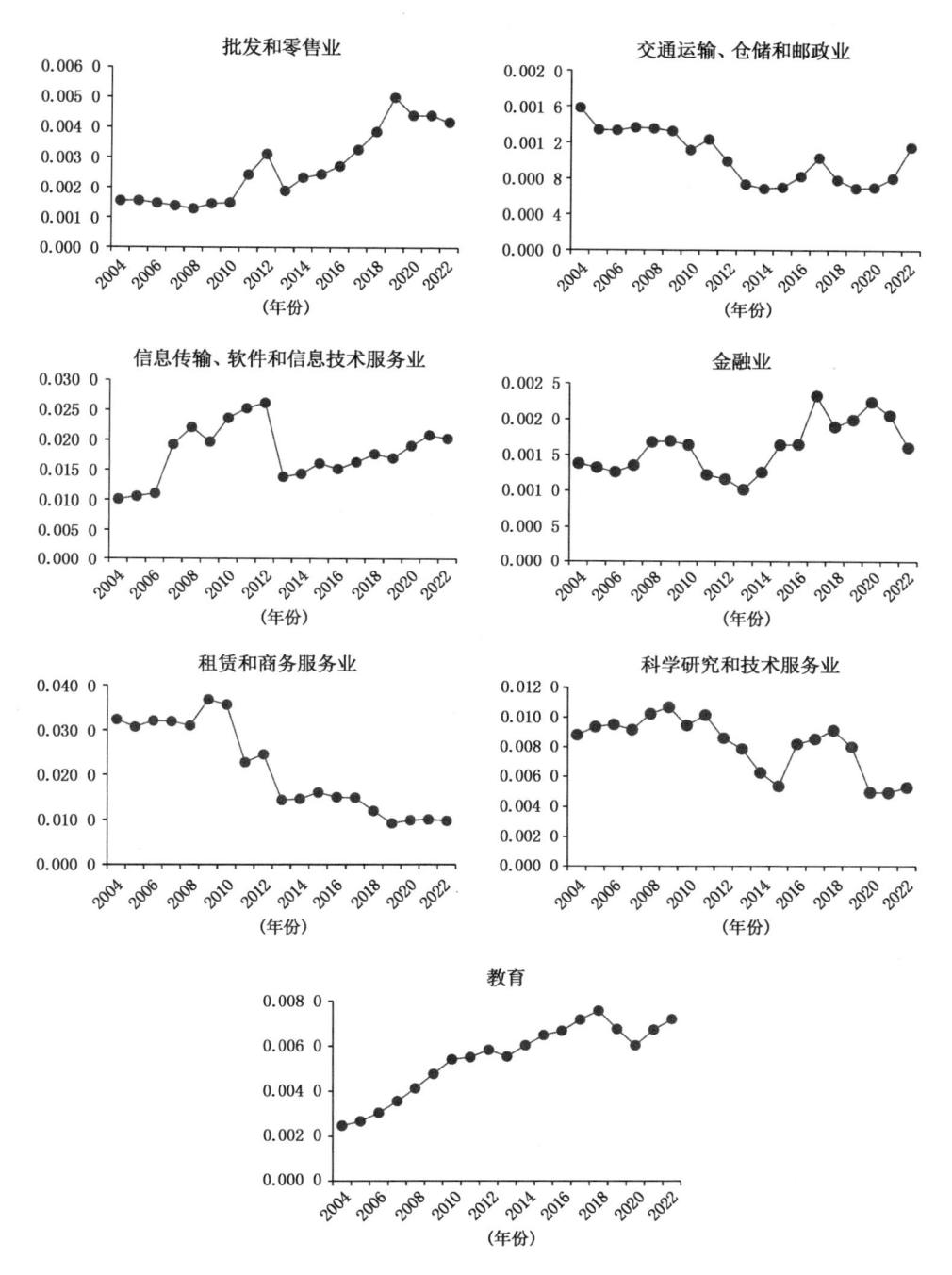

图 5—10　2004—2022 年生产性服务业 7 个重点行业 EG 指数

进一步从空间维度探析 7 个重点行业在各个地区的分布情况，表 5—9 是 2004 年、2022 年各个行业的规模最大五个省份集中度 CR5 情况，表 5—10 统计出 2004 年、2022 年五省集中度中各个省份出现的次数。

表 5—9　　　2004 年、2022 年生产性服务业 7 个重点行业在各省份集中度

年份	行业	第一位省份及百分比	第二位省份及百分比	第三位省份及百分比	第四位省份及百分比	第五位省份及百分比	CR5
2004	批发和零售业	河南 9%	北京 7%	广东 7%	山东 7%	江苏 5%	35%
	交通运输、仓储和邮政业	广东 7%	北京 6%	上海 5%	河南 5%	江苏 5%	29%
	信息传输、软件和信息技术服务业	北京 15%	广东 10%	江苏 5%	山东 5%	河南 4%	38%
	金融业	广东 8%	山东 7%	江苏 6%	河南 6%	浙江 5%	33%
	租赁和商务服务业	北京 22%	广东 9%	上海 7%	浙江 6%	辽宁 5%	48%
	科学研究和技术服务业	北京 13%	四川 6%	陕西 5%	上海 5%	河南 5%	34%
	教育	山东 7%	河南 7%	广东 6%	河北 6%	江苏 5%	32%
2022	批发和零售业	广东 14%	上海 12%	江苏 7%	北京 6%	浙江 6%	44%
	交通运输、仓储和邮政业	广东 10%	北京 7%	山东 6%	上海 6%	江苏 5%	34%
	信息传输、软件和信息技术服务业	北京 19%	广东 16%	上海 10%	江苏 7%	浙江 6%	58%
	金融业	广东 11%	北京 8%	山东 8%	浙江 6%	江苏 5%	38%
	租赁和商务服务业	广东 18%	上海 11%	浙江 10%	北京 10%	江苏 6%	54%
	科学研究和技术服务业	北京 14%	广东 11%	上海 8%	江苏 6%	四川 5%	45%
	教育	广东 9%	山东 7%	河南 6%	四川 6%	江苏 6%	33%

表 5－10　　2004 年、2022 年生产性服务业 7 个重点行业高集中度省份分布

2004 年		2022 年	
省份	次数	省份	次数
广东	6	广东	7
河南	6	江苏	7
北京	5	北京	6
江苏	5	上海	5
山东	4	浙江	4
上海	3	山东	3
浙江	2	四川	2
四川	1	河南	1
河北	1	平均值	4.38
辽宁	1		
陕西	1		
平均值	3.18		

注：作者整理得到。

对比相关数据，可以发现：

第一，生产性服务业的产业集聚优势具有一定的持续性，与制造业情况类似。在 2004 年期初，CR5 前三位行业分别是租赁和商务服务业，信息传输、软件和信息技术服务业，批发和零售业，而 2022 年期末前三位行业依次是信息传输、软件和信息技术服务业，租赁和商务服务业，科学研究和技术服务业，有 2 个行业重合，表明初始的集聚优势能够在较长时间内继续保持，在制造业二位数行业中也有类似发现。实际上，2004 年 7 个行业各省份集中度排名前三的信息传输、软件和信息技术服务业北京（15%）仍然在 2022 年中各省份集中度排名中保持前三（19%），同样印证了这点。

第二，相比于 2004 年，2022 年生产性服务业集中度有所提高，与上文中泰尔指数、EG 指数表明行业集聚程度呈现上升态势形成呼应。从五省集中度 CR5 看，生产性服务业 7 个重点行业 2024 年集中程度都高于 2004 年水平，表明各个行业更加集中分布在行业大省。而且，2022 年 86% 行业（6 个）规模第一省份所占份额高于 2004 年数值，头部省份集聚态势更加显著。事实上，比较两年间五省集中度表中上榜省份情况，能够看出 2022 年期末比 2004 年期初上榜省份的个数更少，每个省份平均出现的次数更多，侧面说明 2022 年生产性服务业呈现出更加集中的态势。

第三，与制造业各个二位数行业相比，生产性服务业7个重点行业的集中度偏低。无论是2004年还是2022年，制造业二位数行业中五省集中度CR5超过50%的行业都达到一半以上，而在生产性服务业中2004年没有行业CR5超过50%，2022年仅有29%行业（2个）CR5超过50%，另外两年中7个行业省份集中度排名第一的份额（2004年租赁和商务服务业北京22%，2022年信息传输、软件和信息技术服务业北京19%）仅是制造业二位数行业相应份额（2004年T5计算机、通信和其他电子设备制造业广东46%，2022年T5计算机、通信和其他电子设备制造业广东35%）的一半左右，说明生产性服务业各个行业集中程度明显较低，其中原因可能是两个行业所处阶段不同，生产性服务业目前处于快速成长阶段，产业集聚程度仍在上升，而制造业目前处于成熟阶段，产业集聚程度已经达到一定高度。

将考察的地区尺度扩大到城市群、区域层面，表5—11呈现出2004年、2022年生产性服务业7个重点行业在四大城市群的集中度。从规模看，生产性服务业在四大城市群的份额排序从大到小依次是长三角、京津冀、珠三角、成渝，长三角城市群依托领先的经济发展程度、优越的地理区位拔得头筹，成渝城市群经济发展程度与其他三个城市群存在一定差距，生产性服务业集中度相对较低。从2004年到2022年，各个行业在四大城市群合计的集中度都在提升，各个城市群的行业集中度大多有所上升，与前面揭示的生产性服务业产业集聚程度呈现上升态势形成呼应。虽然生产性服务业各个行业的五省集中度CR5明显低于制造业各个行业，然而生产性服务业7个行业在四大城市群的集中度与制造业二位数行业基本相当，2022年71%行业（5个）在四大城市群集中度合计超过50%，主要原因在于四大城市群是国内经济最为发达的地区，通过给各类市场主体的生产活动提供服务，当地生产性服务业得到快速成长，发展程度远高于其他地区，使得四大城市群内集中了行业大量就业人员。

表5—11　　2004年、2022年生产性服务业7个重点行业在四大城市群集中度

行业	2004年					2022年				
	京津冀	长三角	珠三角	成渝	合计	京津冀	长三角	珠三角	成渝	合计
批发和零售业	14%	17%	7%	5%	42%	11%	27%	14%	7%	59%
交通运输、仓储和邮政业	12%	16%	7%	6%	41%	12%	19%	10%	7%	49%
信息传输、软件和信息技术服务业	20%	14%	10%	6%	50%	23%	26%	16%	6%	70%
金融业	11%	19%	8%	7%	44%	14%	19%	11%	8%	51%

续表

行业	2004年					2022年				
	京津冀	长三角	珠三角	成渝	合计	京津冀	长三角	珠三角	成渝	合计
租赁和商务服务业	27%	19%	9%	2%	57%	14%	30%	18%	7%	68%
科学研究和技术服务业	19%	14%	5%	8%	47%	19%	22%	11%	7%	60%
教育	9%	14%	6%	7%	38%	8%	16%	9%	8%	41%
平均值	16%	16%	7%	6%	46%	14%	23%	13%	7%	57%

表 5-12 是 2004 年、2022 年生产性服务业 7 个重点行业在东部、中部、西部、东北四大区域集中度。东部区域以全国 9.5% 的国土面积，集中了 50% 左右的生产性服务业就业人员，显示出东部显著的区位优势，中部区域国土面积占比为 10.7%，集中的行业就业人员在 20% 左右，呈现出一定的集聚优势，而西部区域拥有 71.5% 的国土面积，行业就业人员仅占 20% 左右，就业人员密度较低，东北区域占据 8.3% 国土面积，行业集中度为 10% 左右，两者大体相当。从 2004 年到 2022 年，东部区域 7 个行业集中度都有所增加，而其他三个区域各个行业集中度大部分都在下降，表明生产性服务业 7 个行业呈现出向东部区域集聚的态势，区域间分布不平等程度上升，印证了上文生产性服务业区域间泰尔指数 T_b 增加的结论，这点与制造业情况正好相反。从生产性服务业各行业在四大区域、四大城市群分布和发展态势看，2022 年生产性服务业发展态势类似于 2004 年制造业的发展态势。

表 5-12　2004 年、2022 年生产性服务业 7 个重点行业在四大区域集中度

行业	2004年				2022年			
	东部	中部	西部	东北	东部	中部	西部	东北
批发和零售业	43%	26%	20%	10%	59%	18%	19%	4%
交通运输、仓储和邮政业	41%	23%	23%	14%	48%	20%	24%	9%
信息传输、软件和信息技术服务业	50%	18%	22%	10%	68%	13%	15%	5%
金融业	45%	23%	22%	11%	52%	18%	22%	8%
租赁和商务服务业	59%	17%	15%	9%	65%	15%	17%	4%
科学研究和技术服务业	42%	19%	28%	11%	58%	16%	21%	5%
教育	37%	26%	28%	9%	40%	24%	30%	7%
平均值	45%	22%	22%	11%	56%	18%	21%	6%

综上所述，2004—2022 年生产性服务业 7 个重点行业中有 5 个行业集聚程度呈现出一定程度的波动上升态势，2 个行业（租赁和商务服务业，科学研究和技术服务业）集聚程度表现出波动下降态势。与 2004 年相比，2022 年 7 个行业五省集中度 CR5 都在上升，但集中度偏低，远低于制造业各个行业。在城市群、区域方面，7 个行业更加集中分布在四大城市群和东部区域，区域间产业分布不平等程度明显上升，2022 年生产性服务业发展状况相当于 2004 年制造业发展阶段。

第四节　制造业与生产性服务业协同集聚水平及变动趋势

一、引言

在现实经济生活中，既可以看到同一产业内企业在特定地区的产业集聚现象，也能看到不同产业内企业共同选址在特定地区的产业间协同集聚现象，产业间协同集聚是对产业集聚的扩展，值得深入展开分析，本节主要关注制造业与生产性服务业之间的协同集聚状况。实际上，制造业与生产性服务业协同集聚的动机主要来自于两方面：(1) 上下游产业关联。生产性服务业原本是制造业中一个环节或部门，随着社会专业分工深化，生产性服务业逐渐从制造业中独立出来，使得制造业、生产性服务业各自的生产效率得到提高，但是两者间上下游产业关联仍然存在。正是这种投入产出关系，使得两者的空间布局相互影响、相互协调，从节省运输成本角度看，共同选址在特定地区有利于减少双方的生产成本。(2) 基于"生产—服务"的知识外溢机制。知识外溢既可以在同一产业内的企业之间发生，也可以在关联产业的企业之间发生，生产性服务业企业通过提供专业服务的形式帮助制造业企业开展生产活动，两者共同选址在特定地区有利于提升业务人员面对面交流的频次，获得更多的知识外溢收益。不同行业组合从上述两方面获得的收益大小，会直接影响到这些行业组合的协同集聚水平。

文中使用制造业、生产性服务业相关数据测算 2004—2022 年两者之间的协同集聚水平，并分析其中的变化趋势。具体而言，首先介绍衡量产业协同集聚程度的方法，其次对样本数据进行说明，最后分析 2004—2022 年制造业与生产性服务业协同集聚水平的变动情况。

> **专栏 5—1**
>
> **张江科学城——先进制造业与生产性服务业协同集聚园区**
>
> 张江科学城位于上海市浦东新区,总面积约95平方公里,规划面积220平方公里,汇聚2.48万家企业,包括高新技术企业1 930家、专精特新企业1 065家、外资研发机构181家,形成集成电路、生物医药、软件与信息服务和文化科技创意四大主导产业。集成电路产业是中国最齐全、最完善的产业链布局,生物医药领域形成新药研发、药物筛选、临床研究、中试放大、注册认证、量产上市完备创新链。张江科学城内创新生态优越,现有上海科技大学、中科院高等研究院等近20家高校和科研院所,为区域内企业的发展提供研发技术支撑,集聚银行、融资担保机构、创业投资机构上百家,稳定为企业发展提供金融服务,拥有企业孵化器86家,构建起了"众创空间+创业苗圃+孵化器+加速器"完整创业孵化链条,实现先进制造业与生产性服务业协同集聚、有机融合。
>
> ——资料来源:根据网络公开资料整理,仅供参考及讨论使用。

二、产业协同集聚水平测度方法

Ellison 和 Glaeser(1997)不仅构建出测算单个产业集聚程度的 EG 指数,而且对于多个产业协同集聚(Coagglomeration)现象,也提出了衡量产业协同集聚程度的计算公式,具体如下:

$$\gamma^c = \frac{[G/(1-\sum_{i=1}^{n}x_i^2)] - H - \sum_{k=1}^{K}\hat{\gamma}_k w_k^2(1-H_k)}{1-\sum_{k=1}^{K}w_k^2} \tag{5-7}$$

其中,G 是地理集中指数,x_i 是地区 i 就业人数占全国总就业人数的份额,H 是各产业加权得到的赫芬达指数,$\hat{\gamma}_k$ 是产业 k 的 EG 指数,w_k 是产业 k 的就业份额,H_k 是产业 k 的赫芬达指数。不过,这种计算方法对数据要求较高,Devereux 等(2004)对上述方法进行了简化,文献中通常采用简化后方法测算产业协同集聚程度,比如陈国亮和陈建军(2012)、江曼琦和席强敏(2014),简化后计算公式为:

$$\gamma^c(K) = \frac{G_K - \sum_{k=1}^{K}w_k^2 G_k}{1-\sum_{k=1}^{K}w_k^2}, G = \sum_{i=1}^{n}s_k^2 - \frac{1}{n}, w_k = \frac{E_k}{\sum_{k=1}^{K}E_k} \tag{5-8}$$

公式中，K 是考察协同集聚程度的产业种类数，$\gamma^c(K)$ 数值越大，表明这 K 个产业协同集聚程度越高，G 是一个或多个产业的地理集中度，s_k 是一个或多个产业在地区 i 的就业人数占这些产业全国总就业人数的份额，n 是地区个数，E_k 是产业 k 的全部就业人数。

本节主要考察两个产业之间的协同集聚程度，因此上述公式可以表示为：

$$\gamma_{kl}^c = \frac{G_{kl} - (w_k^2 G_k + w_l^2 G_l)}{1 - (w_k^2 + w_l^2)} \tag{5-9}$$

其中，w_k、w_l 是产业 k、产业 l 就业人数占两个产业就业人数总和的份额。

三、数据说明

分析使用的数据来自《中国劳动统计年鉴》、ESP 数据库，《中国劳动统计年鉴》列出了 2004—2022 年制造业各个二位数行业、生产性服务业各个行业的就业人数数据。为了保持口径一致，使用城镇单位就业人数指标测算 2004—2022 年制造业各个二位数行业与生产性服务业各个行业之间的产业协同集聚程度。

四、2004—2022 年中国制造业与生产性服务业协同集聚程度分析

本部分考察制造业与生产性服务业协同集聚程度的变化情况，主要从两个方面入手：第一，分析制造业整体与生产性服务业整体之间、制造业整体与生产性服务业 7 个重点行业之间的产业协同集聚程度变化趋势；第二，分析制造业各个二位数行业与生产性服务业 7 个重点行业之间的产业协同集聚程度变化趋势。

（一）总体情况

与前面衡量制造业、生产性服务业整体 EG 指数类似，衡量制造业整体与生产性服务业整体之间的产业协同集聚程度 γ_{kl}^c 时，首先根据式（5—9）计算出制造业各个行业与生产性服务业 7 个重点行业之间的产业协同集聚程度，其次按照各个行业就业人数占制造业总就业人数或生产性服务业总就业人数的份额为权重，将两个产业之间的产业协同集聚水平进行加权平均，得到制造业整体与生产性服务业整体之间的产业协同集聚水平、制造业整体与生产性服务业各个重点行业之间的产业协同集聚水平。

图 5—11 呈现出 2004—2022 年制造业整体与生产性服务整体之间的产业协同集聚水平，从 2004 年到 2022 年，两者之间产业协同集聚程度显著上升，2022 年期末数值（0.026 1）达到 2004 年期初（0.011 4）的 2.3 倍，说明制造业与生产性服务业在区位选址协同程度上有明显提升，形成了良好的互动配合。生产性服务业本身是为各类市场主体的生产活动提供服务，尤其是对制造业企业的生产经营活

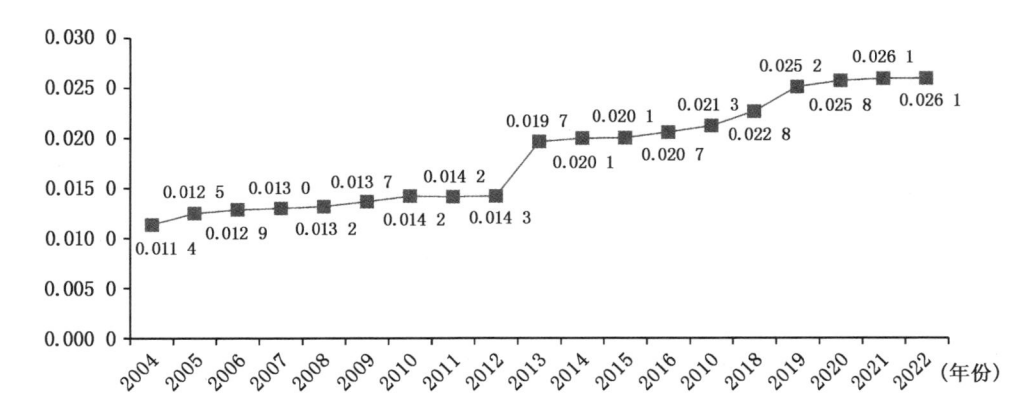

数据来源:根据历年《中国劳动统计年鉴》、ESP 数据库相关数据计算得到,下同。

图 5-11 2004—2022 年制造业整体与生产性服务业整体之间的产业协同集聚水平

动提供支持,过去二十年制造业稳步发展催生出对生产性服务业的大量需求,而不少生产性服务需求具有本地化属性,如货物运输、金融业,需要在制造业企业当地开设常驻机构,长期持续为企业提供支持服务,促进了制造业与生产性服务业协同集聚程度。另一方面,国家大力发展生产性服务业,出台相关政策和措施,推动制造业与生产性服务业融合发展,在一定程度上推动了制造业与生产性服务业协同集聚程度提升。

图 5-12 是 2004—2022 年制造业整体与生产性服务业 7 个重点行业各自的产业协同集聚水平,可以发现制造业与各个行业的产业协同集聚程度都表现出上升态势,与生产性服务业整体情况类似。从 2022 年数值看,两个产业之间的协同集聚水平前三名依次是制造业-租赁和商务服务业(0.039 3)、制造业-信息传输、软件和信息技术服务业(0.033 9)、制造业-批发和零售业(0.031 6),而在 2004 年前三名依次是制造业-金融业(0.013 9)、制造业-租赁和商务服务业(0.012 6)、制造业-信息传输、软件和信息技术服务业(0.012 5),有两个产业对是重合的,表明初期的产业协同集聚优势同样能够保持较长时间,与前面发现制造业、生产性服务业产业集聚优势具有长期持续性的结论类似。

总之,2004—2022 年制造业整体与生产性服务业整体、生产性服务业各个重点行业之间的产业协同集聚水平呈现出稳步上升的趋势,初期的产业协同集聚优势同样具有长期持续性。

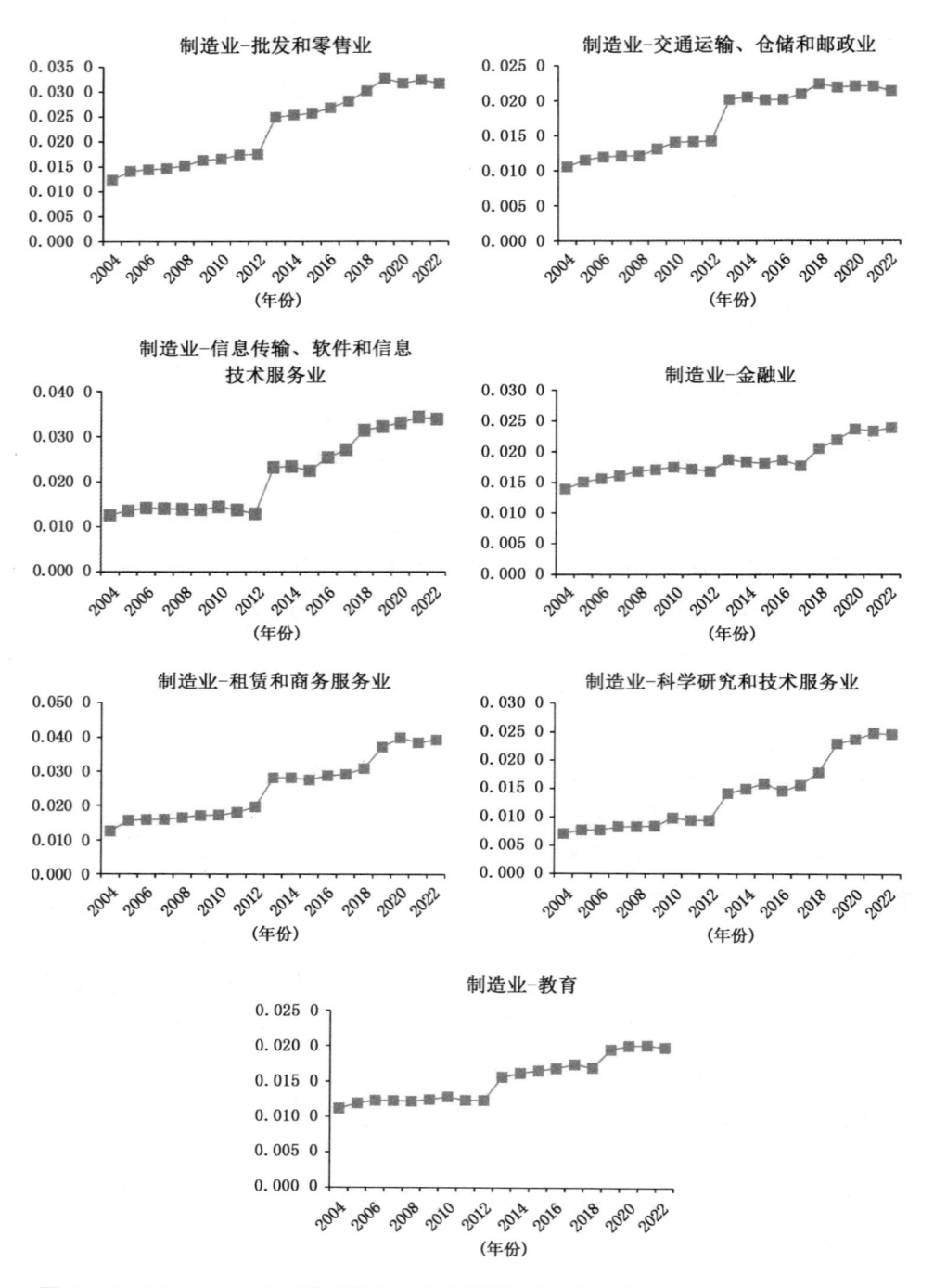

图 5-12 2004—2022 年制造业整体与生产性服务业 7 个重点行业的产业协同集聚水平

(二)细分行业情况

上文主要分析了总体情况,进一步考察细分行业的变化趋势,主要关注制造业中协调过国民经济行业分类标准后的 27 个二位数行业(详见本章第二节相应说明)、生产性服务业 7 个重点行业两两之间的产业协同集聚相关情况。

通过制造业 27 个行业与生产性服务业 7 个行业两两配对,总共形成 189 个(27×7)产业对。表 5—13 是 2004 年、2022 年全样本 189 个产业对的产业协同集聚水平统计描述,不难发现 2022 年 189 个产业对协同集聚水平的最大值、平均值、中位数、最小值都是高于 2004 年相应指标数值,说明 2022 年各个产业对之间的协同集聚程度总体上优于 2004 年水平。另一方面,不论是 2004 年还是 2022 年,当年都存在一部分产业对的产业协同集聚水平为负,实际上 2004—2022 年 3 591 个样本中共有 74 个样本(2%)的产业协同集聚水平小于 0。在这些样本中,制造业各行业出现频数前三的行业是烟草制品业(31 次),有色金属冶炼和压延加工业(27 次),黑色金属冶炼和压延加工业(9 次),合计 67 次(91%),生产性服务业出现频数前三的行业是信息传输、软件和信息技术服务业(29 次),租赁和商务服务业(29 次),科学研究和技术服务业(13 次),合计 71 次(96%)。制造业中这三个行业都非常依赖于自然地理条件,受到自然资源禀赋影响较大,但是受生产性服务业影响较小,而生产性服务业中三个行业是典型的知识密集型行业,倾向于集聚在大城市,追求知识外溢带来的好处,受到自然资源禀赋影响较小,两类产业之间的互动较弱,导致两者空间分布呈现出较低的协同集聚水平。比如,全样本中产业协同集聚程度排名后三位的都是烟草业—租赁和商务服务业产业对(2006 年—0.005 5、2009 年—0.005 5、2008 年—0.005),烟草业集中分布在云南、贵州等自然资源丰裕的西部地区,这些地区经济发展相对较慢,当地租赁和商务服务业发展较为落后,而租赁和商务服务业产业集中分布在北京、浙江等经济发达的东部地区,当地自然资源优势不算突出,烟草业发展水平不高,两个行业对发展资源的诉求不一致,导致烟草业—租赁和商务服务业这一产业对在空间分布上呈现出一定程度的错位,产业协同集聚水平垫底。

表 5—13　　　　　　　　189 个产业对的产业协同集聚水平统计描述

项目	样本数	最大值	平均值	中位数	最小值	标准差
2004 年	189	0.029 6	0.010 4	0.010 3	−0.003 7	0.005 8
2022 年	189	0.070 3	0.023 7	0.020 9	−0.002 0	0.015 2
全样本	3591	0.071 5	0.016 8	0.014 3	−0.005 5	0.011 5

注:作者整理得到。

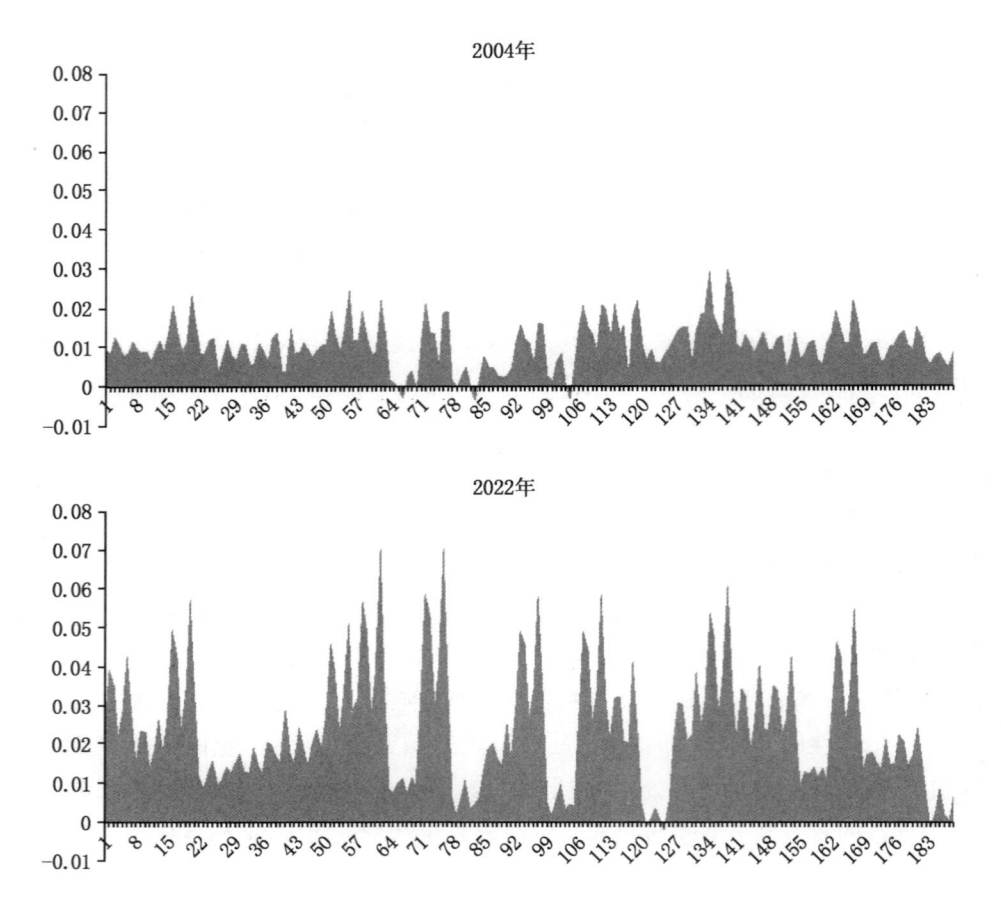

注：作者整理得到，横轴是制造业 27 个行业与生产性服务业 7 个行业配对顺序，2004 年与 2022 年配对顺序保持一致。

图 5—13　2004 年、2022 年制造业 27 个行业与生产性服务业 7 个行业产业协同集聚水平

图 5—13 上半部分展示出 2004 年制造业 27 个行业与生产性服务业 7 个行业两两配对形成的 189 个产业对协同集聚水平，不同产业对的协同集聚水平差异十分明显。表 5—14 统计了 2004 年产业协同集聚水平最高十名和最低十名产业对的信息。在最高十名的产业对中，制造业中劳动密集型行业[①]出现 5 次（印刷和记录媒介复制业，家具制造业，文教、工美、体育和娱乐用品制造业及其他制造业，皮革、毛皮、羽毛及其制品和制鞋业），技术密集型行业出现 4 次（计算机、通信和其他电子设备制造业，仪器仪表制造业），而生产性服务业只有租赁和商务服务业（5

---

① 关于劳动密集型行业、技术密集型行业、资本密集型行业的名单，可查看第 143 页脚注。

次),信息传输、软件和信息技术服务业(3次),金融业(2次),这些产业对中两个行业之间的产业关联都比较大。劳动密集型行业对于租赁和商务服务业所包含的人力资源服务有较大需求,而在信息化转型的过程中,劳动密集型行业对信息传输、软件和信息技术服务业提供的服务需求高涨,金融业则是为劳动密集型行业的各类生产经营活动提供资金支持,两个产业之间互动性强。对于技术密集型行业而言,行业发展非常依赖于技术创新,与租赁和商务服务业,信息传输、软件和信息技术服务业,金融业这些知识密集型行业频繁互动,容易激发出新的思想,促进技术密集型行业技术创新。在产业协同集聚程度最低十名的产业对中,制造业中大部分是与自然资源相关的行业,包括有色金属冶炼和压延加工业,烟草制品业,而与这些产业配对的生产性服务业都是知识密集型行业,包括租赁和商务服务业,信息传输、软件和信息技术服务业,科学研究和技术服务业,两类行业间产业关联较低,导致产业对之间的协同集聚水平偏低。

到2022年,上述特征更加显著。图5—13下半部分是2022年189个产业对协同集聚水平,2022年样本标准差上升到0.015 2,达到2004年标准差(0.005 8)的2.6倍(详见表5—13),不同样本间差异愈发突出。对比2022年产业协同集聚水平最高十名、最低十名产业对的信息(详见表5—15),在最低十名的产业对中,制造业配对的10个行业都显著受到自然地理条件影响,远高于2004年数量,包括石油、煤炭及其他燃料加工业,黑色金属冶炼和压延加工业,有色金属冶炼和压延加工业,烟草制品业,而生产性服务业配对的行业大部分是知识密集型行业,包括租赁和商务服务业,信息传输、软件和信息技术服务业,科学研究和技术服务业,产业对中两个产业互动性低,使得整体的协同集聚水平偏低。不过,从2004年到2022年,两年的最低十名榜单中同时存在的产业对协同集聚程度都有所增加,有色金属冶炼和压延加工业—信息传输、软件和信息技术服务业产业对的协同集聚水平由—0.000 5上升到0.001 9,烟草制品业—信息传输、软件和信息技术服务业产业对的协同集聚水平由0.001 2增加到0.001 5,两者间协同程度得到提升。2022年最高十名产业对信息揭示出的特征,与2004年情况类似,此处不再赘述。

表5—14　　　　2004年产业协同集聚水平最高十名和最低十名产业对

排名	制造业	生产性服务业	γ_{kl}^c	制造业	生产性服务业	γ_{kl}^c
1	计算机、通信和其他电子设备制造业	租赁和商务服务业	0.029 6	有色金属冶炼和压延加工业	租赁和商务服务业	—0.003 7
2	计算机、通信和其他电子设备制造业	信息传输、软件和信息技术服务业	0.029 3	烟草制品业	租赁和商务服务业	—0.003 3

续表

排名	制造业	生产性服务业	γ_{kl}^c	制造业	生产性服务业	γ_{kl}^c
3	印刷和记录媒介复制业	租赁和商务服务业	0.024 5	废弃资源综合利用业	教育	−0.002 9
4	计算机、通信和其他电子设备制造业	金融业	0.024 0	废弃资源综合利用业	金融业	−0.001 1
5	仪器仪表制造业	租赁和商务服务业	0.023 2	废弃资源综合利用业	批发和零售业	−0.000 8
6	家具制造业	租赁和商务服务业	0.022 1	有色金属冶炼和压延加工业	信息传输、软件和信息技术服务业	−0.000 5
7	金属制品业	租赁和商务服务业	0.021 9	有色金属冶炼和压延加工业	科学研究和技术服务业	−0.000 3
8	皮革、毛皮、羽毛及其制品和制鞋业	金融业	0.021 8	废弃资源综合利用业	信息传输、软件和信息技术服务业	0.001 0
9	皮革、毛皮、羽毛及其制品和制鞋业	信息传输、软件和信息技术服务业	0.021 2	烟草制品业	科学研究和技术服务业	0.001 1
10	文教、工美、体育和娱乐用品制造业及其他制造业	信息传输、软件和信息技术服务业	0.021 1	烟草制品业	信息传输、软件和信息技术服务业	0.001 2

注：作者整理得到。

表 5—15　　2022 年产业协同集聚水平最高十名和最低十名产业对

排名	制造业	生产性服务业	γ_{kl}^c	制造业	生产性服务业	γ_{kl}^c
1	家具制造业	租赁和商务服务业	0.070 3	石油、煤炭及其他燃料加工业	租赁和商务服务业	−0.002 0
2	文教、工美、体育和娱乐用品制造业及其他制造业	租赁和商务服务业	0.070 3	黑色金属冶炼和压延加工业	信息传输、软件和信息技术服务业	−0.001 2
3	计算机、通信和其他电子设备制造业	租赁和商务服务业	0.060 8	石油、煤炭及其他燃料加工业	信息传输、软件和信息技术服务业	−0.001 0
4	文教、工美、体育和娱乐用品制造业及其他制造业	信息传输、软件和信息技术服务业	0.058 8	黑色金属冶炼和压延加工业	租赁和商务服务业	0.000 5
5	电气机械和器材制造业	租赁和商务服务业	0.058 5	石油、煤炭及其他燃料加工业	科学研究和技术服务业	0.000 5
6	橡胶和塑料制品业	租赁和商务服务业	0.058 2	石油、煤炭及其他燃料加工业	批发和零售业	0.000 6

续表

排名	制造业	生产性服务业	γ_{kl}^c	制造业	生产性服务业	γ_{kl}^c
7	仪器仪表制造业	租赁和商务服务业	0.057 3	烟草制品业	信息传输、软件和信息技术服务业	0.001 5
8	家具制造业	信息传输、软件和信息技术服务业	0.056 9	黑色金属冶炼和压延加工业	科学研究和技术服务业	0.001 8
9	金属制品业	租赁和商务服务业	0.054 8	有色金属冶炼和压延加工业	信息传输、软件和信息技术服务业	0.001 9
10	计算机、通信和其他电子设备制造业	信息传输、软件和信息技术服务业	0.053 9	黑色金属冶炼和压延加工业	批发和零售业	0.002 8

注:作者整理得到。

对比2004年、2022年各个产业对协同集聚水平的变化,图5－13似乎显示大部分产业对的产业协同集聚程度得到提升,事实上确实如此,189个中有92%(173个)的产业对协同集聚水平增加,下降的产业对只有16个,详见表5－16。在这些产业对中,匹配的制造业绝大部分是非常倚赖自然资源的行业,包括石油、煤炭及其他燃料加工业,黑色金属冶炼和压延加工业,烟草制品业,而匹配的生产性服务业涵盖了全部7个行业,说明自然资源优势对这些制造业细分行业带来的收益明显超过生产性服务业通过产业关联对它们提供的收益,使得这些行业内企业在发展过程中更倾向于选择自然资源优势显著而生产性服务业发展相对落后的地区。表5－17是2022年产业协同集聚水平增幅(相比于2004年)前10名的产业对信息,上榜的制造业行业大部分都是劳动密集型行业(8次),分别是文教、工美、体育和娱乐用品制造业及其他制造业(4次),家具制造业(3次),造纸和纸制品业(1次),生产性服务业有4个,依次是租赁和商务服务业(5次),批发和零售业(2次),信息传输、软件和信息技术服务业(2次),科学研究和技术服务业(1次),表明从2004年到2022年劳动密集型行业与生产性服务业的产业协同集聚水平提升最为显著。

概括而言,相比于2004年,2022年制造业27个行业与生产性服务业7个行业之间的产业协同集聚水平普遍得到提升,不过显著依赖自然资源的制造业行业与生产性服务业各行业之间的产业协同集聚水平偏低,甚至出现负增长,18年间产业协同集聚程度增幅最大的产业对来自劳动密集型行业与生产性服务业各个行业的配对。

表 5—16 2022 年产业协同集聚水平低于 2004 年数值的产业对

制造业	生产性服务业	2004 年 γ_{kl}^c	2022 年 γ_{kl}^c	差值
石油、煤炭及其他燃料加工业	租赁和商务服务业	0.007 9	−0.002 0	−0.009 97
石油、煤炭及其他燃料加工业	批发和零售业	0.009 4	0.000 6	−0.008 80
石油、煤炭及其他燃料加工业	信息传输、软件和信息技术服务业	0.006 7	−0.001 0	−0.007 71
黑色金属冶炼和压延加工业	信息传输、软件和信息技术服务业	0.005 5	−0.001 2	−0.006 66
石油、煤炭及其他燃料加工业	交通运输、仓储和邮政业	0.010 6	0.005 0	−0.005 64
石油、煤炭及其他燃料加工业	科学研究和技术服务业	0.006 0	0.000 5	−0.005 42
黑色金属冶炼和压延加工业	科学研究和技术服务业	0.006 3	0.001 8	−0.004 49
黑色金属冶炼和压延加工业	批发和零售业	0.007 3	0.002 8	−0.004 43
石油、煤炭及其他燃料加工业	金融业	0.009 9	0.005 6	−0.004 30
黑色金属冶炼和压延加工业	租赁和商务服务业	0.004 7	0.000 5	−0.004 27
石油、煤炭及其他燃料加工业	教育	0.006 3	0.003 7	−0.002 59
黑色金属冶炼和压延加工业	金融业	0.008 5	0.006 8	−0.001 66
黑色金属冶炼和压延加工业	交通运输、仓储和邮政业	0.007 2	0.005 8	−0.001 40
农副食品加工业	信息传输、软件和信息技术服务业	0.008 7	0.008 6	−0.000 07
烟草制品业	金融业	0.004 3	0.004 3	−0.000 05
烟草制品业	批发和零售业	0.006 1	0.006 0	−0.000 04

注：作者整理得到。

表 5—17　　2022 年产业协同集聚水平增幅（相比于 2004 年）前 10 名的产业对

制造业	生产性服务业	2004 年 γ_{kl}^c	2022 年 γ_{kl}^c	差值
文教、工美、体育和娱乐用品制造业及其他制造业	租赁和商务服务业	0.018 8	0.070 3	0.051 4
家具制造业	租赁和商务服务业	0.022 1	0.070 3	0.048 2
橡胶和塑料制品业	租赁和商务服务业	0.016 3	0.058 2	0.041 9
文教、工美、体育和娱乐用品制造业及其他制造业	批发和零售业	0.013 7	0.053 0	0.039 2
家具制造业	批发和零售业	0.012 2	0.050 0	0.037 8
文教、工美、体育和娱乐用品制造业及其他制造业	信息传输、软件和信息技术服务业	0.021 1	0.058 8	0.037 7
电气机械和器材制造业	租赁和商务服务业	0.021 0	0.058 5	0.037 6
家具制造业	信息传输、软件和信息技术服务业	0.019 5	0.056 9	0.037 4
造纸和纸制品业	租赁和商务服务业	0.008 0	0.042 7	0.034 7
文教、工美、体育和娱乐用品制造业及其他制造业	科学研究和技术服务业	0.005 0	0.039 5	0.034 5

注：作者整理得到。

参考文献

[1] 陈国亮,陈建军.产业关联、空间地理与二三产业共同集聚——来自中国 212 个城市的经验考察[J].管理世界,2012,(4):82—100.

[2] 冯剑.京津冀城市群生产性服务业与制造业协同集聚的机理和效应研究[D].中央财经大学,2018.

[3] 冯云廷.城市聚集经济[M].大连:东北财经大学出版社,2001.

[4] 冯云廷.城市经济学[M].大连:东北财经大学出版社,2008.

[5] 江曼琦,席强敏.生产性服务业与制造业的产业关联与协同集聚[J].南开学报(哲学社会科学版),2014,(1):153—160.

[6] 罗勇,曹丽莉.中国制造业集聚程度变动趋势实证研究[J].经济研究,2005,(8):106—115+127.

[7] 张斌,于飞.2024 年 11 月宏观经济运行检验报告单[R].北京:中国金融四十人论坛,

2024.

[8] Combes, P. -P., Mayer, T., and Thisse, J. -F. *Economic Geography: The Integration of Regions and Nations*[M]. Princeton: Princeton University Press, 2008.

[9] Devereux, M. P., Griffith, R., and Simpson, H. The Geographic Distribution of Production Activity in the UK[J]. *Regional Science and Urban Economics*, 2004, 34(5): 533—564.

[10] Ellison, G. and Glaeser, E. Geographic Concentration in US Manufacturing Industries: A Dartboard Approach[J]. *Journal of Political Economy*, 1997, 105(5): 889—927.

[11] Lu, J. Y. and Tao, Z. G. Trends and Determinants of China's Industrial Agglomeration[J]. *Journal of Urban Economics*, 2009, 65(2): 167—180.

进一步阅读的文献

[1] 范剑勇, 李方文. 中国制造业空间集聚的影响[A]//陆铭, 陈钊, 朱希伟, 等. 中国区域经济发展: 回顾与展望[M]. 上海: 格致出版社, 上海人民出版社, 2011: 310—359.

[2] 贺灿飞, 潘峰华. 中国制造业地理集聚的成因与趋势[A]//陆铭, 陈钊, 朱希伟, 等. 中国区域经济发展: 回顾与展望[M]. 上海: 格致出版社, 上海人民出版社, 2011: 275—309.

[3] Duranton, G. and Puga, D. Micro-Foundations of Urban Agglomeration Economies[A]// Henderson, J. and Thisse, J. -F. *Handbook of Regional and Urban Economics* Vol. 4[M]. Elsevier, 2004: 2063—2117.

[4] Rosenthal, S. and Strange, W. Evidence on the Nature and Sources of Agglomeration Economies[A]// Henderson, J. and Thisse, J. -F. *Handbook of Regional and Urban Economics* Vol. 4[M]. Elsevier, 2004: 2119—2171.

思考题

1. 列举三个国内有特色的产业集聚区,从中选择一个产业集聚区,深入了解其发展历程。
2. 除了文中提及的因素,思考还有哪些因素会驱动产业在特定地理空间内集聚。
3. 查找衡量产业集聚水平的常用指标,并总结不同指标的特点。
4. 近二十年中国制造业产业集聚程度呈现出下降态势,通过查阅文献,说明背后可能有哪些原因。
5. 对比说明中国制造业的产业集聚模式与生产性服务业的产业集聚模式之间的异同点,比如选址位置、企业间协作方式。

第六章

空间集聚：中国的城市化发展与空间布局

本章重点

- 中国城市化的历史
- 城市化的空间集聚效应
- 中国城市化的空间布局与政策

城市是人类社会经济发展到一定程度的产物，城市化是指农业人口转化为城镇人口的过程，是一个国家或地区社会经济发展水平和文明程度的重要标志，是随着工业化而发生的经济和人口分布重心向城市转移，城市在国家经济和社会生活中的作用逐渐加强的历史过程。工业化、现代化与城市化是相互推动、互为因果的统一进程，农业人口向城市转移是社会分工的结果，既是人类社会经济发展的必然趋势，又是国家实现工业化和现代化的必要条件。工业化要求并促进人口向城市集聚，城市化又极大地促进了工业和整个经济社会的进步。

城市作为某区域的中心地，高强度聚集着大量的物质、资金、技术、人才、信息等物质资源和社会资源，是该区域经济、政治、文化等社会活动的中心，具有良好的产业基础和大量的就业机会，表现出巨大吸引力和辐射力，拉动农村劳动力大规模流向城市和非农产业。城市化的发展对经济的增长具有决定性的意义，是解决经济与社会发展诸多矛盾的关键。本章主要从集聚和空间布局的角度分析中国的城市化。

第一节 中国城市化的历史与现状

中国城市化进程伴随着曲折和反复。新中国成立之前，由于受到世界列强侵略和军阀割据的困扰,城市化的发展十分不均衡,有些地区的城市迅速扩张,另一些地区则完全处在城市化的进程之外。新中国成立以后,城市布局才有了比较明确的规划。综览新中国成立以来我国城市化发展的基本情况(见图6—1),不难发现我国城市化增速自改革开放以来明显加快。据此,我们可以将我国城市化进程分为改革开放前与改革开放后两个大的阶段来加以考察。

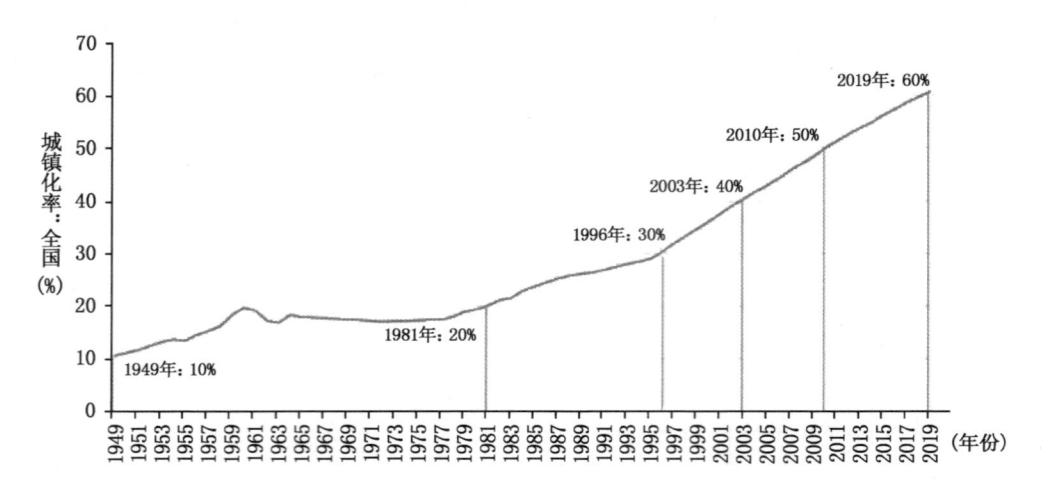

资料来源:1949—2019年历年统计年鉴。

图6—1 1949—2019年中国城市化率

一、改革开放前的城市化

新中国成立后,我国旋即开始了如火如荼的工业化进程,城市化进程也随之展开。由图6—1可以看出,1949—1978年期间中国城市化进程相当缓慢。同期,全世界城市人口比重由28.4%上升到41.3%,其中发展中国家由16.2%上升到30.5%,但是中国仅由11.2%上升到19.4%。具体又可分为三个阶段。

(一)起步阶段(1949—1957年)

这一阶段,社会主义改造基本完成,社会主义工业化开始起步。在苏联发展模式的影响下,我国开始了以发展重工业为核心的大规模经济建设。1954年9月,周恩来同志在第一次全国人民代表大会第一次会议上指出,第一个五年计划要集中力量发展重工业,即冶金工业、燃料工业、电力工业、机器制造工业和化学工业等。这一时期重工业投资占工业投资额的85%。随着156项重点工程建设的开展,一大批新建扩建的工业项目在全国城市兴建,对土地、劳动力的需求和对城市建设、经济发展以及服务业的兴起都起到了有力的推动作用。这一时期,出现了一批新兴的工矿业城市,与此同时,对一批老城市也进行了扩建和改造,如武汉、成都、太原、西安、洛阳、兰州等老工业城市,还加强发展了鞍山、本溪、哈尔滨、齐齐哈尔、长春等大中城市。1949 年我国仅有城市 132 个,城市非农业人口 2 740 万人,城市化水平为 5.1%。到 1957 年末,我国的城市发展到 176 个,城市非农业人口占总人口的比重上升到 8.4%。随着经济恢复与大规模工业建设,大批农业劳动力转移到工业部门,相应提高了城市人口比重。1957 年城市人口比重提高到 15.4%,比 1949 年增加了 5 个百分点。

(二)大起大落阶段(1958—1965 年)

这一阶段是以"大跃进"为指导思想的超速期,农村实行"人民公社"的集体生产方式,工业化、城市化在脱离农业发展水平上超高速发展。在"超英赶美"的号召下,对一些重要产品如钢产量、煤产量等提出了不切实际的高增长指标,重工业尤其是钢铁工业畸形、劣质高速增长,国民经济及工业内部主要比例关系失调的情况日益恶化,同时对自然资源和生态环境造成巨大浪费和破坏。在三年"大跃进"后,1961 年,全国城市增加到 208 个,城市人口由 1957 年的 5 412 万增长到 6 906 万,增长了 28%,城市非农业人口所占比重也上升到 10.5%。由于人口增长对城市压力增大,为了城市社会稳定和适应当时供给不足的社会经济状态,国务院在 1958 年颁布了《户口管理条例》,严格划分农业和非农户口,控制农业人口迁往城市,这是中国此后关于户籍管理的基本法律依据。但"大跃进"时期又从农村大量招工,1958—1960 年间,城镇人口迅速提高 4 个百分点(1960 年达到 19.3%)。此后"大跃进"的失败与自然灾害下放大量新招职工,1965 年城镇人口比重下降到 16.8%。经济发展战略失误致使这一时期城镇人口比重"大起大落",但是"户籍管理"制度在城市化中的"篱笆作用"已显露端倪。

(三)停滞阶段(1966—1978 年)

这一阶段是我国产业结构调整和城市化进程整体减缓的阶段,经济调整与"文化大革命"混乱使得我国城市化陷入停滞。城市人口绝对数量虽增加了 4 295 万人(由 1966 年的 12 950 万人增加到 1978 年的 17 245 万人),但城市化率却有所下降(1978 年为 17.92%,比 1963 年高 1.5 个百分点,比 1966 年低 0.5 个百分点)。户籍制度大大缩小了农村人口转变为"非农业户口"的渠道,提高了城市户口的"含金量",充分显示了城乡隔离体制的威力,由此形成典型的城乡"二元社会"。这一阶段对我国产业和城市化进程产生直接影响的有三个事件:经济调整、"三线"建设和"上山下乡"运动、"文化大革命"。

首先是经济调整。1961 年 1 月召开的中共八届九中全会决定,国民经济开始实行"调整、巩固、充实、提高"的方针。在对"大跃进"发展的反思和 20 世纪 60 年代初的自然灾害以及中苏关系恶化的影响下，提出了"先抓吃穿用"的现实问题，国民经济中优先安排农业的发展，工业方面优先安排轻工业的发展和农业生产资料的生产，在重工业内部加强采掘工业的生产。从 1962 年开始，陆续撤销了一大批城市，出现工业调整时期的第一次逆城市化阶段，到 1965 年底只剩下城市 168 个，城市人口出现负增长，城市化水平下降到 9.2%。

其次是"三线"建设和"上山下乡"运动。1964 年 5 月之后，由于苏、美加紧了对中国的军事威胁，中共中央做出决定，对我国国民经济作一次重大的区域性布局调整，对东部（"一线"）和中部（"二线"）经济建设项目实行"停""压""搬""分""帮"，重点开发和建设西部（"三线""战略后方"）。同样在 1964 年，中共中央、国务院发布了《关于城镇青年参加农村社会主义建设的决定（草案）》，从此，知青"上山下乡"运动被列入党和国家重要的日常工作范围，并在全国有计划地展开，在"文化大革命"的 10 年时间里有 1 400 万知识青年卷入这场上山下乡和之后的知青返城运动。这种直接以产业组织和人口的转移为内容的产业调整和社会运动，对中国城市化影响是直接而深刻的。如在 1964 年 8 月的《关于国家经济建设如何防备敌人突然袭击的报告》中就提出要注意的几点：一切新的建设项目不放在第一线，特别是 15 个 100 万人口以上的大城市建设；第一线特别是 15 个大城市的现有续建项目，除 1965 年、1966 年即可完工投产见效的以外，其余一律要缩小规模，不再扩建，尽早收尾；在第一线的现有老企业，要把能搬的企业或一个车间，特别是有关军工和机械工业的，能一分为二的，分一部分到三线、二线，能迁移的，也应有计划、有步骤地迁移。在"备战、备荒、为人民"的口号下，大批下放的中央所属企业、新建地方企业以及"五小"企业（即小钢铁、小化肥、小机械、小煤炭、小水泥）在"大小三线"上"依山傍水扎大营"。可以说三线建设一方面主观地割断并在一定程度上放缓了工业化和城市化的自然进程；另一方面，它又在一定程度上平衡了东西部发展的差距，而且为多年后小城镇的建设奠定了一定的产业基础。"上山下乡"运动，一方面，对支援农村农业建设发挥了积极作用，如提高农民的教育水平、改变农村观念以及改善农业技术；另一方面，它减缓了城市化进程并带来知识青年返城后的许多城市社会问题。

最后是"文化大革命"。"文化大革命"在指导思想上扭转了国家发展的方向，对整个国民经济产生了巨大的影响。工业化和城市化基本处于停滞时期，在这整整 13 年里，城市只增加了 25 个，城市非农业人口长期停滞在 6 000 万～7 000 万人左右，城市化水平在 8.5% 上下徘徊。

二、改革开放后的城市化

改革开放以来,我国经济高速增长,城市化进程相应迅速推进,城乡之间的壁垒也逐渐松动,特别是乡镇企业的发展促使中国城市化呈现出小城镇迅速扩张、人口就地城市化为主的特点。1978年我国设市城市为192个,城镇人口为1.7245亿人,城镇化水平为17.92%。2003年我国设市城市增加到660个,城镇人口5.1亿,城镇化水平达到了40.5%。2023年全国城市个数达到694个,城镇常住人口达到9.3亿人,常住人口城镇化率达到66.16%。随着城市化水平的提高,城市的规模也在不断扩大,因此产生的集聚效应使土地、基础设施的利用效率提高,产业间的联系更紧密,并由此带动其他相关产业的兴起,使城市的经济总量像滚雪球般地增长。2023年地级以上城市地区生产总值达到77万亿元,占全国的61.1%。超大城市和特大城市的经济表现尤为突出,地区生产总值分别为22.5万亿元和20.6万亿元,合计占全国GDP的34.2%。总体而言,改革开放之后的城市化大致可分为以下四个阶段:

(一)恢复发展阶段(1979—1984年)

这一阶段是中国产业结构调整、城市化处于恢复性发展的时期。20世纪70年代末期,我国国民经济比例严重失调,农产品、消费类工业品严重供应不足,原材料、能源、交通运输等基础产业和基础设施的发展严重滞后。1979年中央提出了"调整、改革、整顿、提高"的方针,经济建设中执行加强农业和轻工业、压缩工业基本建设规模、大力发展基础产业和基础设施的政策。改革开放以后,在农村实行家庭联产承包责任制,实行保护农副产品价格、限制农用工业品价格和减轻农民负担的"放水养鱼政策",促进、坚持农业和农村经济发展的金融信贷,允许农村发展零售商业、农副产品就地加工业,以及发展乡镇企业、村办企业、家庭副业的系列政策,解放了农村生产力。以往长期发展滞后的农业和轻工业得到长足发展。这一时期,以农村经济体制改革为主要动力推动城市化发展。城乡集市贸易的开放和迅速发展,以及开始崛起的乡镇企业也促进了小城镇的发展;同时,国家为了还过去城市建设的欠账,提高了城市维护和建设费,结束了城市建设多年徘徊的局面。以农村经济体制改革为主要动力,乡镇企业异军突起,城乡集市贸易开放和小城镇迅速发展,约有2000万"上山下乡"知识青年和下放干部返城就业;同时,高考全面恢复也使得一批农村学生进入城市,并且有大量农民进入城市和小城镇,出现大量城镇暂住人口。"先进城后建城"特征明显,城市建设多年徘徊局面结束。城市化率由1978年的17.92%提高到1984年的23.01%,年均提高0.85个百分点。

(二)平稳发展阶段(1985—1992年)

20世纪80年代中期以后,由于一些消费品工业已经出现大量库存、企业开工不足等问题,产业结构调整的重点转向加速发展基础产业和第三产业特别是其中的房地产和基础设施,并开始强调产业结构的升级。同时,随着对外开放的深化和扩大,对外贸易在经济生活中发挥更重要的作用,开放城市和经济特区成为经济发展的主动力。乡镇企业和城市改革双重推动城市化发展,这个阶段的城市化发展的突出表现是沿海地区出现了大量新兴小城镇。乡镇企业勃兴和城市改革并举,以城市建设和建立经济开发区为动力,沿海地区新兴小城镇涌现。到1992年,城市化率提高到27.46%,年均增长0.42个百分点。

(三)加速发展阶段(1992—2002年)

1992年党的十四大明确了建立社会主义市场经济体制的总目标,确立了社会主义市场经济体制的基本框架。我国经济进入新一轮高速增长时期,各个产业基本上全面结束了"短缺"状况,需求约束从农产品、工业消费品扩展至投资品行业和基础产业乃至部分基础设施。产业结构问题的性质开始发生变化,以往考虑的主要问题是在普遍短缺的情形下优先发展什么行业,今后需要重点考虑的问题是在普遍过剩的情况下如何优化产业结构。但是这个时期政府对产业结构调整和发展方向的看法重点不突出,产业结构目标趋于多元化、综合化。与此相对应的是,城市作为区域经济社会发展的中心,其地位和作用得到前所未有的认识和重视。城市化逐渐成为理论界热点,也是各级政府施政主要方向,各地以城市建设、小城镇发展和普遍建立经济开发区为主要动力,全面推进城市化。到2002年底,全国共有建制市660个,其中大中城市的数量增长较快,形成了大中小相配套的城镇网络体系。东部、中部和西部地区的城市发展各有特点,整体上推动了中国的城市化进程。2002年中国的城市化水平上升为39.1%,城镇化率在十年间增长了10多个百分点,显示出城镇化的快速发展潜力。尽管这一阶段城市化增长迅速,但城市化水平与发达国家相比仍然较低,大部分人口仍然生活在农村。同时,这也导致社会经济的发展呈现出许多突出的矛盾:城乡收入差距不断扩大,就业和社会保障压力渐渐增大,城市发展与生态环境、自然资源的矛盾加剧。

(四)科学发展阶段(2003—2012年)

2003年,中国共产党十六届三中全会提出了科学发展观,在城市发展这一问题上,认为城市化是人的城市化,不是高楼大厦的城市化,其核心是应该改善人的生活质量,而不是盲目地追求城市人口比例迅速增加、城市建筑越来越繁华。自此中国城市化进入科学发展阶段,这一时期仍然延续了上一阶段的高增长势头,城市化水平从2003年的40.53%增长到2012年的52.57%,与世界平均水平相当,增加了 12.04 个百分点。同时,城镇发展开始从量的扩张转变为质的提升,全国建制市和建制镇的数量减少,大中型城市比例进一步提升。

在这一期间,中央开始着手解决在前一阶段快速城市化过程中突出的问题。不再片面追求城市化水平的快速增长,而是追求城市与农村的经济、社会和环境的全面协调的可持续发展。从单一追求城市人口快速增加,转向注重城市功能的完善、城乡经济的可持续发展。政府把改善城市功能作为重点工作,在加强基础设施建设的同时,加快推进学校、公园、医院等配套公共设施建设,完善了城市服务功能。此外,政府通过免除农业税、农村义务教育学杂费、建立农村合作医疗等措施缓解了城乡发展矛盾,并按照"五个统筹"的要求进一步缩小城乡差距,促使城乡经济一体化。

在这一阶段,中国城市化进程中最突出的特点就是城市群经济的兴起以及快速发展,城市的发展模式已经由城市单独发展转变为城市间组成城市群共同发展的模式。在这不到十年的时间中,中国已经涌现出一批发展潜力巨大的城市群,如中原城市群、长株潭城市群等。原先各城市实行地方保护主义,不愿意与周边城市共同合作分享利益,近年来大家看到城市群发展的巨大潜力,逐步消除地方壁垒,主动与周边城市建立联系,实行抱团式发展。同时,政府的引导也为城市群发展提供了政策保证。政府从一开始出台大区规划,如 1999 年西部大开发、2003 年"振兴东北老工业基地",逐步转变为小区域的规划,如 2009 年的关中—天水规划、长株潭规划。从中央出台的一系列密集的区域发展规划可以看出,政府鼓励城市群的发展,并希望城市群能够起到以点带面的效果,带动中国经济的发展。以城市建设、小城镇发展和普遍建立经济开发区为主要动力,我国的城市化从沿海向内地全面展开。

(五)新发展阶段(2013 年至今)

党的十八大以来,以习近平同志为核心的党中央高度重视新型城镇化工作,明确提出以人为核心、以提高质量为导向的新型城镇化战略,为新型城镇化工作指明了方向、提供了基本遵循,推动我国城镇化进入提质增效新阶段,取得了历史性成就。农业转移人口市民化进程加快,城镇数量和城镇化水平稳步提高,城市规模结构持续改善,发展活力不断释放,服务功能持续完善,人居环境更加优美,城市发展质量稳步提升。

纵览上述各阶段的发展历程,我国的城镇化取得了很大的成就。从世界范围来看,与其他的发展中国家相比,我国城镇建设成效比较明显,城市现代化水平提高很快,城市接纳人口的能力也在不断提高。可以预计在"十五五"期间城镇化率将突破 70% 大关,这个速度高于同期世界城镇化水平的速度,使得我国的城镇化水平与发达国家城镇化水平的差距迅速缩小。同时,城市数量大幅度增加,并且初步形成若干规模较大、联系较紧密、功能互补性比较强的城市群。

但是,我们也必须看到我国城镇化面临的问题也非常突出,主要有六个问题:(1)城镇化滞后于工业化,质量不高,内容不完整。大量农业转移人口难以融入城市社会,市民化进程滞后。(2)城镇规模结构不合理,从全球对比来看,我国的大中小城市结构不合理,城镇体系有待完善,特别是大中型城市集中的人口规模、人口比例在全部城市人口当中所占的比例和国际比较起来是明显偏低的。(3)城镇空间分布格局与资源环境承载能力不匹配。一个国家的城镇化进程,既是城市本身的问题,又是城市在国家大的空间上分布的问题,东部的地区条件是比较好的,城市化进程也比较快,但是相比人口的需要来讲,集中程度还不够。(4)城市本身发展比较粗放,可持续性差,包括对土地资源的使用,城市建设过程中资源浪费、破坏环境的情况非常普遍。(5)中西部中心城市作用没有充分发挥,直接影响着区域经济发展。东部沿海地区经济之所以能迅速发展,关键是区域内的中心城市发挥了经济扩散和辐射作用,已经形成中心城市与经济区相辅相成和相互促进的关系。(6)中心城市发展不均衡,存在沿海与内地以及南北巨大差异。在东部沿海城市、商业性城市、外向型城市迅速发展的同时,内地城市、资源型城市、传统工业城市相对发展缓慢,其中有的城市面临着极大的困难,面临"油竭城衰""矿竭城衰"。

第二节 城市化的空间集聚效应

城市化过程是资源和要素在产业间和城乡地域间重新配置和组合的过程,是要素聚集和时空秩序的整合过程。城市经济是空间集中的经济,集聚是城市竞争力的本质表现。从客体角度看,城市聚集是生产要素或资源向优势地理区位运动、集中的过程;从主体角度看,则是经济行为者谋求对他们最有利的地点来发展的过程,这些地点必然具有某种先天的地理上的优势和生产效率方面的优势。集聚是产业地域分工的产物,最典型的例子当数美国硅谷,集聚了几十家全球IT巨头和数不清的中小型高科技公司。集聚具有专业化的特征,集群企业包括上游的原材料、机械设备、零部件和生产服务等投入供应商;下游的销售商及其网络、客户;侧面延伸到互补产品的制造商。集聚动力在于企业生产规模的扩大,从而使单位产品的成本下降,又表现为生产经营活动在地域上的集中,从而有助于企业间开展专业化协作,提高生产效率。空间集聚必然在空间上造成市场集中交易的结果,而集聚规模上具有绝对或相对优势的城市将产生更大经济辐射力,享有较大的经济扩散和联系腹地。

城市化的空间集聚效应是指各种产业和经济活动在空间上集中产生的经济效果以及吸引经济活动向一定地区靠近的向心力,是导致城市形成和不断扩大的基本因素。空间集聚随着经济增长到一定阶段而出现,是经济增长的结果;同时,空间集聚又使经济增长获得了新的能量和动力,大大促进了经济增长。空间集聚对经济增长有着不可或缺的重要推动作用。空间集聚提高地区产业乃至整个经济的竞争力,主要是从两个方面起作用:一是规模经济的长远效应,在产业集聚中企业能够保持收益递增,而在集聚外的企业却没有这种优势(Krugman,1991);二是加快技术创新,由于产业的聚集产生技术外溢,因而有利于促进技术和知识的交流和改进。城市空间集聚的效应可以归纳为以下几点:

(1)生产成本和交易成本低。大量相同产业的企业集中在一起,促使企业采取差异化战略,不断细分市场,促进了行业在区域内的分工,从而必然带来生产成本的降低。同时,相同产业的企业的集中,又驱动了这一行业相关投入品市场的形成,企业取得所需的各种投入品的成本大大降低;企业能够便捷地在当地获取行业的最新市场动态,搜寻成本也大为降低。此外,同居一地,频繁的商业往来产生了本行业约定俗成的商业惯例,频繁的交往建立起了"快速信任"(布朗等,2002),从而大大减少交易费用。

(2)共享基础设施。同一产业的企业在地理上的集中,比较容易获得配套的产品和服务,并以较低的代价从政府以及其他公共机构获得公共物品或服务,各地工业园区以及园区基础设施的建立都有利于企业集约化地使用这些设施。

(3)资源流动合理。产业集聚区域有较丰富的各类资源,企业所需要的设备、技术、投入一般在区域内解决;区域内资源配置较为直接,并较有效率,形成资源的良性互动。

(4)规模经济。产业群中的中小企业相互之间既竞争又合作,竞争促使了企业不断进行创新,提升了产品质量与产业层次。而合作又弥补了中小企业规模不经济的缺陷。既竞争又合作,使产业集聚的规模经济效应非常明显。

(5)促进企业的创新。相同产业的企业彼此相近,在获取利益的内在动力和竞争的外在压力下,迫使企业不断进行技术创新和组织管理创新。企业通过组合各种创新资源,运用科学的方法与手段创造出新产品、新工艺,并进行生产;而企业之间频繁的交往和经常性的合作,产生了就近观察与学习的便利性,一项技术创新很容易为其他企业所发现,其他企业通过对此项技术创新的消化、吸收与模仿,在此基础上进行技术改良,又导致渐进性的技术创新不断发生,产业集聚内专业化小企业学习新技术变得容易和低成本。同时,建立在相互信任基础上的竞争合作机制,也有助于加强企业间技术创新的合作,从而降低新产品开发和技术创新的成本。

在产业集聚内，知识和技术的扩散要明显快于非集聚化的企业在技术扩散以及技术扩散引起的企业技术创新，是其他区域内无法相比的。

以上空间集聚效应的综合表现是对经济增长的推动。城市经济效益与集聚规模之间存在着正相关关系。城市规模越大，其总体经济效益也越高。根据联合国的资料表明，50万人口的城市比2万~5万人口的小城市，每人平均总产值高40％。大城市占地少、经济效益高，在我国国民经济中居主导地位，如全国实力最强的50个城市仅占全国人口的9.1％、土地面积的0.9％，却创造了占全国27.1％的国内生产总值、41％的财政收入和32.8％的社会消费品零售总额。

空间集聚实际上是把产业发展与区域经济有机结合起来，从而形成了一种有效的生产组织方式。

首先，空间集聚的发展，提高了区域生产效率。大量的中小企业集聚于一定区域，加深了生产的分工和协作。企业在集聚内发展，除了可以分享因分工细化而带来的高效率外，还可以由于空间的临近性，大大降低企业成本。并且，企业间频繁交往逐渐在社会文化背景和价值观念上达成共识，相互信任，对于维持集聚稳定和提高生产效率起着非常重要的作用。

其次，空间集聚的发展，吸引更多的相关企业到此集聚。集聚本身产生的外部经济就是外部企业进入的动力，空间集聚的雏形一旦形成，便进入了内部自我强化的良性循环过程，即吸引更多的相关企业向该地区集聚，而新增的企业又增大了集聚效应，如此产生滚雪球效应，推动区域经济快速发展。这一点在现实中表现最为突出的就是产业集聚对外资的吸引，无论是发达国家还是发展中国家，外商投资的区域性非常明显，空间集聚政策能够降低外资进入的成本和风险，对地区吸引投资非常重要；而外商投资的区域和行业集中又能够有力地促进地区产业集聚的发展，以至于培育新的产业集聚，这将对地区经济增长有双重的促进作用。

最后，空间集聚的发展，促进集聚内新企业的快速衍生与成长。在集聚内部，不仅有很多的相关企业在此集聚，而且还有很多相应的研发服务机构及专业人才，新企业在此发展可以面临更多的市场机遇，获得更丰富的市场信息及人才支持，从而降低市场风险。而且由于集聚内部分工的不断细化，可以衍生出更多的新生企业，从而进一步增强空间集聚自身的竞争能力。

集聚效应既是社会经济活动在城市地区空间集中的结果，同时又是影响城市形成和发展的决定性力量之一。作为空间集中的结果，集聚效应的形成和变动是由居民、厂商及有关社会经济要素在城市地区空间配置所决定的；而作为城市形成和发展的制约因素，它又是上述各要素空间配置的调节力量。可以说，集聚效应的形成和演化与城市土地利用状况的形成和变动是同一城市社会经济运动过程的两个方面。首先,城市土地利用状况是集聚效应对城市形成与发展过程综合作用的结果。集聚经济是促使居民、厂商及其社会经济活动空间集中的根本动力。正是由于集聚经济的作用,才引起人口、资本、资源等社会经济要素的空间集中。而上述因素的空间集中又会引起集聚不经济的出现,从而又反过来对城市集聚的过度膨胀起到抑制作用。集聚经济所形成的吸引力、推动力与集聚不经济的排斥力、约束力,不仅从整体上影响并决定着城市的形成和发展,而且在微观上决定并调节着居民与企业的选择决策,从而决定着城市土地利用状况。事实上,无论是城市规模的变动还是经济增长最终都体现在城市土地利用的规模、密度和结构上。可以说,集聚效应的空间表现就是有别于农村土地利用的城市土地利用状况,集聚效应对城市发展的任何作用都将最终体现于此。

进一步讲,集聚效应与土地利用是城市化过程中不可分割的同一问题的两个方面。集聚效应是社会经济活动空间集中的经济后果,而土地利用是各种要素集聚与配置的空间表现。同时,各种要素的时空配置又是决定集聚经济效果及其演化的重要因素。也就是说,集聚效用的产生并不是抽象的,相反,它具有客观的物质基础。一个城市的集聚经济效果如何,不仅取决于该城市各种社会经济要素集聚的总量,而且取决于这些要素的构成与布局。社会经济要素在城市集聚的总量、构成和布局的形成与演化毫无疑问就是城市空间布局的过程,它一方面决定了诸如分工利益、规模经济、交易费用的节约、市场效率等集聚经济的广度与深度;另一方面又决定了诸如土地投入、拥挤成本、污染状况等集聚不经济的高低,从而在整体上决定着集聚效应的形成与演化。

第三节 中国城市化的空间布局及其政策

从宏观角度来看,中国的城市分布明显呈现出东部地区城市密集而西部地区城市稀疏的特点。东部地区的城市在经济中占据主导地位,而西部地区的城市分布则相对较少。从空间分布的形态来看,主要分为四级:城镇、都市、都市圈和城市群。其中,城市群作为推进城镇化的主体形态,其空间分布和结构优化是国家战略的重点。城市群的形成和发展有助于优化城市体系结构,提高城市的整体竞争力。

一、中国城市空间布局的历史回顾

新中国成立后有两个因素对区域关系和城市布局起到了决定性的作用:一是强化经济和政治的统一,以确保社会的统一和稳定,保证国家的治理能力,成为当时压倒一切的任务;二是新政权立足已稳,急于富国强兵而实施政府主导的赶超型的工业化战略。在以上因素影响下，最初指导我国区域经济发展和城市布局的思想是着眼于均衡考虑，即充分利用沿海城市，同时大力发展内地经济，最终实现城市均衡布局。20 世纪 50 年代中期，毛泽东根据当时中国的城市分布状况和国内工业布局的现状，在《论十大关系》中首次把正确处理沿海与内地发展的关系作为经济建设过程中的重大关系之一提出来。毛泽东认为，"沿海的工业基地必须充分利用，但是为了均衡工业发展的布局，内地工业必须大力发展"，"好好地利用和发展沿海的工业老底子，可以使我们更有力量来发展和支持内地工业"。在此指导下，"一五"计划时期比较重视内地城镇建设，新建了包头、富拉尔基、株州等一批新兴的工业城市，中国城市由 160 个增至 176 个；城市数量增加的同时，城市化水平同步提高，实现了城市化和工业化的协调发展。

由于国际、国内环境的变化，从"二五"计划开始，经济发展出现了反复和曲折，政府行为发生了改变，城市从增加到减少后又缓慢复苏。在实际工作中以重工业为核心的投资体制，决定了一系列不利于城市化的相关制度安排，导致沿海城市的许多骨干企业未经科学论证就纷纷迁往内地、迁往交通非常不便的三线地区。此后的"三五"计划、"四五"计划、"五五"计划期间更是忽视城市化的布局规律，在"三线"建设中提出不仅不建城市，而且新建企业要消除工厂特征，车间要"像在飞机上撒黄豆那样分散"。三年调整时期，又在全国范围内压缩城市人口，调整市镇标准与建制。城市数在 1960 年时为 208 个，1963 年减少到 169 个；城镇人口由 1960 年的 13 037 万人减少到 1963 年的 11 646 万人；城市化率从 1960 年的 19.75% 下降到 1963 年的 16.84%。并且因此导致的城市布局的变化改变了国民经济的城乡空间格局。这个时期的城市空间布局削弱了沿海的区域性中心城市，在没有工业化基础的区域"嵌入"城市，以并非优势区位的内地新城市置换了沿海优势区位的中心城市。

从总体上看，这一时期城市布局的均衡发展态势非常明显，对全国经济造成了消极的后果。其主要失误在于：城市功能与企业功能高度同构，城市化推进动力单一化，城市功能简单化；沿海的区域性中心城市特别是商业中心城市萎缩，城市特色淡化，城市辐射作用变弱；城市化水平出现升降起伏，长期滞后于工业化水平；经济行为行政化日趋严重，束缚了生产力进一步发展；受政治运动的冲击和经济政策的影响，经济建设一度遭受严重损失。

在上述背景下，"全国一盘棋"成为处理中央与各地区中心城市不同关系的依据，绩效上牺牲局部利益服从整体的发展是理所当然的。由于这种指导思想的不可动摇性，区域之间、区域与城市之间的经济关系不是交换关系，而是调拨关系。因此，城市不能成为独立的利益和权力主体，只能成为中央政府意志实现的保证者。各个城市甚至各个地区内部只能是大而全、小而全;工业地区强调粮食自给,农业地区被迫大上工业。这就从措施上保证了城市与城市经济结构上的同构性,注定了资源配置的低效率,造成城市化与工业化不同步。

1978年邓小平重新主持中央工作后,继承了毛泽东均衡布局城市思想的合理内核,同时提出了"两步走"制度安排。进入20世纪80年代后,邓小平又以极为明确的方式提出了非均衡城市经济发展思想及实施策略,多次强调"两步走"的战略。在邓小平非均衡城市布局思想的指导下,国家出台了一系列相关的制度安排。1982年12月,《中共中央关于地方党政机构改革若干问题的通知》提出:"以经济发达的中心城市为中心,以广大农村为基础,逐步实行市领导县体制,使城市和农村结合"。1984年10月,国务院又发出《关于农民进入集镇落户问题的通知》,要求各级人民政府积极支持有经济能力和有技术专长的农民进入集镇经营工商业,并准许符合有关规定的农民到小集镇落户。1984年,中央决定各部委和省基本上不管企业,把企业下放到所在区域的中心城市。国务院也决定对重庆等7个特大城市施行计划单列,随后又相继批准青岛等7个城市实行计划单列,赋予省级管理权限,扩大在计划、物资、商业、外贸、财政、金融等方面的经济管理自主权。扩大城市管理权限的目的是让中心城市能够根据本区域经济发展的实际情况,制定城市社会经济发展规划,统一组织区域内的产业布局和市场配置,以克服城乡分割、条块分割等弊端。

改革开放的制度安排使城市的不同等级和组织之间进一步分化。纵向上看表现为中央政府和地方政府、上级政府与下级政府的分权,横向上表现为政府组织内具有经济管理职能的部门与行政管理职能的部门分离,以及同一级政府出于对自身利益的考虑和发展条件不同所导致的行为方式的分化。与此同时,还出现了以"政企分开、放权让利"为特征的深层分化。这一系列相关的制度安排,使改革开放后城市之间的同质同构、异质同构发生了变化。一是城市成为利益主体;二是由于城市在开放深度、区位条件、历史遗产和各城市适应市场经济的能力等方面存在的差异,城市或区域经济异质性明显增强;三是沿海城市和内地城市的发展机制发生差异,市场原则支配下的城市关系产生一种"差异动力扩大系统",造成城市之间发展的不均衡。与此同时,东部地区与中、西部地区城市经济自成体系,封闭性倾向加强,区域分工弱化,从不同起点走向产业趋同。经济特色是通过城市经济发展来体现的,不注意城市管理成为这种局面的原因。另外,由于分权的不彻底性、盲目性和随机性,在调动了中心城市发展经济的积极性和主动性的同时,不可避免要产生宏观经济失控、地方投资规模膨胀、区域产业结构失调以及区际经济关系非正常化,由此形成区域经济和城市经济的活跃与混乱并存的局面。

20世纪90年代初,扩大地方政府管理权限也推进了城市化进程,调整基层行政区域划分使城镇体系规模扩大,1993年国务院修订了市镇建制标准,做出了提高城市化水平的制度安排。此后,中国不仅有规模、功能不同的设市城市、建制镇、乡镇,而且开始形成了比较合理的城镇体系。出台"市管县"的制度安排和扩大地方政府管理权限,使区域性中心城市的地位逐渐凸显出来,中国的区域性中心城市逐渐分化为6个层次:全国性的中心城市(北京、上海、香港),省际性的中心城市(沈阳、天津、武汉等),省域性中心城市(长春、呼和浩特、石家庄等),地方性中心城市、县域中心城镇和县内中心城镇。城市分布日趋合理,并形成了以上海、北京、广州、武汉、成都等超大城市或特大城市为核心的城市群、以城市群为中心的经济区,开始形成具有中国特色的城市经济体系。

非均衡的渐进式改革模式一方面推动了经济平稳高速增长,另一方面也使地区间的城市化差距不断扩大。20世纪90年代中后期,中央政府不失时机地将缩小东、中、西三大地带城市差距问题提上了议事日程。中共十四届五中全会做出了"坚持区域经济协调发展,逐步缩小地区发展差距"的战略决定。这一方针坚持、丰富和发展了毛泽东、邓小平的城市发展理论,反映了中国实现现代城市化的基本原则和本质特征,对于东部城市率先实现现代化、带动中部城市、开发西部城市,缩小沿海与内地发展差距,都有战略意义。

2000年,中共中央通过的《关于制定国民经济和社会发展第十个五年计划的建议》中正式采用"城镇化"一词。"十五"计划提出"推进城镇化要遵循客观规律,与经济发展水平和市场发育程度相适应,循序渐进,走符合我国国情、大中小城市和小城镇协调发展的多样化城镇化道路,逐步形成合理的城镇体系。有重点地发展小城镇,积极发展中小城市,完善区域性中心城市功能,发挥大城市的辐射带动作用,引导城镇密集区有序发展,防止盲目扩大城市规模"。到了2002年,党的十六大又提出科学发展观,明确要求各地政府"坚持大中小城市和小城镇协调发展,走中国特色的城镇化道路"。这一时期,随着苏州、宁波、温州、厦门、东莞、深圳等一大批东南沿海城市的崛起,大量中西部地区、欠发达地区的农民也流入东南沿海发达地区。相比之下,东北、华北等地的重工业城市的发展由于体制机制原因,在20世纪90年代中期以后逐渐受到冲击,经济与城市发展相对缓慢。至此,我国北高南低的城镇化格局被打破,南方城市的发展水平、城区人口规模已明显超过北方。与此同时,珠三角、长三角等城市群也逐步成形,城市集聚效应开始凸显。

党的十八大以来,城镇化空间布局持续优化,大中小城市和小城镇协调发展。直辖市、省会城市、计划单列市和重要节点城市等中心城市辐射功能不断增强,北京、上海、广州、深圳等城市龙头作用进一步发挥,带动所在区域中小城市发展壮大。同时,县城补短板强弱项扎实推进,120 个县城建设示范工作稳步开展。在这一时期,城市群建设继续往前推进,一体化发展水平明显提高。"19+2"①城市群布局总体确立,京津冀协同发展、粤港澳大湾区建设、长三角一体化发展取得重大进展,成渝地区发展驶入快车道,长江中游、北部湾、关中平原等城市群集聚能力稳步增强。长三角以上海为核心,带动南京、杭州、合肥、苏锡常、宁波五大都市圈共同发展。粤港澳大湾区以香港、澳门、广州、深圳四大中心城市为引擎,辐射周边区域。京津冀以北京、天津为核心城市,带动河北省及周边省区邻市,成为我国北方经济规模最大、最具有活力的经济圈。成渝、长江中游、关中平原等城市群省际协商协调机制不断建立健全,一体化发展水平持续提高。

二、坚持集聚取向的城市化空间布局战略

城市空间布局集聚化趋势有其深厚的国际背景。随着经济全球化的扩展和科学技术的迅速进步,以及世界城市化水平的不断提高,世界各国的城市化出现了城市空间布局的集聚化发展的新趋势,包括大都市区化、都市圈和城市群的出现。大都市区是由一个大的城市人口核心及与其有着密切社会经济联系的具有一体化倾向的邻近地域的组合,它们融为一体,人口密度一般都很高,如英国的"标准大都市区"或称"大都市统计区"。这一空间组织形式一般由三部分组成:中心市、中心集、外围集。城市集群化即呈现城市在一定地域内密集分布的空间布局过程。当在一个空间地域内,城市的分布达到较高的密度时即称为城市群(圈)。从经济学的角度说,城市群就是一个城市经济区,是一个或数个不同规模的城市及其周围的乡村地域共同构成的在地理位置上连接的经济区。城市群(圈)一般具有特定的空间地理范围,它是若干个城市的集合体,在有限的地理范围内聚集了一定数量的城市,具有中心性,以一个或几个大中城市为中心,这些中心城市对周围地区的经济社会发展起着组织推动作用。由中心性派生出联系性,即该城市群的不同规模类型的城市之间存在着多方面的经济社会联系,并逐步向一体化社会发展。②

中国城市化布局集聚化的表现,一是城市区域自身迅速扩张,二是城市之间形成集群。1978 年中国有城市 191 个,其中 100 万人口以上的特大城市 29 个,50

---

① "19+2 城市群"战略布局由国家发展和改革委员会于 2016 年正式提出,具体是指京津冀、长三角、珠三角、山东半岛、海峡西岸、哈长、辽中南、中原地区、长江中游、成渝地区、关中平原、北部湾、晋中、呼包鄂榆、黔中、滇中、兰州—西宁、宁夏沿黄和天山北坡 19 个城市群,和以拉萨、喀什为中心的两个城市圈。这个布局不仅覆盖我国东中西部地区,也形成了"两横三纵"的战略轴带,支撑和串联起了一个多中心、多层级、多节点的网络型城市群空间格局。

② 李京文. 中国城市化的重要发展趋势:城市群(圈)的出现及对投资的需求[J]. 改革,2008,(3).

万～100万人口以上的大城市36个,大城市和特大城市占城市总数的28.8%,人口占全国城市人口的72.5%。① 到2023年末,全国城市个数达到694个,地级以上城市常住人口达到67 313万人。其中,常住人口超过500万的城市有29个,超过1 000万的城市有11个。与此同时,以大城市为中心的城市群(带)逐渐形成、壮大。首先是自20世纪70年代后期开始萌芽的工业城市群。在东北地区的沈阳、抚顺、鞍山、本溪、辽阳五个城市形成了辽中工业区,构成了东北经济区的心脏。1977年,这五个城市市区非农业人口近424万人,占全区城镇总人口的81.2%。在华北区的北京、天津、唐山也是中国工业集中的地区之一,1977年,这三个城市城区非农业人口569万人,占全区城镇总人口的64.7%。在华东地区,南京至苏州沿线的苏南工业区,包括南京、镇江、常州、无锡、苏州,五个城市非农业人口占江苏11个城市非农业人口总数的68.5%。这五个城市连同上海,构成中国最密集的城市群。此外,还有华中地区的株洲—湘潭—长沙,武汉—鄂州—黄石城市群。② 20世纪90年代以来,中国的城市群(圈)开始大规模涌现并发挥越来越大的作用。目前,已有近20个城市群(圈)已经基本形成或正在形成中。主要有以下几个:(1)长江三角洲城市群。其中心城市上海的城市人口、经济发展水平、基础设施建设、城市环境质量、商品流通及文明程度等方面都居全国首位。该城市群还包括南京、杭州、苏州、无锡、南通、宁波等城市。此外,上海周边还分布了一批中小城市,这些城市经济实力雄厚、工业部门齐全、外向型经济领先、私营经济活跃、企业集团实力很强,各地企业和人口正迅速向这个城市圈集聚,是中国经济重要的增长极。(2)环渤海城市群。以北京为中心城市,包括天津、廊坊、保定、沧州、秦皇岛、青岛、沈阳、大连等城市,它们的经济联系正日趋紧密,成为中国第二经济发达地区的核心力量,这个城市圈正在发育成长中。(3)珠江三角洲城市群。其中心城市是广州,包括深圳、珠海、东莞、中山等城市。其经济发展水平和财富积累成绩明显,但这个城市圈的区域经济发展水平和城市化率都还不够高,居民生活水平差异较大。除这三大经济圈外,还有辽东南经济圈,包括沈阳、鞍山、本溪、大连等城市;中原城市圈,包括郑州、开封、洛阳、新郑、许昌等城市;鲁东经济圈,包括济南、青岛等城市;太原都市圈;哈尔滨都市圈;武汉都市圈;西安都市圈;长株潭都市圈;广西的南北钦防都市圈等,这些城市圈(群)大多还在发育中。③ 此外,北京、上海、天津、哈尔滨、武汉、南京、广州等特大城市周围的若干区县,均已建设成为城市新区。

---

① 根据《中国人口统计年鉴(1990年)》(科学技术文献出版社1991年版)第596—597页计算。
② 苏少之.1949—1978年中国城市化研究[J].中国经济史研究,1999,(1).
③ 李京文.中国城市化的重要发展趋势:城市群(圈)的出现及对投资的需求[J].改革,2008,(3).

三、未来的城市化空间布局政策

今后在城市化空间布局上可以按特大城市群、大城市群、其他城市化地区(大都市区、都市圈、城市带)、边境口岸城市、点状分布的中小城市和小城镇五类考虑,这五类城市空间未来可以集中 10 亿左右的城市人口,基本可以满足 2030 年中国人口达到 14.6 亿的高峰值、城市化达到 70% 时对城市空间的需要。在城市化发展的指导思想和工作方针上,要明确把城市群这种既可以防止城市功能过于集中带来"城市病",又可以集约利用土地的城市化形态作为我国城市化的主体形态,优先开发三个特大城市群,即环渤海地区(包括京津冀、辽中南和胶东半岛)、长三角地区和珠三角地区;重点发展八个大城市群:哈长地区、闽东南地区、江淮地区、中原地区、长江中游地区、关中平原地区、成渝地区、北部湾地区。此外,还要推进城市群"同城化",推进各城市功能分工清晰、产业定位互有补充、基础设施网络连接、绿色生态空间镶嵌、人员往来便捷通畅的功能性城市群建设;加强城市群之间交通、能源、通信、环保、防灾减灾等基础设施的统一布局和共建共享,提高一体化、网络化、均质化水平;控制城市成长边界,划定城市边界从而限制对周边农村和生态地区的侵占,提高城市建成区密度,促进超大城市适度疏解过度集中的城市功能,增强中小城市产业功能和小城镇的公共服务及居住功能,防止"摊大饼"和"城市病"。

而小城镇属于低密度、分散化、不紧凑的城市化形态,是城市化中一个必要的补充形态,但不宜把小城镇作为城市化的主体形态,不宜作为推进城市化的重要途径,不宜不加区别地提倡重点发展小城镇,应废除"重点发展小城镇"这种不符合我国城市化规律的方针,实行分类指导小城镇发展的方针。对位于城市群地区和大城市周边的小城镇,鼓励经济发展和集聚人口,分担功能性城市群地区特定功能;对拥有特定的不可替代资源的小城镇,鼓励依托优势资源向特色鲜明、功能独特、环境优美的方向发展;对位于农产品主产区和重点生态功能区的小城镇,支持其健全公共服务职能,形成一定区域的公共服务中心。如果从有利于发挥空间集聚效应的角度来看,可以进一步将未来城市化空间布局的政策具体化为以下内容:

(一)在经济发展基础较好区域打造高集聚度的全球城市和枢纽城市

随着经济全球化的发展和我国对外开放水平的提升,我国发展越来越离不开世界,同样,我国城市发展也逐步加快了与国际城市网络体系对接的步伐,扩宽了对外开放的广度和深度。一般来讲,一大批国际性城市相继涌现是我国城市经济发展的重要趋势与显著特征。国际性城市的发育与形成需要创造四大基本条件,即完善的市场经济制度、发达的城市经济、发育良好的城市密集带(区)和超大城市人口规模。① 客观地讲,当前我国已经具备了国际化城市发展的基本条件,特别是在长三角、珠三角和京津唐等沿海城市密集区已经出现了上海、香港、北京等1 000万人口以上的超大城市。未来20年,我国城市发展体系健全完善的着力点之一就是国际性城市职能再造。

要支持东部沿海形成若干全球化城市区域。全球化城市区域是以若干全球性的城市为依托,不少对外开放水平较高的大中小城市有机结合、协调联动,在参与全球化分工与提升国家竞争力方面发挥着极其重大的作用。从世界城市化进程来看,全球化使越来越多的大都市人口向巨大城市聚集,并且超级大都市形成速度越来越快。例如,1950年,全球还只有唯一的一个人口超千万大都市纽约,而到1975年,20多年时间内人口千万的大都市增至5个。据有关研究预测,到2030年全球人口超千万的超大都市可达43个。改革开放以来,随着城市经济与社会的迅速发展,在我国东部已初步形成了以超大城市(未来可能是巨型城市)为依托、跨越省市行政区划的三大城市密集区。据2020年的统计资料表明,长三角、珠三角、京津冀三大城市群占全国经济总量的份额在40%以上,已经成为我国社会主义现代化建设的骨干和"龙头",并在亚太地区和全球化竞争中占据越来越重要的市场地位。我国第一个全球化城市区域雏形初步形成。可以预测,我国首个全球化城市区域将是未来经济增长最快的地区,也是对外开放水平最高的区域。在不久的将来,我国GDP增长的70%以上将出现在这个地区,经济发展的中心将集中在以上海为中心的长三角城市群和以香港、广州为双核的泛珠三角城市群,同时以上海—南京—杭州和香港—广州—深圳为核心的地域,通过核心城市的国际化战略,将推动我国对外开放和社会经济发展再上一个新台阶。

在上述基础上,继续打造一批全球中心城市和国际化都市。在全球化背景下,全球中心城市和国际化都市发展对于我国经济融入世界经济体系,我国城市体系接轨世界城市体系都具有十分重要的战略地位。新中国成立以来,特别是随着我国加入世界贸易组织,国内市场和国际市场的接轨,我国相继涌现出一批在亚洲或世界具有重要作用的经济中心,主要包括香港、上海等全球中心城市和北京、深圳、青岛、大连等国际化都市。② 通过这些城市的培育和发展带动我国城市在全球经济中的参与力度,提高我国城市发展的竞争力,加快我国城市与世界城市体系的顺利接轨。

---

① 顾朝林. 中国城镇体系——历史·现状·展望[M]. 北京:商务印书馆,1992:495.
② 目前对于"国际化都市"尚无统一判定标准,根据城市发展前景和现实态势,本书初步认定北京、深圳、青岛和大连四大城市已经成为或最有可能成为国际化都市。

全球中心城市主要是指香港和上海。2023年香港的经济总量为3 821亿美元，人均GDP约5.07万美元，经济增长率为3.2%。[①] 香港目前已经成为实力强大的全球中心城市，是全球著名的金融、贸易和航空客运中心，在空港客货运、海港集装箱运输上具有巨大的优势。香港经济发展与内地经济发展从来都是休戚与共的，从新中国成立初期到1997年香港回归，香港是内地唯一的外贸中心，特别是随着内地经济飞速发展和加入世界贸易组织之后，香港这个全球中心城市也成为全球增长较快的金融中心和物流中心。未来20年，香港将立足珠三角全球城市区域，发展成为我国的金融、物流和贸易中心，珠江三角洲的经济中心。同时，树立港珠一体化的理念，充分利用CEPA优惠政策，打造自由贸易区，营造深港联合体发展成为中国的三大经济中心之一，利用我国与东盟的交合部位发展成为亚洲之都。我国第二个全球中心城市是上海。上海建城700多年，曾经是著名的远东国际金融中心和世界性大都市。2023年上海的经济总量为4.72万亿元人民币，人均GDP约19万元人民币，经济增长率为5%。[②] 目前，上海是我国最大的经济中心和先进制造业中心，是整个长三角城市群乃至全国城市发展的龙头。上海已经成为长三角全球城市区域中的核心城市和世界中心城市。上海的制造业发达、科技力量雄厚、市场体系完善、金融投资环境良好、对外开放水平较高，特别是航空、航海等交通条件便利且经济腹地广阔等。在未来20年，上海应科学把握好建设国际经济、金融、贸易和航运中心和现代国际大都市地位的战略机遇，从而推进长江三角洲一体化的发展，提升我国经济参与全球竞争水平和能力。

国际化都市，主要包括北京、深圳、青岛和大连等城市。国际化都市是随着国际产业分工和国际贸易发展而产生的，是全球一体化的节点城市，也是一个国家或地区实现同全球接轨的重要纽带。第一是北京。北京的优势是作为我国的政治、文化中心，已经具有良好的亚太区域性政治事务、商务等国际职能，它已经是我国最大的国际旅游中心。北京在未来的国际性城市发展中，将其职能定位为政治、文化、科技和金融中心。第二是深圳。深圳是我国改革开放的最前沿阵地和主窗口，国际化程度高，开放层次高、领域广，已成为一个国际化都市，未来20年，深圳将以CEPA为切入点，通过实现深港产业对接，把WTO作为深圳参与国际合作的大平台，完成全方位融入世界、建设洲际型国际化城市甚至更高级的国际化城市的目标。第三是青岛。青岛是东北亚重要的外贸港口城市，是全国参与环太平洋经济合作的重要门户，是国际会议城市之一。青岛的综合经济实力位于全国前列，目

---

① 数据来源：中国香港特别行政区政府网站，www.gov.hk/sc/about/abouthk/index.htm。
② 数据来源：2023年上海市国民经济与社会发展统计公报。

前,已形成遍布140多个国家和地区市场的多元化出口格局,未来20年,青岛将建成为我国区域性国际金融、贸易、信息、交通枢纽与物流中心。第四是大连。大连产业基础雄厚、门类齐全、经济开发程度高、综合配套能力较强,是国家重要的工业基地。大连金融业发展迅速,已成为我国北方地区外资银行最集中的城市,现已发展成为我国北方最大的国际结算中心。未来20年,大连将使用好港口通道,充分发挥区位优势和港口优势,成为我国北方通往世界各地的枢纽港、东北亚地区的重要国际商务中心和国际旅游胜地。

除以上面向国际竞争的城市外,还应在全国打造一大批国家枢纽城市。2023年我国特大城市有14个,绝大部分都是综合性的区域中心城市,在促进经济结构优化、加快发展方式转变、协调区域发展等方面发挥着核心作用,同时也是区域发展的重要增长极。目前,我国东北、华北、中南、华东等七大区中心城市分别是沈阳、天津、武汉、南京、广州、西安、重庆,这七大区中心城市在全国城市发展体系上战略地位独特,不仅是国家和区域经济发展的核心,而且是香港、上海、北京三个国际性城市与世界经济接轨的"二传手"。区域性中心城市是指跨省域中心城市。由于我国地域广大、人口众多,地区发展差异性很大,培育和发展区域性中心城市对于促进地区经济社会协调发展意义重大。新中国成立以来,我国一批拥有政治中心、生产中心的职能城市进一步向综合性中心城市转变,主要包括哈尔滨、郑州、长沙、杭州、宁波、苏州、厦门、兰州、乌鲁木齐、成都和昆明等。省作为一级行政区域,其经济社会发展具有一定的独特性,省域中心城市是促进省级经济社会发展的辐射中心。省域中心城市主要是除去前面各级别城市之后的各省的省会城市,如长春、呼和浩特、济南、石家庄、合肥、太原、贵阳、南昌、福州、海口、银川、西宁、南宁等城市。

(二)稳步推进以城市群为空间集聚主体形态的城市化道路及超密城市群的战略构想

从世界城市化进程来看,凡是拥有城市群的地区或国家都是经济上非常发达的地区或国家。中国的城市化方向要走以城市群为主体形态的城市化道路,是立足中国国情的必然选择。基于我国城市体系规模结构可持续发展的考虑,提出超密城市群的建议主要是基于以下三个原因:第一是庞大人口基数下,消化新增城市人口的必然要求;第二是基于我国土地强约束的特殊背景;第三是为了实现我国经济可持续发展和城市化健康发展,构建社会主义和谐社会的目标。最终形成人口与城市协调、相融发展的和谐城市化。

实际上,早在2006年国家"十一五"规划纲要中就明确提出:"要把城市群作为推进城镇化的主体形态;已形成城市群发展格局的京津冀、长江三角洲、珠江三角洲等区域,要继续发挥带动和辐射作用,加强城市群内各城市的分工协作和优势互补,增强城市群的整体竞争力;具备城市群发展条件的区域,要加强统筹规划,以特大城市和大城市为龙头,发挥中心城市作用,形成若干用地少、就业多、要素集聚能力强、人口分布合理的新城市群。"[1]这是党和国家对促进城市化进程和区域发展的重要战略决策,对我国经济和社会发展产生了重要而且深远的影响。在中共十七大文件中,第一次较为完整地将城市群定位为"经济增长极",这比中共十六大的"经济增长点"的提法更进一步。在此基础上,党的二十大报告中进一步明确提出建设"以城市群、都市圈为依托构建大中小城市协调发展格局"[2]。这些新论断既符合世界城市化发展的潮流,也充分显示了当前我国城市群的极化作用正在进一步发挥,城市群辐射功能正在进一步增强。

在具体实践中,近些年来我国城市群辐射能力逐步从点状拉动向组团式发展,尤其是长三角、珠三角等城市群内组团式城市群发展态势开始逐步代替单一式城市规模扩张。辐射功能使得城市群内外各等级城市在经济发展上互补效应进一步增强;在社会建设上二元结构开始逐步消除;在生态保护上城市的热岛效应得到了较大缓解;在城市文化上多样化文化得到了进一步发展和交融;在整个城市发展系统上开始形成等级有序的效率体系。当今,在我国经济版图上,长三角、珠三角和环渤海地区已然成为我国最主要的三大城市群。三大城市群在我国社会经济中具有举足轻重的地位,对周边地区乃至全国区域协调发展的辐射能力进一步增强。

我国未来15～20年的城市化进程将长期面临土地强约束的局面,要求我国的城市化道路必须走"土地节约型、以(超)大城市及(超)密城市群为主"的特色城市化道路。本质上看,"超密城市群"的核心内容是:面对土地强约束和未来大量新增城市人口的基本国情,无限度的分散和扩张绝不是解决我国城市问题的有效途径,而且分散造成了土地资源的大量浪费、社会资源配置效率下降、通勤范围和扩大并引起交通拥挤等。应当创造条件促使人口向若干适宜城市群进一步集中,以有利于改善环境、保护耕地,实现经济社会和城市化的可持续发展。具体来看,"超密城市群"的形成与发展将具有以下积极意义:第一,"超密城市群"是可持续型城市化道路的具体实践。单一城市的无限扩张受到了种种制约,难以消化数量庞大的新增城市人口。从全国范围来看,建立"超密城市群",提高局部地区的城市人口集聚水平,不仅可以解决城市面临的土地资源对城市化的硬约束,而且可以避免区域生

---

[1] 摘自《国民经济和社会发展"十一五"规划纲要》。
[2] 习近平. 高举中国特色社会主义伟大旗帜 为全面建设社会主义现代化国家而团结奋斗[M]. 北京:人民出版社,2022:30.

态和资源环境对城市化的制约,实现资源利用的可持续发展。第二,"超密城市群"有利于促进城市合理分工,转变区域经济发展方式。建设"超密城市群",有利于城市群内部各城市间形成合理的分工和职能安排,人口集中带动产业集中、集聚效应的进一步发挥,成为区域范围内的经济核心区,对提升大城市中心作用和综合服务功能具有积极意义。同时,有利于引致城市体系内部产业梯次转移和结构调整,实现经济发展方式的转变。贯彻和落实科学发展观,切实转变城市的粗放型增长方式,追求速度与结构、质量、效益的统一,促使城市经济与人口、资源、环境协调发展。第三,"超密城市群"有利于合理布局城市空间结构和形态。"超密城市群"的特征之一是空间综合利用,为达到这一目标,城市体系内部交通基础设施等不断完善,强调土地使用功能的适当混合,缩小生活区与工作区之间的距离,使商业与文教体等服务设施与生活区、工作区紧密配套。较高的空间集聚和邻近特征,使得邻近空间的溢出效应更加明显。

对于超密城市群的战略构想,不同区域的发展水平、发展阶段、发展条件和制约因素不同,侧重点也不同。东部沿海地区进一步完善现有的城市群,着力发展长江三角洲、珠江三角洲、京津唐、辽中南、山东半岛和闽东南等六大超密城市群。强化中心城市的辐射功能,大力发展中小城市,优化区域城镇空间布局,扩大人口和产业的集聚规模,形成区域整体网络式发展格局。重点以长江三角洲和珠江三角洲为龙头,推动"泛长三角"和"泛珠三角"的人口集中、经济整合和共同发展。中西部地区应当推进城市群进一步形成并逐步成熟,着力培育和发展江汉平原、中原、长株潭、成渝和关中地区五大"超密城市群"。着眼于提高区域经济实力,充分利用现有基础,强化城市之间的经济联系,加强区域功能整合和空间整合,提高非核心地区的非农化、城市化水平,促进中小城市的发展壮大,完善区域城镇体系,使之成为带动中西部发展的先导区域和战略高地,更好地发挥对中西部地区人口非农迁移和城乡经济社会发展的带动作用。

(三)着力打造"三纵两横"的网络式城市集聚格局

中国未来要构建"三纵两横"的城市化战略格局:"三纵"是指沿海、京哈京广和包昆通道,这几乎囊括了除西藏之外所有中国的省份,"两横"是指欧亚大陆桥通道和沿长江通道两条横轴。新中国成立初期,由于受备战、重工业优先等多种因素影响,我国区域经济发展重点以及产业布局等发生了较大调整,特别是"一五"计划之后,逐步出现了由东部向中部和西部、由沿海向内地转移的趋势;改革开放以后,我国区域发展战略又发生了重大调整,随之而来的区域经济开发重点又重新向东部沿海和长江带集中,从而逐步形成了"T"字形战略分布态势。区域经济战略布局一定程度上决定着城市空间分布形态,近些年来,我国西部城市发展侧重"点状开发",中部地区则采取了"轴状联动",而东部沿海实行"面状提升",通过点、轴、面有机结合,初步形成了"三纵两横"网络式空间格局。①

东部沿海纵向城市发展带(轴)的范围是,北起哈尔滨,沿京哈铁路南下,穿过环渤海城市经济圈,从长三角城市群向东南福建城市带延伸,直至泛珠三角地区。目前,这一城市发展带(轴)是我国经济实力最强、城市化水平最高、工业基础最雄厚、交通信息最便利、科技创新能力最强劲和对外交流最开放的地区。我国目前十大城市群有七个落在此区域内,特别是长三角、珠三角和京津唐城市群三大最主要城市群正在领跑我国进入"大城时代"。中部纵向城市发展带(轴)的范围是,北起北京,沿途经过河北、河南、山东、湖北、湖南、广东等9个省市,直至香港,主要是由京广沿线城市和京九沿线城市共同组成,京广和京九铁路是我国规模最大的铁路干线,沿线城市特色各异,经济协作潜力巨大。目前有中原城市群、武汉城市群以及长株潭城市圈坐落其间,特别是在中部崛起战略和"两型社会"政策引领之下,中部城市带经济发展将会奋起直追,"弯道超速""迎头赶上"。西部纵向城市发展带(轴)的范围是,北起包头,向南途经兰州和成都,直至昆明,主要是由包兰、宝成、成昆等铁路沿线各大中小城市和小城镇组成,是我国西部地区经济最活跃、生态较脆弱、地理条件较复杂的地区,其中,兰州、成都等中心城市是我国西部大开发战略的重要支撑点。

沿江横向城市发展带(轴)的范围是,西起青海,途径成渝、鄂湘等九省二市,主要是由沿长江"黄金水道"周边城市组成,是我国农业、工业、商业、文化教育和科学技术等方面最发达的地区之一,也是除东部沿海城市带之外我国城市集聚最密集地区。沿江城市带交通便利、资源丰富、科技人才优势明显,是我国乃至世界最大的产业密集带,拥有巨大的开发潜力和广阔的发展前景。当前,沿江城市发展带开放开发呈现出三大特色:一是以成渝、武汉、南京和上海等特大城市为一级开发轴,通过铁路、公路、水路、航空等交通干道将整个长江经济城市带有机联系起来;二是以沿江城市带中的大中城市(主要是地级市)为二级开发轴,通过一级城市的辐射和带动作用来融入沿江经济带城市发展体系;三是以沿江城市带中的小城市和特色城镇为三级开发轴,带动广大农村和老区经济发展。通过沿江三级发展轴良性互动最终构建一个以长江为枢纽,各种资源充分利用、各种要素争相迸发,内外相连、各具特色、综合协调、开放式的沿江城市开发体系,使沿江城市发展带成为我国社会经济发展布局中、东、西部联动的重要通道。

陇海兰新沿线横向城市发展带(轴)的范围是,东起连云港,西行经徐州、开封、

---

① 顾朝林.城镇体系规划——理论·方法·实例[M].北京:中国建筑工业出版社,2005:182.

郑州、西安至兰州,其后继续西上至新疆阿拉山口,并与欧洲各地的铁路干线连接,是一条贯穿东西、连接欧亚的交通大动脉,也是我国东西走向的另一条重要的城市发展带。① 陇海兰新沿线横向城市发展带内部的城市经济发展水平很不平衡,由东而西城市等级规模和大中小城市数量呈现出递减趋势。目前,在这个城市发展带中,已经初步形成了关中城市群、河西走廊城市聚集区等,同时,西安、兰州等核心城市的辐射和带动作用明显发挥。今后,陇海兰新沿线横向城市发展带的开发重点是基础设施建设和生态环境保护,通过加大对铁路、高速公路、航空、输油气管道等设施的建设,加强对重点生态脆弱区域的恢复来改善西部发展环境,加快西部大开发战略步伐,使得整个城市带成为连接东亚和中亚的重要桥梁和全国重要的有色金属基地、能源基地、石油化工基地以及棉花和畜产品基地等。

(四)继续增强城市集聚地域的空间分布协调性

城市体系的空间分布特征,一方面是各地区社会、经济、人口和历史等人文因素综合作用的结果,另一方面又是受地理条件深刻影响的反映。因此,城市体系的地域空间结构通常包括空间分布和地理分布两个重要方面。从空间分布看,由于受历史文化传统、自然地理特征和社会经济发展多种因素的影响,近代以来我国城市空间布局一直呈现自东而西由密到疏的典型特征,在广大中西部和内陆地区,只是零星地点缀着若干城镇作为政治统治和行政管理中心。新中国成立以后,国家加强了中、西部地带城市的建设,东密西疏的城市分布格局有所调整,但并没有从根本上得到改变;改革开放以后,我国东部沿海地区作为对外开放的主要窗口和前沿阵地,社会经济发展日新月异,大中小城市不断涌现,也出现了若干特大城市,与之相比,广大中西部地区城市化进程有所减缓,"东密西疏"的城市分布格局又受到一定程度影响;2000年之后,我国区域经济发展协调性不断增强,城市科学发展水平不断提升,同样,"东密西疏"的城市空间布局状况也有所改观。从城市等级规模空间分布看,东部沿海地带主要集中分布着全国特大城市和大城市;在中部地带,大、中、小城市分布比较均衡;而在西部地带则主要是为以小城市为主。② 随着国家区域经济协调发展战略和主体功能区划分的成功实施,未来20年,大、中、小城市和小城镇发展体系与社会经济发展协同性会日益增强,我国东、中、西部城市空间分布格局也会日趋合理和完善。

从地理分布看,新中国成立之前,我国城市绝大部分集聚在平原、沿江沿河地带,除了重庆山城和拉萨日光城等之外,在山地和高原地区几乎难以寻觅到城市;

---

① 亦称亚欧大陆桥沿线城市发展带(轴)。
② 顾朝林. 城市体系规划——理论·方法·实例[M]. 北京:中国建筑工业出版社,2005:144.

新中国成立以来,城市地理分布"低密高疏"状况显著改善。当前,我国城市发展地理布局状况已经出现三大新趋势与新变化。

第一,由过去单一的平原丘陵地带向高原山区地带转移。我国是一个多山国家,自西向东地形呈"三大阶梯"形态。长期以来,我国主要城市都集中于东部平原丘陵地带,这主要是由于农业生产和生产力水平决定的;新中国成立以来,国家发展战略出现调整,在"三线建设"时期,在中西部山区形成了不少工业城镇,但是城市化过程中行政主导力量强大,甚至有时忽视了经济发展和工业化的客观规律;改革开放以来,我国东部丘陵平原地带城市数量快速增长,中西部山区和高原地带城市也有了进一步发展,特别是随着西部大开发战略的提出实施,大城市实力开始增强,中小城市发展动力更趋科学,小城镇发展势头强劲。

第二,由亚热带、暖温带向热带、寒温带和高原带分散,并且城市等级规模分布也日趋合理。由于受太平洋暖湿气流和季风气候影响,我国广大亚热带地区降雨充沛、气候湿润,这有别于其他同纬度的荒漠或干草原地区,是世界上著名的农业发达带,正因如此,我国主要城市都集中在亚热带和暖温带,在20世纪90年代中期,几乎全国一半城市分布在亚热带,并且人口密度较大,进入21世纪以来,我国热带、寒温带和高原带的城市数量也开始增加,并且过去城市规模单一、城市职能趋同等情况有所改变,特别是在西南地区表现尤为明显。

第三,由沿江、沿河、沿海地区向资源、交通便利地带扩展。沿江、沿海地区的地理位置优越,经济实力雄厚,一直都是我国城市最密集的地区。然而,随着生产力发展和交通沿线不断伸延,在不少远离江河湖海的内陆地区也出现了大量城市和小城镇,如在交通要道亚欧大陆桥两岸沿线就分布着多数大中小城市,特别是以兰州、乌鲁木齐等城市为中心的城市群(带)正在形成。

参考文献

[1] 李树琮. 中国城市化与小城镇发展[M]. 北京:中国财政经济出版社,2002.

[2] 简新华. 城市化道路与中国城镇化——中国特色的城镇化道路研究之一[J]. 学习与实践,2003,(10).

[3] 赵新平,周一星. 改革以来中国城市化道路及城市化理论研究述评[J]. 中国社会科学,2002,(2).

[4] 钱纳里,赛尔奎因等. 发展的型式:1950—1970[M]. 李新华等译. 北京:经济科学出版社,1988.

[5] 邓宇鹏. 中国的隐形超城市化[J]. 当代财经,1999,(6).

[6]邹新树.农民工向城市流动的动因:"推—拉"理论的现实解读[J].农村经济,2005,(10).

[7]宁越敏.新城市化进程——20世纪90年代中国城市化动力机制的特点探讨[J].地理学报,1998,(9).

[8]薛凤璇等.外资:发展中国家城市化的新动力——珠江三角洲个案研究[J].地理学报,1997,(3).

[9]饶会林,郭鸿懋.城市经济理论前沿课题研究[M].大连:东北财经大学出版社,2001.

[10]朱铁臻.城市现代化研究[M].北京:红旗出版社,2002.

[11]温铁军.中国的城镇化道路与相关制度问题[J].开放导报.2000,(5).

[12]叶堂林.小城镇建设的规划与管理[M].北京:新华出版社,2004.

[13]宋书伟.中国现代社会结构式研究——发展以中等城市为中心的城市网络结构[J].城市问题,1998,(3).

[14]周一星.论中国城市发展的规模政策[J].管理世界,1992,(6).

[15]辜胜阻.非农化与城镇化研究[M].杭州:浙江人民出版社,1991.

[16]孟晓晨.中国城市化的"双轨归一"道路[J].城市问题.1990,(1).

[17]崔援民,刘金霞.中外城市化模式比较与我国城市化道路选择[J].河北学刊,1999,(4).

[18]方创琳.改革开放30年来中国的城市化与城镇发展[J].经济地理,2009,(1).

[19]方创琳等.中国城市化进程及资源环境保障报告[M].北京:科学出版社,2009.

[20]王梦奎,冯并,谢伏瞻.中国特色城镇化道路[M].北京:中国发展出版社,2004.

[21]刘传江,郑凌云等.城镇化与城乡可持续发展[M].北京:科学出版社,2003.

[22]薛永久.经济全球化的影响与挑战[M].北京:中央编译出版社,1998.

[23]中国科学院可持续发展战略研究所.2005年中国可持续发展战略报告[M].北京:科学出版社,2005.

[24]王群会.以城市群为主体形态推进城市化健康发展——第二次中国城市群发展研讨会观点综述[J].中国经贸导刊,2005,(19).

[25]傅崇兰.论大中小城市与小城镇协调发展的理论与实践[J].中国建筑动态,2003,(2).

[26]张亘稼.城市化指标体系探讨[J].云南财贸学院学报(社会科学版),2007,(1).

[27]顾朝林.城镇体系规划——理论·方法·实例[M].北京:中国建筑工业出版社,2005.

[28]北京国际城市发展研究院.中国城市综合竞争力报告[M].北京:中国时代经济出版社,2009.

[29]顾朝林.中国城镇体系——历史、现状、展望[M].北京:商务印书馆,1992.

[30]肖金成等.中国十大城市群[M].北京:经济科学出版社,2009.

[31]姚士谋等.中国城市群[M].合肥:中国科技大学出版社,2006.

[32]中国市长协会主编.中国城市发展报告,2008年[M].北京:中国城市出版社,2009.

[33]陆大道等.2006中国区域发展报告——城镇化进程及空间扩张[M].北京:商务印书馆,2007.

[34]何念如.中国当代城市化理论研究(1979—2005)[D].复旦大学博士学位论文,2006.

[35]许学强,周一星,宁越敏.城市地理学[M].北京:高等教育出版社,1997.
[36]王小鲁,夏小林.优化城市规模——推动经济增长[J].经济研究,1999,(9).
[37]张伟佳,孙斌栋.从中国人口迁移看未来人口城镇化路径——基于城市行政层级的人口吸引力分析[J].地理科学,2024,44(9).
[38]洪银兴,陈雯.由城镇化转向新型城市化:中国式现代化征程中的探索[J].经济研究,2023,58(6).
[39]李汝资,黄晓玲,刘耀彬.2010—2020年中国城镇化的时空分异及影响因素[J].地理学报,2023,78(4).
[40]李培林.面对未来:我国城镇化的特征、挑战和趋势[J].中国社会科学院大学学报,2022,42(8).
[41]丁俊华,蔡继明.现行土地制度对我国城市化进程的制约及因应之策[J].河南大学学报(社会科学版),2022,62(1).
[42]黄茂兴,张建威.中国推动城镇化发展:历程、成就与启示[J].数量经济技术经济研究,2021,38(6).
[43]范擎宇,杨山.长三角地区城镇化协调发展的空间特征及形成机理[J].地理科学进展,2021,40(1).
[44]高帆.中国城市化的逻辑转换:含义及意义[J].社会科学,2022,(8).
[45]张慧慧,胡秋阳,张云.城市化与工业化关联——演进趋势及决定因素研究[J].世界经济文汇,2022,(1).
[46]丁俊华,蔡继明.现行土地制度对我国城市化进程的制约及因应之策[J].河南大学学报(社会科学版),2022,62(1).
[47]康江江,徐伟,宁越敏.基于地方化、城市化和全球化制造业空间集聚分析——以长三角区域为例[J].地理科学,2021,41(10).
[48]余永定,杨博涵.中国城市化和产业升级的协同发展[J].经济学动态,2021,(10).
[49]王智勇.当前人口流动的主要特征及对城市化的影响[J].人民论坛,2021,(17).
[50]侯华丽,冯健,张瑞华.基于日常人口流动的城市群等级与网络结构——对中国五大城市群的考察[J].城市发展研究,2024,31(9).

进一步阅读的文献

1. 冯·杜能.孤立国同农业和国民经济的关系[M].北京:商务印书馆,1997.
2. 沃尔特·克里斯塔勒.德国南部中心地原理[M].北京:商务印书馆,2020.
3. 保罗·克鲁格曼.地理与贸易[M].北京:中国人民大学出版社,2017.
4. 藤田昌久,雅克-弗朗斯瓦·蒂斯.集聚经济学[M].上海:格致出版社,2016.
5. 魏守华,钱非非,吴海峰.中国城市体系的演变与发展路径优化[J].经济研究,2024,

(9).

6.樊杰,伍健雄,高翔.近十年我国城市化地区主体功能实现的空间表现特征与未来布局优化[J].经济地理,2024,(1).

思考题

1. 改革开放前城市化进程缓慢的原因是什么？
2. 改革开放后城市化发展各阶段的特征有哪些？
3. 城市化的空间集聚效应有哪些？
4. 中国的城市化布局有哪些空间特征？
5. 未来城市化布局的政策取向是什么？